KB130750

핵무기와
국제 정치

핵무기와 국제 정치

안준호 지음

20세기 들어 인간이 발명한 것 가운데 우리 인류의 생존을 위협하고 있는 것이 있다. 바로 핵무기이다. 지난 50년 동안 미국과 구소련 간에 있었던 냉전의 산물로 지구상에는 수많은 핵무기가 만들어졌다. 최근 들어 우리가 직면하고 있는 북한 핵 문제는 한반도의 평화를 위태롭게 하고 있다.

　많은 사람들이 핵 문제에 대해 관심을 갖고 있긴 하지만, 그것에 관해 실제 깊이 있게 알고 있는 사람들은 드물다. 도대체 핵무기는 어떻게 만들어졌기에 그렇게 엄청난 파괴력을 가지고 있을까? 왜 미국과 러시아가 그렇게 많은 핵무기를 만들어야 했을까? 왜 핵무기는 미국, 러시아, 영국, 프랑스, 중국 이렇게 5개국만 가져야만 하는가? 왜 이스라엘과 인도와 파키스탄이 가지고 있는 핵무기에 대해서는 국제적으로 그렇게 큰 비난을 쏟지 못하면서, 북한과 이란에 대해서는 매섭게 응징하려고 들까? 도대체 NPT라는 핵무기 비확산 조약은 왜 그렇게 불평등하게 만들어졌는가? 이처럼 우리는 정말 수많은 질문을 핵무기를 향해 던질 수 있다.

　이 책의 저자 안준호 박사는 한국에서 국제적인 핵 문제를 처음으로 실무적으로 다룬 사람이다. 내가 처음으로 저자를 만난 것은 1977년 봄이다. 당시 나는 과학 기술처의 안전 심사관으로 발탁되어 1975년 11월에 한국에서 발효된 NPT에 따른 국제 원자력 기구(IAEA)와의 핵 안전조치 협정에 관한 모든 국내외적 일을 책임지고 있었다. 한국 과학원을 갓 졸업하고 과학 기술처 안전 심사관실에서 기술 사무관으로 일을 시작한 저자에게 주어진 과제가 바로 한국 정부가 NPT라는 국제 조약을 발효함에 따라 이를 준수하는 데 필요한 모든 국내와 국제적 필요 조치들을 책임지고 수행하는 중요한 임무였다. 원자력에 대해 비교적 문외한이었던 그는 단시일 내에 NPT의 중요성을 파악하고, 한국의 핵 안전조치 체제를 수립했으며, 한국 정부가 국제 원자력 기구와의 업무를 효과적으로 다룰 수 있는 발판을 만들었다.

　1980년부터 국제 원자력 기구로 자리를 옮겨 그곳에서 30년 동안 근무하다가 최근에 정년 퇴직하고 한국에 돌아온 그는 이 분야에서 단연 독보적인 존재라고 말할 수 있다. 그동안 국제 무대에서 쌓아온 지식과 경험을 바탕으로 이 책을 집필해 많은 독자들이 읽을 수 있도록 한 것에 대해, 그리고 좀 뒤늦은 감이 있지만 우리들이 꼭 읽어 보아야 할 이러한 책이 한국 사회에서 출판된 것에 대해 고마움을 표하고 싶다.

　이 책에서 저자는 1부에서 핵무기가 만들어지기까지의 역사적 과학적 배경을 아주 쉽게 설명해 주는 한편 우리에게 생소한 〈튜브 알로이스〉와 〈맨해튼 프로젝트〉와 같은 재미있는 이야기를 들려준다. 2부에서는 NPT에 의해 공식적으로 핵무기를 보유하고 있는 5개국과 이스라엘, 인도, 파키스탄, 북한, 이란 등과 같은 나라들이 핵무기를 만들기 위해 겪어 온 정치적 과정을 다루면서 그 나라들이 왜 핵무기를 개발하려고 했는지를 비교적 소상하게 알려 주고 있다.

마지막으로 저자는 지난 30년 동안 핵의 평화적 이용을 위해 노력해 왔고 그 연장선상에서 〈핵무기 없는 세상〉을 외치고 있다. 궁극적으로 지구상에서 가공할 만한 파괴력을 가진 모든 핵무기가 제거되어, 모든 인류가 평화롭게 공존할 수 있는 세상을 바라고 있는 것이다.

세계 평화를 생각하고 한반도의 평화를 바라는 사람들이라면 이 책을 꼭 읽어 보도록 추천하는 바이다.

2011년 4월
전 과학 기술처 장관 박긍식

핵무기는 나에게 어려서부터 관심의 대상이었다. 원자 핵폭탄 투하로 빚어진 히로시마와 나가사키의 참상과 더불어, 간간히 들려오는 중국의 원자 핵폭탄 실험과 프랑스가 남태평양 어느 작은 섬에서 행한 수소 핵폭탄 실험은 어린 나에게도 전율로 다가왔다. 그러나 그런 것과는 전혀 상관없는 길을 걷던 나에게 뜻밖의 전환점이 들이닥쳤다.

1980년 1월 내 인생은 전환점을 맞았다. 미국 유학 준비에 한창이던 나에게 가족의 불행이 닥쳤고, 이것은 나를 다른 길로 인도하고 말았다. 미국 유학을 잠시 보류한 나는 그해 8월 국제 원자력 기구의 정식 직원이 되어 오스트리아 빈으로 삶의 터전을 옮겼다. 그리고 그곳에서 30년의 세월을 보냈다. 국제 원자력 기구는 1957년 창립되었으며 현재 50년을 조금 넘긴 비교적 짧은 역사를 가진 국제기구이다. 나는 국제 원자력 기구의 성장기에 그곳에서 일하게 되었다. 국제 원자력 기구는 핵의 평화적 이용을 권장하는 명분으로 설립되었지만, 실제로는 핵무기의 확산을 방지하려고 노력하는 국제 정치 무대이다.

국제 원자력 기구의 헌장 첫 부분에 〈국제 원자력 기구는 인류의 평화와 건강과 번영을 위해 원자력의 기여가 증진되도록 노력하며, 또한 어떠한 군사적 목적으로든지 사용되지 않도록 보증하는 데 노력한다〉라고 명시되어 있다. 원자력 에너지에 관한 안전과 기술 협력 등이 중요한 임무 중 하나이며, 원자력을 이용한 농작물 개량, 병충해 방지, 식품 안전 보관 등 농업 분야와, 방사성 동위원소를 이용한 암의 검진과 치료를 비롯한 여러 의학 분야, 그리고 수질 개선 등 환경 분야에서 회원국의 원자력 이용 연구 개발을 돕고, 이러한 분야에서 개발 도상국들의 연구 활동과 실무를 돕는 일이 두 번째 임무이다.

또 한 가지 중요한 임무는 1970년 국제적으로 발효된 핵무기 비확산 조약Nuclear Non-Proliferation Treaty의 실행을 책임지고 있으며, 그래서 모든 나라의 핵 물질과 핵 시설에 대한 사찰을 담당하고 있다. 국제 원자력 기구는 당근과 채찍을 사용해, 회원국의 원자력 활동을 돕는 한편 그것을 감시하는 역할을 하고 있는 것이다. 국제 원자력 기구의 이러한 평화를 위한 노력은 국제 사회에서 널리 인정을 받아, 2005년도에 노벨 평화상을 수상하게 되었다. 노벨 평화상 상금은 개발 도상국들을 위한 방사선 의학 연구 개발 기금으로 사용되고 있다.

나는 이 책에서 국제 원자력 기구에서 30년간 일했던 것을 바탕으로, 〈핵무기와 국제 정치〉라는 세계를 소개하고자 한다. 엄밀히 말해 나는 핵물리학자나 핵공학자가 아니다. 그러나 원자로의 운전과 안전에 관한 이론적인 지식은 부족하다고 할지라도, 화학 공학을 전공했기 때문에 핵연료 주기를 잘 이해하고 있으며, 30년간 세계 여러 나라의 핵물질과 핵 시설에 대한 사찰 업무를 계속 해왔기 때문에 국제적으로 민감한 핵 기술에 대해 심도 있는 이야기는 물론, 최근의 북한과 이란 사태 등 국제 정치의 뒷이야기를 충분히 전해 줄 수 있으리라고 본다.

이 책의 1부에서는 핵무기가 만들어지기까지의 과학 기술적 이야기들을 간략하게 다루며, 2부에서는 한동안 수직적으로 증가 일로에 있었으며 지금도 수평적으로 확산되어 가고 있는 핵무기로 인한 국제 정치 문제를 다룬다. 1950년대와 1960년대 냉전과 더불어 시작된 미국과 소련 간의 핵무기 경쟁과 강대국을 향한 여러 나라의 야심, 그리고 더 이상 핵무기 경쟁으로 인한 인류 파멸의 길을 좌시하지 않고 세계 평화를 구축해 보려는 노력들을 모두 다룰 것이다.

이 책의 목적은 핵무기를 둘러싼 세계 각국의 이해 관계를 재고하면서 핵무기에 대한 경각심을 불러일으키는 데 있다. 우리는 특별히 북한의 핵 문제를 지혜롭게 해결해야 할 시점에 있다. 우리에게 가장 바람직한 상황은 북한이 보유한 핵무기를 포기하고, 평화로운 한반도 분위기를 구축하는 것이다.

한 가지 덧붙이고 싶은 것은 이 책에 나오는 모든 수치들이 정확한 발표에 의한 것이 아닌 추정치라는 점이다. 핵무기 개발은 한 국가의 일급비밀에 속하기 때문에 이러한 자료들을 공식적으로 발표하는 것은 거의 있을 수 없는 일이다.

아무쪼록 이 책이 핵무기를 둘러싼 국제 관계를 이해하고자 하는 데 작은 보탬이 되었으면 한다.

2011년 이 책이 처음 발간된 후 7년이 흘렀다. 그사이 세계의 열강들은 핵무기의 감축을 위해 꾸준히 노력해 오고 있었지만, 오직 북한만이 오히려 반대의 길을 걷고 있었다. 북한은 2013년에 제3차 핵 실험을, 2016년에는 두 번에 걸쳐 제4차·제5차 핵 실험을 했고, 2017년에는 전에 보지 못했던 대규모의 제6차 핵 실험을 감행했다. 제6차 핵 실험의 규모는 히로시마 원폭의 30~50배에 해당하는 위력을 나타냈다.

우리는 불과 얼마 전까지 이러한 상황 한복판에서 북핵의 위협을 받으면서 살아왔고, 미국의 트럼프 대통령과 우파 행정부는 더 이상 북한의 이러한 행동을 참을 수 없으며, 만약 추가적인 핵 실험을 감행한다면 북한의 핵 시설에 대한 폭격을 피할 수 없을 것이라고 외교적인 압박을 가하고 있었다.

그러나 최근 우리는 어느 때보다도 북한의 핵무기에 대한 두려움에서 해방되어 가는 느낌을 받고 있다. 지난 3월 남북 정상회담에 이어, 6월에 이뤄진 북미 정상회담에서 북핵 문제가 완전히 타결될 것이라는 큰 희망을 품게 되었다.

　　10년 전으로 거슬러 올라가 보면, 북한은 2006년 9월 첫 핵 실험을 감행한 후 국제 사회의 압력을 이기지 못하고, 그해 말 6자 회담에 복귀했다. 그 기간 동안 북한의 핵활동은 잠정적으로 중단되었다. 그리고 국제 원자력 기구의 사찰을 2년간 받아 왔으나, 그것도 잠시뿐, 2009년 4월 IAEA 사찰관을 추방하고 한 달 후 성공적인 제2차 핵 실험을 감행한 사실을 우리는 잘 알고 있다.

　　그리고, 2012년 김정은 정권이 들어선 후 또다시 세 차례의 핵 실험이 있었다. 아직 과학적 입증은 안 되었지만, 2016년 9월 제5차 핵 실험이 있은 지 사흘 후 우리는 지금까지 경험하지 못했던 규모 5.8의 상당히 큰 지진을 경주 인근에서 경험하게 되었다. 그리고 1년 후인 2017년 9월에 감행되었던 마지막 핵 실험은 그전의 핵 실험 규모보다 20배나 큰 강화수소폭탄으로 추정되고 있다. 특히 제6차 핵 실험이 있은 지 8분 30초 후 또다시 규모 4.4의 인공 지진이 감지되었는데, 이는 핵 실험장인 풍계리 만탑산이 핵 실험의 여파로 붕괴하면서 발생한 것으로 알려져 있다.

　　2018년 5월 북한은 풍계리 핵 실험장을 영구 폐쇄하기로 발표했다. 이는 국제적인 압력의 결과이기도 하지만, 내부적으로는 지하 핵 실험장의 붕괴에 따른 주변 지역의 심각한 방사능 오염으로 더 이상 이곳을 핵 실험장으로 활용할 수 없기 때문일 것이다.

　　이러한 북핵을 둘러싼 최근 몇 년간의 급격한 변화 과정은 8년 전에 쓰여진 이 책의 개정증보판을 내면서 북한의 야망에 대하여 새롭게 분석할 필요를 느끼게 하였다. 그리고 그렇게 하는 것이 이 책을 읽는

독자들에 대한 도리라고 필자는 생각한다. 한반도의 평화를 기원하며
이 책이 새롭게 읽힐 수 있길 기대해 본다.

2018년 여름
안준호

1 핵무기의 탄생

2 핵무기 경쟁과 감축, 그리고 국제 정치

부록

1

핵무기의 탄생

1 원자의 모습

원자 안에서 핵분열이 일어나기 위해서는 중성자가 반드시 필요하다. 중성자의 무게와 크기는 불과 1.67×10^{-24}그램과 1.6×10^{-13}센티미터이다. 가장 최신의 전자 현미경으로 관찰해도 보이지 않을 정도로 작다. 중성자를 옆으로 10조 개 나란히 놓으면 1.6센티미터가 된다. 중성자는 1930년대에서야 발견되었다. 실로 중성자가 발견되기까지 인류 역사의 거의 전부가 필요했던 것이다.

중성자에 앞서 인류는 먼저 원자에 대해 생각했다. 맨 처음 원자에 대해 생각한 사람은 그리스 철학자이자 과학자인 레우키포스Leukippos였다고 한다. 레우키포스는 물질을 계속해서 나누어 간다면 도대체 무슨 일이 일어날지 진지하게 생각했는데, 그러한 과정이 영원히 계속되지는 않을 것이며 언젠가 끝이 날 것이라고 결론을 내렸다. 그의 제자였던 데모크리토스(Demokritos, B.C. 460~B.C. 370)는 스승이 말한 너무 작아서 더 이상 나눌 수 없는 물질의 아주 작은 조각의 개념을 받아들였다. 그는 물질의 더 나눌 수 없는 작은 단위를 〈원자〉라고 불렀다.

거의 같은 시대에 패러독스(역설)로 유명한 제논(Zenon, B.C. 495~B.C. 430)이라는 철학자가 살고 있었다. 그의 역설은 너무나 유명하여, 후일 버트런드 러셀Bertrand Russell과 같은 철학자는 그의 변증법은 헤아리기 어려울 정도로 심오했다고 표현하기까지 했다. 제논은 〈날아가는 화살은 움직이지 않는다〉라고 역설적으로 이야기했다. 날아가는 화살의 궤적을 극한으로 분할해 매 순간을 하나하나 떼놓고 보면, 각 순간은 정지하고 있어야 한다고 말한 것이다.

마치 선 위의 한 점과 같이 각 순간은 찰나의 순간이라고 볼 수 있다고 생각한 것이다. 점이 공간을 차지하지 않는 것과 같이 찰나의 순간도 시간을 차지하지 않을 것이다. 즉 찰나의 순간에 시간이 존재하지 않으며, 화살은 정지하고 있을 수밖에 없다. 그래서 정지하고 있는 화살을 무한정 더한다고 해도 그것은 전혀 움직이지 않는 것과 같다고 주장한 것이다.

비상한 두뇌로 역설을 즐긴 제논과 같이, 레우키포스나 데모크리토스도 명철하고 과학적인 두뇌를 가지고 있었다. 그러나 그들은 더 현실적이었다. 물질을 조각조각 나누기 시작하면, 언젠가는 더 나눌 수 없는 그 물질의 기본 입자인 원자를 만나게 될 것이고 또 그러한 원자 사이에는 진공과 같은 것이 차 있을 것이라고 가르치기 시작했다. 이러한 원자설은 당시의 철학적인 생각과는 크게 부합하지 않았다.

당시 철학자들은 다양한 모습을 하고 있는 세상 만물이 불과 몇 개의 단순한 원소로 구성되어 있다고 생각했다. 세상 만물을 이루고 있는 근본 원소는 흙, 물, 공기, 불 네 가지라고 생각했으며, 이 기본 원소의 조화로부터 세상에 있는 모든 물질을 설명했다. 이러한 개념은 거의

2000년 동안 서양 세계를 지배했고, 18세기 초까지 서양의 과학 교과서에서도 그렇게 가르치고 있었다.

흙은 가장 무거운 원소이기 때문에 우주의 중심인 지구를 구성하고 있는 물질이며, 물은 그다음으로 무겁기 때문에 지구의 표면에 존재하고 있으며, 물이 증발하여 공기 속으로 사라지기 때문에 공기는 가벼운 것이라 생각했다. 불은 공기보다도 더 가벼우며 열과 빛을 내는 신비스러운 물질이라고 생각했다. 그리고 금과 구리는 흙 속에서 채취되고 불로 정련되기 때문에 똑같은 흙 원소와 불 원소로 구성되어 있지만, 그 구성 비율이 다르다고 생각했다. 또 나무가 불에 탈 때는, 나무가 불 원소와 결합하는 과정에서 나무에서 물 원소가 달아나고, 흙 원소만 남게 된다고 설명했다.

이런 사고방식에서, 중세부터 많은 연금술사들이 여러 가지 흔한 비금속에서 금과 같은 귀금속을 만들어 보려고 노력한 것이다. 연금술사들의 노력으로 여러 가지 화합물이 만들어지기 시작했다. 근대에 들어 영국의 로버츠 보일Robert Boyle은 1661년『회의적인 화학자The Skeptical Chemist』를 펴내면서 연금술에서 화학이라는 과학을 정립했다. 보일은 데모크리토스의 원자설을 신봉하기 시작했다. 많은 과학자들이 그의 뒤를 따랐으며, 특히 영국의 돌턴John Dalton은 데모크리토스의 원자에 대해 깊이 생각하게 되었고, 마침내 새로 발견된 많은 자료들을 근거로 현대의 원자 이론을 1808년『화학 원리의 새로운 체계New System of Chemical Philosophy』를 통해 발표했다.

돌턴은 세상에 존재하는 원소보다 많은 화합물이 존재할 수 있는 이유는 다양한 화합물의 원소가 일정한 성분 비율로 결합되어 있기 때문이라고 생각했고, 그래서 원자의 필요성을 절실하게 느꼈다. 그는 물이 수소와 산소로 되어 있고, 이산화탄소는 탄소와 산소가 일정한 성분비로 결합된 것이라고 생각했다. 그리고 각 원자의 질량비도 달라야 한다는 것을 깨달았다.

그러나 눈에 보이지 않는 원자에 대한 이론은 대중들이 잘 이해하지 못했고, 과학자들 사이에서도 찬반의 논란이 많았다. 실제로 100년이 지난 1913년에 가서야 프랑스의 물리학자 장 바티스트 페랭Jean Baptiste Perrin에 의해 원자의 크기가 대략 1센티미터의 1억 분의 1이라는 연구 결과가 발표되었다. 즉, 1억 개의 원자들을 옆으로 붙여 나열한다면 길이가 1센티미터가 된다는 말이다. 또한 그것은 1밀리미터보다 작은 점 안에 1천 개의 세포가 존재하고, 그 작은 세포 하나 안에 1만 개의 원자들이 존재한다고 말하는 것과 같다.

실제 원자는 독일 물리학자 에르빈 뮐러Ervin Müller가 1936년부터 개발하기 시작한 특수 현미경, 즉 2.5×10^{-8}의 작은 물체를 볼 수 있는 해상도를 가진 현미경(Field Ion Microscope)이 제작되어 작고 반짝이는 점으로 배열되어 있는 원자들을 육안으로 볼 수 있게 되었다. 이러한 과정에서 원자의 존재는 이론에 의한 추측이 아니라, 의심할 수 없는 실체가 되었다. 그러나 원자를 실제로 육안으로 보기에 앞서, 과학자들은 일찍이 원자의 모습을 마음속에 그려 보기 시작했다.

돌턴이 정립한 원자 이론을 바탕으로 많은 과학자들이 원자에 대한 연구를 진척시켰으며, 그 결과 1869년 러시아 화학자 멘델레예프Dmitri Ivanovich Mendeleev는 많은 원자들을 각각의 특성에 따라 배열한 주기율표를 만들었다. 주기율표를 통해서 원자의 특성뿐만 아니라, 그들 사이의 차이점도 알 수 있게 되었고 더 나아가 원자들의 무게가 서로 다르다는 사실도 알게 되었다.

원자에 대한 연구가 발전해 가고 있는 동안, 과학의 다른 분야에서 〈전자기〉에 대한 연구도 활발하게 진행되고 있었다. 〈과학의 아버지〉라 불리는 고대 그리스의 탈레스Thales가 전기와 자기에 대해서 처음으로 연구했다고 한다. 그는 에게 해 동쪽에 있는 마그네시아 해변가에서 발견된 작은 돌이 철을 끌어당기는 힘이 있다는 사실을 알아내고 그 돌을 〈자석magnet〉이라고 불렀다. 그는 또한 호박(琥珀)을 옷에 문지른 후에 가벼운 물체에 대면 그것이 자석이 아님에도 불구하고 가벼운 물체를 끌어당기는 것을 발견했다. 그는 이러한 현상을 그리스어 〈호박elektron〉에서 착안해 〈전기electricity〉라고 불렀다고 한다.

자석을 이용한 나침반이 중국에서 11세기에 발명된 후 서양으로 넘어 와 많은 연구의 대상의 되었고, 전기 역시 18세기 말과 19세기 초에 벤저민 프랭클린Benjamin Franklin, 앙드레 앙페르André Marie Ampère, 윌리엄 스터전William Sturgeon 등 많은 과학자들에 의해 연구되었다. 번개에서 전기의 성질을 규명하려고 노력했던 프랭클린은 양성과 음성을 가진 두 가지 종류의 전기가 있다는 사실을 발견했고, 프랑스 물리학자 앙드레 앙페르는 평행으로 놓인 두 개의 전선에서 전류의 방향에 따라 서로 간에 인력과 반발력이 생긴다는 사실을 발견했다.

영국의 물리학자 스터전은 1823년 U자형 철막대에 전선을 감아 전류를 흐르게 할 때, 강력한 자기장이 생긴다는 것을 발견했다. 영국의 마이클 패러데이Michael Faraday는 1831년 자석을 이용해 최초로 전기를 만들어 냈다. 이후 전기와 자기 사이의 관계가 점점 밀접해지기 시작했으며, 마침내 1873년 영국 수학자 제임스 맥스웰James Maxwell이 원자가 기체상이나 액체상에서 끊임없이 운동하고 있다는 사실을 수학으로 규명하는 과정에서, 전기와 자기에 의해 일어나는 장과 선에 대한 패러데이의 개념이 하나로 통합되기에 이르렀다. 사실 맥스웰의 이론은 전기와 자기뿐만 아니라 빛까지도 다루는 것으로, 빛도 결국 전자기파라는 것을 세상에 보여 주었다. 이런 이유로 맥스웰은 뉴턴과 아인슈타인 사이에 존재하는 〈가장 위대한 과학자〉라고 일컬어지고 있는 것이다.

전기와 자기는 실생활에 큰 영향을 주고 있다. 현대인은 컴퓨터, TV, 전화 등 모두 전기를 이용한 문명의 이기들을 사용하지 않고는 살아갈 수 없는 지경에 이르렀다. 과학자들의 연구에 힘입어 이미 19세기 중반에 수력 등을 이용해 대량의 전기를 생산할 수 있었고, 강력한 전자기와 전기 모터가 발명되면서 인간의 생활은 전기의 힘에 크게 의존하게 되었다. 19세기 말엽에는 이미 전깃불과 전차, 고층 건물을 오르내리는 엘리베이터 등이 생활 속으로 파고들었다.

이때 전기의 실체에 대해 밝혀내고자 씨름한 과학자들이 많았다. 몇몇 과학자들은 진공관을 만들고 그 양쪽에 전극을 붙여 전류를 흘려보내는 실험을 했다. 그 결과 음극선이 만들어졌다.

1897년 영국의 J. J. 톰슨Joseph John Thomson은 진공 속의 음극선을 양전기와 음전기로 충전된 두 개의 금속판 사이로 빠르게 통과시키는 실험을 한 결과, 음극선이 자기장 내에서 유도되어 음전기로 충전된 판에서 멀리, 그리고 양전기로 충전된 판에 가까이 뚜렷하게 휘어지는 현상을 발견했다. 더 나아가 음극선은 자석에 의해 휘어지는 파장이 아닌

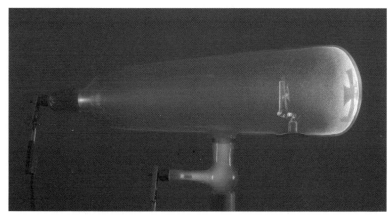

진공 속으로 흐르는 전자의 모습, 1897

물질이라는 것이 판명되었다. 물질 속에 있는 전자라는, 원자보다 작은 입자가 세상에 먼저 모습을 드러낸 것이다. 놀라운 사실은 그것의 크기가 물질의 기본 단위인 수소 원자보다도 훨씬 작아서 수소 원자의 1836분의 1밖에 되지 않았다는 점이다.

돌턴 이후 과학자들은 원자가 세상에서 존재할 수 있는 가장 작은 입자이며, 그래서 원자보다 작은 질량을 가진 것은 없다고 생각했다. 이제 사람들은 원자가 진정으로 가장 작은 기본 물질인지 의심을 품었고, 또 원자의 내부를 더 자세히 들여다보기 시작했다. 사람들은 전자가 물질 속에 존재한다는 사실을 생각하지 않을 수 없게 되었다. 단순히 유리 막대나 호박 막대를 옷과 같은 데에 문질러서 만든 전기가 아닌 일상의 어디에나 존재하고 있는 전자 말이다.

전해질이 물질에 용해되었을 때 나타나는 이온 현상과 전자를 탐지하는 금속 장치에 전자가 부딪칠 때 빛 스파크가 일어나는 광전 효과

*photoelectric effect*를 바탕으로, 원자의 특성에 따라 전자가 강하게 붙어 있을 수도 있고 약하게 붙어 있을 수도 있다는 사실 또한 알게 되었다. 1905년 아인슈타인은 원자와 전자가 실재 존재한다는 사실에서, 빛의 양자 이론에 대해 처음으로 진지하게 생각하기 시작했다. 그는 에너지가 어떠한 조건 아래에서도 항상 양자로 되어 있고 에너지와 관련된 어떠한 문제도 양자적으로 고려되어야 한다고 생각한 것이다. 떨어져 나가는 전자의 속도와 빛의 파장과의 관계를 양자적으로 명쾌하게 설명한 아인슈타인은 자신을 유명하게 만든 상대성 이론이 아닌, 광전 효과를 설명한 이론으로 1921년에 노벨 물리학상을 받았다.

과학자들은 전자가 원자와 연합되어 있다고 생각하기 시작하면서, 또한 거기에 문제가 있다는 점을 알게 되었다. 전자는 전기적으로 음성이지만 원자는 전기적으로 중성인 것이다. J. J. 톰슨이 1898년 전하를 고려한 원자 모형을 처음 제시했다. 그는 양전기를 가진 원자에 전자가 수박씨처럼 여기저기 박혀 있다고 가정했다. 그러나 음극선에서 나오는 전자가 금속 박막을 통과한다는 실험 결과가 알려지자, 원자가 어느 정도 빈 공간을 가져야 한다는 것을 고려해야 했고 그래서 원자는 음성을 띤 전자와 양성을 띤 입자가 서로 섞여 있을 것이라는 가정도 나오게 되었다. 그러나 아직까지 양성을 띤 원자보다 작은 입자는 발견되지 않았다.

1904년 일본 물리학자 나가오카 한타로(長岡半太郎)는 마치 행성들이 인력에 의해 태양 주위를 돌고 있듯이, 전자가 전자기 인력에 의해 양전하를 띤 중앙의 큰 입자 주변을 돌고 있다는 모형을 제시했다. 한타로의 이론은 일반 조건에서 원자가 양이온과 음이온으로 변화될 수 있고, 또 빠르게 움직이는 전자가 원자를 통과할 수 있는 중성의 원자의 모습을 보여 준 것으로, 양전하를 지닌 중앙의 큰 입자는 보호를 받고 있는 반면, 전자는 원자에서 쉽게 떨어지는 이유를 설명해 주고 있었다.

많은 부분이 과학적으로 명확하게 설명되진 않았지만, 원자의 모습은 이제 서서히 드러나기 시작했다.

2   방사능 물질

그리스 신화에 우라노스Uranos가 나온다. 하늘의 아버지 우라노스는 매일 밤 하늘에서 내려와 땅의 여신과 사랑을 나누어 모든 신들을 낳게 된다. 우라노스는 자신이 낳은 아이들을 좋아하지 않았고 그중 하나를 어둠 속에 가두어 버렸다. 땅의 여신은 자신의 아들이 어둠에 갇힌 것을 슬퍼하면서 복수를 꿈꾸었다. 용감한 아들 크로노스Cronos는 어머니의 소원을 들어주기로 하고 우라노스가 땅의 여신과 잠자리를 나누는 동안 날카로운 칼로 아버지의 생식기를 잘라 내어 바다에 던져 버렸다. 이 사건으로 우라노스는 아들들을 올림푸스의 신들로 만들고 세상을 다스리도록 허락했다.

주기율표에서 맨 마지막에 위치하고 있고, 세상에 존재하는 원소 중 가장 무거운 우라늄은 1789년 처음 발견되었다. 그해로부터 7년 전 윌리엄 허셜William Herschel이 발견했고, 당시 태양계의 가장 바깥쪽에 위치한 행성에 붙여진 이름, 즉 천왕성Uranus에서 〈우라늄〉이라는 이름을 따왔다. 태양계의 다른 행성들은 공전 표면에서 거의 수직으로 서서

자전을 하는데, 유독 천왕성은 거의 수평으로 누워 자전을 하고 있다. 천왕성이 태양계의 다른 행성들과 특별히 다르듯이 우라늄도 다른 광물들에 비해 아주 특별하다.

우라늄은 15세기부터 체코의 보헤미아 지방에 위치한 광산에서 은을 채굴하는 가운데 종종 발견되었다. 별로 쓸모가 없는 돌들이 나오면 광부들은 재수 없는 이 돌들을 옆에 쌓아 둘 수밖에 없었는데, 이러한 재수 없는 돌들을 자주 만나는 광부들은 수년 후 이름 모를 질병에 걸려 마른기침을 하고 피를 토하게 되었다.

이 병의 원인을 파악하기 위해 그 돌은 베를린의 한 약사에게 보내졌다. 1789년 마르틴 클라프로트Martin Klaproth는 이 돌을 강한 산에 녹여 노란색의 용액과 회색의 금속 침전물을 얻게 되었다. 그는 이것이 지금까지 발견된 원소와는 다른 것임을 알게 되었다.

초기 우라늄은 노란색을 띠는 산화 우라늄의 독특한 색깔 때문에, 유리 제품에 노란색을 내기 위한 채색용으로 사용되었을 뿐 큰 용도를 발휘하지 못했다. 하지만 몇몇 우라늄 화합물은 낮에 빛을 받으면 어두울 때에도 빛을 발하는 형광 성질이 있어 일부 과학자들의 호기심을 끌 수 있었다.

1895년 말 독일 물리학자 뢴트겐Wilhelm Röntgen이 〈X선〉을 발견한 뒤에, 프랑스 화학자 베크렐Antoine Becquerel은 혹시 우라늄 형광 물질(우라늄 황산 칼륨)에서 나오는 빛이 X선이 아닐까 하고 의심을 품기 시작했다. 그는 우라늄 화합물을 검은 종이로 싼 사진 건판 위에 올려놓았다. 햇빛이나 형광의 빛은 검은 종이를 통과할 수 없지만, 거기에서 만약 X선이 발산된다면 사진 건판에 빛의 자국을 남길 것이라고 생각

우라늄으로 채색된 유리 그릇

한 것이다.

1896년 2월 25일 베크렐은 햇빛 아래에서 실험을 한 결과, 사진 건판에 빛 자국이 남은 것을 확인하고 그 형광 물질에서 X선이 방출되었다고 확신했다. 그는 더 확실한 증거를 찾기 위해 실험을 반복하기로 마음먹고 다음날 같은 실험을 반복하려고 했으나, 며칠 동안 날씨가 흐려서 실험을 할 수 없었다. 무료해진 그는 그동안 서랍 속에 형광 물질과 함께 넣어 두었던 검은 종이에 싼 사진 건판이 아직까지 안전한지 확인하기 위해 현상을 해보기로 했다.

현상 결과 놀랍게도 무언가 많은 빛이 지나간 자국이 나타났고, 사진 건판은 상당히 흐려 있었다. 이 때문에 베크렐은 우라늄에서 나오는 것이 X선이 아니라는 것을 알게 되었고, 햇빛과는 상관없는 새로운 복사선에 대해 연구하기로 작정했다. 형광 성질을 가지고 있지 않은 다른 우라늄 화합물에서도 같은 효과가 있다는 사실을 알고, 그는 우라늄 황산 칼륨 속의 우라늄 성분이 그런 현상의 원인이라는 것을 밝혀냈다.

베크렐의 제자인 폴란드 출신 프랑스 물리학자 마리 퀴리Marie Curie도 다른 광석인 토륨도 같은 복사선을 낸다는 것을 발견하고, 이러한 복사선을 〈방사선〉이라고 불렀다. 베크렐과 퀴리는 거기에 한 종류 이상의 방사선이 있을 것이라고 추측했다.

1899년 뉴질랜드 출신 물리학자 러더퍼드Ernest Rutherford는 몬트리올 맥길 대학교에서 새롭게 발견된 방사선이 알루미늄 박막을 투과할 수 있는 정도에 대해 연구하고 있었다. 그는 여러 가지 실험 결과 거기에 두 가지의 방사선이 있음을 알고 첫 번째 방사선은 〈알파선〉, 두 번째 방사선은 〈베타선〉이라 불렀다. 거의 모든 것을 통과하는 또 하나의 방사능 〈감마선〉은 1900년 프랑스 물리학자 폴 빌라Paul Villard가 발견했다. 수년 후 러더퍼드는 알파선 입자의 질량이 수소 원자의 4배라는 사실을 밝혀냈다. 즉 알파선은 헬륨 원자의 원자핵과 같다는 사실이 밝혀졌으며, 베타선은 전자의 흐름이고, 감마선은 강력한 에너지 파동이라는 것을 알게 되었다.

또한 과학자들은 이러한 방사선이 아무리 환경이 변해도 방사능 물질 속에서 끊임없이 나온다는 사실을 알게 되었다. 아무리 차가운 환경에서도, 아무리 뜨거운 온도 속에서도 방사능은 끊임없이 일정하게 방출되고 있었다. 그것은 원자의 바깥에 있는 전자들의 상호 교환이나 결합에 의해 일어나는 화학 반응이 아니었다. 우라늄과 같은 방사능 물질에서는 일정한 비율로 무한정 방사선이 방출되고 있으므로, 과학자들은 그것을 심각하게 생각하게 되었다. 에너지 보존의 법칙에서 에너지는 무(無)에서 창조될 수 없는데, 움직이지도 않는 우라늄과 같은 물질에서 계속해서 무슨 일이 일어나고 있다는 것은 자연의 법칙에 어긋나는 것이며, 알 수 없는 무언가가 숨어 있는 것처럼 보였다.

1901년 마리 퀴리와 남편 피에르 퀴리Pierre Curie는 우라늄 광물 피치블렌드에서 분리해 낸 라듐이라는 물질 1그램에서 시간당 140칼로리의 열량이 나온다는 것을 발견했다. 사실 순수한 라듐은 스스로 형광을 발하는 물질로 방사성이 대단히 높은 물질이다. 당시 방사능의 위험을 깨닫지 못했던 퀴리 부부는 라듐에서 나오는 강한 방사성을 매일 맞으면서 방사능 오염으로 서서히 죽어 가고 있었다. 1930년대에는 라듐의 형광 성질을 이용해 시계 다이얼에 채색하는 일을 하던, 〈라듐 걸radium girl〉이라 불리던 다섯 명의 여공들이 직업병으로 죽는 사건도 발생했다. 오늘날 과학자들은 두꺼운 납으로 만들어 방사능이 철저히 차폐된 핫셀hot cell이라는 작업장 안에서만 이러한 순수 라듐을 다루고 있다.

우라늄에서 나오는 알파 입자는 원자의 구조를 알아내는 데 중요한 역할을 했다. 그리고 우라늄에서 알파 입자와 같은 방사선이 끊임없이 나왔기 때문에, 1903년 러더퍼드는 모든 원자들은 자체 구조에 많은 양의 에너지가 포함되어 있을지 모른다고 조심스럽게 제시했다. 제1차 세계 대전이 시작되자 영국의 작가 웰스Herbert George Wells는 러더퍼드의 가설에서 아이디어를 얻어 원자 폭탄이 등장하는 공상 과학 소설 『해방된 세계The World Set Free』를 썼다. 실재 원자 폭탄이 만들어지기 30년 전에 과학자의 한마디에서 아이디어를 얻어 공상 소설을 써낸 것이다. 원자 폭탄은 공상 소설로 그치지 않고 1945년 실제로 아인슈타인의 $E = MC^2$ 공식대로 거대한 에너지를 발산하며 인류의 역사에 등장하게 되었다.

방사능 물질의 발견은 원자의 구조를 규명하는 데 실로 엄청난 도움을 주었다. 1907년 영국의 맨체스터 대학교로 옮긴 러더퍼드는 알파선으로 아주 얇게 만든 금박막을 타격할 수 있도록 실험 장치를 만들어 알파 입자가 금박막을 얼마나 많이 투과할 수 있는지 알아보고자 했다. 금박막의 두께는 0.0006밀리미터로 아주 얇았지만, 그것은 금의 원자가 2만 개나 가로놓일 수 있는 두께였다. 실험 결과 러더퍼드는 양전기를 띤 알파 입자가 금의 원자들을 뚫고 거의 대부분 투과되지만, 몇 개의 알파 입자는 반사되거나 옆으로 산란한다는 놀라운 사실을 발견했다.

여기에서 그는 원자 구조에 대해 다시 생각하기 시작했다. 몇 년 전 한타로가 제시한 원자 모델로는 설명할 수가 없었다. 그의 생각에 원자는 주변에 존재하는 질량이 아주 작은 전자와 그리고 중심부에 양전하로 대전된 질량의 대부분이 집중되어 있는 모델이어야 했다. 그리고 그 사이에 아주 넓은 공간이 존재해야 한다는 새로운 원자 모델을 생각하고, 1911년 그가 생각한 원자의 모습을 세상에 제시하기에 이르렀다. 그는 중심부에 있는 것을 〈원자핵〉이라고 정의했다. 원자핵의 직경은 원자의 직경보다 1만 분의 1 이상 작아야만 했다.

이제 원자의 모습이 세상에 드러났다. 원자핵은 원자 전체 질량의 99.9퍼센트 이상을 차지하고 있지만, 중심부에 아주 작은 모습으로 존재하고 있었다. 원자핵을 만약 테니스공에 비유한다면, 구슬만큼 작은 전자는 4킬로미터 바깥에 존재한다고 말하는 것과 같다. 전자를 모두 떼어 내고 원자핵만으로 1세제곱센티미터의 용량을 만든다면 그 무게

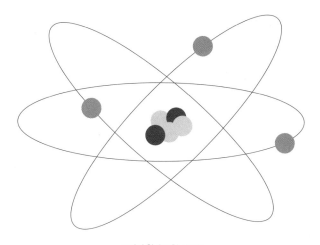

보어의 원자 모형, 1913

가 무려 2억 4천만 톤이나 된다고 한다. 19세기 내내 과학자들은 원자가 단단하고 아주 조그만 알맹이라고 생각해 왔는데, 러더퍼드의 실험 결과 원자는 99.99퍼센트 텅 비어 있는 공간으로 이루어졌고, 넓은 공간 가운데 아주 작은 전자와 원자핵이라는 원자보다 작은 입자로 구성되어 있다는 사실이 밝혀져 모두 놀랄 수밖에 없었다.

원자의 구조를 이론적으로 완전히 설명하기 위해서는 닐스 보어 Niels Bohr, 파울리Wolfgang Pauli, 하이젠베르크Werner Heisenberg 등 많은 과학자들의 과학적 통찰력이 필요했다. 이론적으로 원자의 구조가 밝혀지는 과정에서, 젊은 하이젠베르크는 원자핵 주위를 돌고 있는 전자 궤도의 불확실성을 주장하는 새로운 이론을 발표했다. 불확정성 원리의 도입은 아인슈타인, 막스 플랑크Max Planck, 슈뢰딩거Erwin Schrödinger 등의 거센 반발을 사기도 했다. 그들은 물리학의 확실성을 원하고 있었지, 하이젠베르크가 주장한 한 무더기의 확률 게임을 원하지 않았다. 특별히 아인슈타인은 하이젠베르크의 불확실성 개념에 대해 〈신은 주사위 놀이를 하지 않는다〉는 유명한 말을 남김으로써 새로운 물리학이 드러내고 있는 원자 내부의 불확정성을 인정하려 들지 않았다.

러더퍼드는 더 나아가 수소 원자핵이 〈양성자proton〉로 이루어졌음을 밝혀냈는데, 그 양성자는 전자의 1,836배의 질량을 지닌 양전기로 구성되어 있다고 했다. 그러나 여기에 문제가 있다는 것이 곧 발견되었다. 원자는 중성을 띠고 있기 때문에 원자의 전자 수와 양성자의 수가 같아야 하는 것이 전기적으로 맞는데, 여러 가지 원자의 질량을 살펴보면 원자핵 안의 양성자 수가 훨씬 더 많아야 균형을 이룰 수 있다는 것이었다. 과학자들은 처음에는 원자핵 속에도 전자보다 많은 양성자의 전하를 상쇄하는 전자가 존재할 것이라는 생각을 하기도 했다.

1920년 러더퍼드는 아직 완전히 규명되지 않은 원자의 구조에 대해 설명하면서, 전하가 없는 작은 입자가 원자 내에 존재할지 모른다고 추측했다. 러더퍼드의 직감은 10년이 지난 후 결국 그의 제자 제임스 채드윅James Chadwick에 의해 밝혀졌다. 1932년에 가서야 원자핵 속에 여분의 양성자에 해당하는 〈중성자〉가 존재한다는 사실이 밝혀진 것이다. 러더퍼드가 1914년 양성자를 발견하고 나서 18년이라는 세월이 흐른 다음 중성자가 발견된 것은 중성자가 전기적으로 중성을 지니고 있어 양전기나 음전기의 영향을 받지 않기 때문에 분리해 내는 데 어려움을 겪었고, 그래서 탐지하기가 어려웠기 때문이다.

채드윅이 중성자를 발견할 때까지, 원자 물리학은 다른 분야에서 발전하고 있었다. 러더퍼드의 동료였던 영국 물리학자 프레더릭 소디 Frederick Soddy는 우라늄과 토륨에 질량이 다른 여러 종류의 우라늄과 토륨이 존재한다는 사실을 발견했다. 그는 이렇게 같은 원자이면서도 질량 수가 다른 것들을 〈동위원소〉라고 불렀다. 동위원소는 우라늄이나 토륨에만 있는 것이 아니라, 거의 모든 원소에 존재한다는 것이 많은 과학자들에 의해 점차적으로 밝혀졌다.

소디가 이러한 이론을 내놓을 수 있었던 것은 그 이전인 1919년 영국 물리학자 프랜시스 애스턴Francis Aston이 〈질량 분광기mass spectrograph〉를 발명해 같은 전하를 가진 동위원소들의 질량을 정확하게 측정할 수 있었기 때문이다. 애스턴의 질량 분광기의 원리는 제2차 세계 대전 중 원자 핵폭탄을 개발하는 과정에서 우라늄 동위원소를 대량으로 분리해 낼 수 있는 전자기 동위원소 분리 방법으로 발전했다.

한편 1911년 영국 물리학자 찰스 윌슨Charles Wilson은 〈안개 상자〉를 발명했다. 이때까지 작은 입자의 궤적을 측정하는 데는 전자기장을 이용해 전하의 크기에 따라 휘어진 정도를 통해 전하와 질량을 측정하는 방법뿐이었다. 윌슨의 안개 상자를 이용하면 먼지와 같은 작은 입자도 수분의 일부가 응축되어 작은 물방울을 만들기 때문에 그 입자가 지나간 궤적을 확인할 수 있었다.

채드윅의 중성자 발견은 퀴리 부부의 딸인 이렌 졸리오퀴리Irène Joliot-Curie와 그녀의 남편 프레데리크 졸리오퀴리Frédéric Joliot-Curie의 실험을 검토하는 과정에서 시작되었다. 1930년 독일 물리학자 발터 보테Walther Bothe는 베릴륨에 알파 입자를 타격했을 때 침투력이 강한 어떤 복사선을 얻었다고 보고했다. 졸리오퀴리 부부는 보테가 만들어 낸,

알지 못하는 복사선으로 파라핀을 타격했을 때 양성자가 튀어 나오는 것을 발견했다. 채드윅은 이러한 실험 보고서에 무엇인가 잘못된 점이 있는 것 같다고 생각했다. 감마선과 같은 복사선으로는 양성자와 같은 질량이 큰 입자를 튀어나오게 할 수 없다고 생각한 것이다. 그는 이 실험을 다시 해보기로 마음먹었다.

실험 결과, 베릴륨을 알파 입자로 타격했을 때 전하를 갖지 않은 침투력이 강한 작은 입자가 나오고, 이 작은 입자가 파라핀과 부딪혔을 때 파라핀으로부터 양성자가 튀어나오게 했다. 작은 입자는 양성자와 질량이 비슷해야만 했다. 채드윅은 이러한 사실에서 베릴륨에서 나온 전하가 없는 작은 입자가 〈중성자〉여야만 한다고 주장했다. 채드윅이 실험 결과를 분석할 수 있도록 해준 윌슨의 안개 상자가 없었더라면 중성자의 발견은 더욱 늦어졌을지 모른다.

$$_4Be^9 + {_2}He^4 \rightarrow {_6}C^{12} + n$$

중성자 5개를 가진 베릴륨이 중성자 2개를 가진 헬륨과 합쳐져서 중성자 6개를 가진 탄소 원자가 되고, 여기에서 남은 여분의 중성자 1개가 방출된 것이다. 중성자가 발견되자, 양성자와 중성자로 구성된 아주 조그만 원자핵, 그리고 원자핵에서 아주 멀리 떨어져 존재하는 전자로 구성된 원자의 모습이 확실히 드러났고, 원자 물리학은 급속도로 발전하기 시작했다.

물론 중성자가 발견되기까지의 18년 동안 많은 과학자들이 아무것도 하지 못하고 지낸 것은 아니다. 러더퍼드의 주변에는 우수한 제자와 동료가 많았다. 그는 뛰어난 조교들을 발굴하는 데 큰 안목을 지니고 있었으며, 그의 생각은 놀랄 만큼 깊어 제자들에게 많은 영향을 끼쳤다. 후일 그는 〈핵물리학의 아버지〉로 불리게 되었다. 제자들과 동료들은 우라늄과 토륨의 방사능에 관심을 갖고 계속 연구를 해가면서 질량이 서로 다른 여러 개의 우라늄과 토륨이 존재한다는 것을 발견하게 되었고, 그래서 같은 원자이면서도 질량이 서로 다른 동위원소들을 비롯해, 우라늄과 토륨이 붕괴하면서 최종적으로 납이 되는 과정에서 만들어 내는 새로운 원자들을 발견했다. 아울러 우라늄과 토륨이 붕괴하면서 질량을 점점 잃는다는 사실을 알고는, 실제 양의 절반이 남게 되는 시간 (반감기)을 측정했다. 역시 러더퍼드의 제자였던 모즐리Henry Moseley 는 한 원소에 질량이 여러 개 존재하게 되는 경우가 늘어나자 원자를 분류하는 방법으로, 원자의 질량보다는 원자의 바깥에 존재하는 전자 수와 같은 원자의 전하에 따라 〈원자 번호〉를 부여하는 개념을 사용하는 것이 훨씬 좋다는 사실을 발견했다. 그래서 오래전에 만들어졌던 멘델레예프의 주기율표는 말끔하게 정리되기 시작했다.

우라늄에서 나온 방사선은 원자의 구조를 규명하는 데 매우 유용했으며, 〈재수 없는 돌〉인 우라늄이 후일 인류의 역사를 변화시키는 결정적인 역할을 하게 될 줄 아무도 모르고 있었다.

3 $E = MC^2$

원자의 구조에 대해 더 설명하기 전에, 에너지에 대해 잠시 살펴보고자한다. 18세기 말엽에 산업 혁명이 가능했던 이유는 증기 기관의 발명으로 거대한 휠을 돌릴 수 있는 힘을 얻었고, 그 결과 대량의 에너지를 이용할 수 있었기 때문이다. 과거에는 기껏해야 물의 낙차나 동물의 힘, 그리고 인력을 이용한 에너지를 사용할 수 있었다. 곧이어 전기가 실용화되면서 전기 모터와 전자석 등이 만들어졌으며, 19세기 말엽부터는 석유 에너지를 이용한 내연 기관이 등장해 에너지의 이용 규모가 점점 커지기 시작했다.

사람들은 공장이 있는 도시로 모여들었고, 인류의 생활은 점점 편리해졌다. 이러한 것들이 모두 에너지를 이용한 덕분이었다. 과학자들은 좀 더 효율적인 에너지 기관을 만들기 위해 연구했다. 19세기 중엽부터 독일의 헤르만 헬름홀츠Hermann von Helmholtz, 영국의 캘빈 경으로 불리는 윌리엄 톰슨William Thomson, 오스트리아의 루드비히 볼츠만 Ludwig Boltmann 등 여러 과학자들에 의한 열역학 연구가 활발하게 진행되어 괄목할 만한 성과를 거두었다. 특히 캘빈 경은 열효율의 정확한 측정을 위해 절대 온도 개념을 도입했다.

나중에 원자의 특성이 더 많이 알려지면서 엔트로피가 최소가 되는 절대 온도 0도(섭씨 -273.15도)는 모든 원자의 진동이 멈출 수 있는 가상 온도라는 것이 밝혀졌다. 이러한 연구의 절정은 1900년이었다. 독일 과학자 막스 플랑크가 에너지가 불연속적이라는 양자 역학을 도입함으로써 20세기의 새로운 물리학의 시대를 연 것이다. 그래서 물리학자들은 1900년을 기준으로 그 이전은 고전 물리학, 그 이후는 현대 물리학으로 나눈다.

그렇다면 에너지의 본질은 무엇인가? 아직까지 과학자들은 명확한 해답을 못 내놓고 있다. 에너지는 물질처럼 한 덩어리로 뭉쳐 있는 것이 아니다. 에너지는 우리 생활이나 자연의 변화와 떼어서 생각할 수도 없다. 세상의 기원이나 우주의 구조, 원자의 구조 등은 에너지를 생각하지 않고서는 설명할 수 없다. 일상생활과 밀접한 관계가 있는 에너지의 종류로는 운동 에너지, 위치 에너지, 전기 에너지, 그리고 화학 에너지 등이 있다. 이러한 에너지는 서로 변환된다. 20세기에 들어서 전혀 다른 종류의 에너지가 한 가지 더 있다는 것이 발견되었다. 원자가 세상에 모습을 드러내면서 과학자들은 그 안에 핵에너지가 들어 있다는 것을 발견했다. 이처럼 원자 핵에너지가 발견되고, 아인슈타인이 등장하면서 에너지의 본질이 규명되기 시작했다.

영국의 저명한 과학자 캘빈 경은 1900년 당시에 과학자들이 해결해야 할 두 가지 문제가 있는 데, 첫 번째가 앨버트 마이컬슨Albert Michelson과 에드워드 몰리Edward Morley의 실험 결과를 어떻게 해석하느냐의 문제이고, 두 번째가 흑체 복사를 이해하는 방법의 문제라고 말했다.

첫 번째, 마이컬슨과 몰리의 실험은 당시 우주에 존재한다고 여겨진 〈에테르〉에 관한 것이었다. 만약 에테르라는 물질이 존재한다면 이물질에 의해 지구는 움직이는 방향과 반대 방향으로 불어오는 강한 에테르의 바람을 느껴야 한다. 모든 과학자들은 이 에테르 바람과 같은 방향으로 전파되는 빛의 속도는 에테르 바람의 도움을 받아 빨라질 것이고, 반대 방향으로 전파되는 빛의 속도는 느려져야 한다고 예상하고 있었다. 이것은 우리가 비행기를 탈 때, 비행기가 지구의 자전 방향과 같은 방향으로 이동하는 것과 반대 방향으로 이동할 때 바람의 저항으로 비행 시간이 상당히 차이가 난다는 것에서 잘 알 수 있다. 1887년, 미국 물리학자 마이컬슨은 지구의 자전 속도가 빛의 속도에 어떤 영향을 미치는지 실험을 하기로 했다. 그는 수직의 두 방향으로 진행하는 빛의 속도를 비교해 보는 것이 편리하다고 생각했고, 그때의 빛의 속도를 측정할 수 있는 장치를 만들었다. 그러나 실험 결과는 놀랍게도 수직 양방향의 빛의 속도가 동일하다는 것을 보여 주었다. 당시 이러한 결과에 대해 어떠한 과학자도 납득할 만한 설명을 하지 못했다.

두 번째 흑체 복사 문제는 빛의 모든 파장을 흡수할 수 있는 〈흑체 black body〉가 흡수한 모든 파장을, 흑체에 열을 가해 온도를 높일 때 어떻게 다시 발산하느냐는 문제였다. 물체가 주위의 온도보다 낮으면 빛의 파장 중에서 특별한 파장을 흡수하고, 그 물체가 주위의 온도보다 다시 높아지면 같은 파장의 빛을 발산한다. 실제는 어떠한 물체도 빛의 모든 파장을 흡수할 수 없으나, 편의상 실험을 위해 어떤 실험 장치(흑체)

에 작은 구멍을 낼 경우 그러한 역할을 할 수 있다고 가정할 수 있다. 실험 장치의 작은 구멍으로 들어간 빛의 모든 복사선은 그 구멍이 아주 작기 때문에 다시 나올 수 있는 확률이 거의 없다고 볼 수 있고 그래서 그 실험 장치 안에서 모두 흡수된다고 가정할 수 있다. 그리고 실험 장치의 외부에서 열을 가할 경우 구멍을 통해 들어갔던 모든 빛의 파장이 빛의 특성에 따라 그 구멍을 통해 반드시 다시 나오게 될 것이다. (빛은 한 종류의 파장만 있는 것이 아니라, 여러 종류의 파장이 혼합된 것이다.)

두 번째 흑체 복사 문제는 막스 플랑크가 1900년 에너지의 양자 이론을 도입함으로써 해결됐지만, 첫 번째 문제는 해결될 실마리가 보이지 않고 여러 해가 지나고 있었다.

아인슈타인은 취리히 공대를 졸업한 후, 베른에 있는 스위스 특허 사무소에서 일하고 있었다. 그는 평소 빛에 관심이 많았으며, 전자기와 빛의 문제를 통합한 맥스웰의 뛰어난 방정식을 곰곰이 생각하기를 좋아했다. 마이컬슨이 발견한 빛의 속도에 관한 문제를 어떻게 풀어야 할지 생각하기도 했다. 자연 속에 일어나는 현상 중에서 유독 진공 속에서 매체 없이 전달이 가능한 빛, 전기, 자기의 세 가지를 하나의 방정식으로 통합한 맥스웰의 놀라운 개념에 환희를 느낀 그는 언젠가는 여기에 중력까지 더해 네 가지의 자연 질서를 하나로 통일할 수 있는 〈대통일장 이론〉을 만들 수 있을 것이라고 생각했다.

우리에게 너무 잘 알려진 아인슈타인의 특수 상대성 이론에서 나온 공식의 일부인 $E = MC^2$은 핵무기가 만들어지기까지 원자 속에 감추어진 에너지를 찾아내는 데 결정적 역할을 했다. 아인슈타인의 특수 상대성 이론은 1887년 마이컬슨과 몰리의 실험으로부터 시작되었다고 해

아인슈타인

도 과언이 아니다. 과학자들은 아리스토텔레스와 갈릴레이 갈릴레오 시대를 거치면서 물체의 어떠한 움직임도 지구의 움직임에 전혀 영향을 받지 않는다는 사실을 알고 있었다.

예를 들어 배를 타고 가면서 무료한 시간을 달래기 위해 공을 하늘 높이 던졌다가 받는다고 상상해 보자. 그리스 철학자 아리스토텔레스는 살아 있는 유기체의 성장 과정과 발달에 유추해 이 세상에 일어나는 모든 변화의 과정을 설명했다. 즉 그는 운동과 변화의 모든 형태는 소위 최종적인 원인*cause*이라는 사물에 내재한 목표와 목적에 의해 지배를 받는다고 설명했다. 그래서 그는 날아가는 공 안에 최종적인 원인이 내재하고 있어, 그 힘에 의해 공은 똑바로 날아가다가 그 원인이 소멸하면 공이 떨어진다고 설명한 것이다. 그러한 견해는 거의 2000년간 서양 세계에서 받아들여지다가 갈릴레오에 의해 깨지게 되었다. 갈릴레오는 아리스토텔레스의 최종적인 원인이 자연 속에서 일어나는 운동 속에 내재한다는 개념을 거부하고, 실험에 의해 두 가지 물리적 사실을 증명했다. 하나는 물체의 무게와 관계없이 물체의 낙하 속도가 같다는 사실과, 또 하나는 날아가는 물체가 포물선을 따라 움직인다는 사실이었다. 이어 뉴턴은 중력의 법칙을 발견하고 갈릴레오의 실험을 이론적으로 뒷받침했다.

아리스토텔레스에 따르면 우리가 배 위에서 높이 던진 공은 배가 움직이고 있으므로 던진 위치의 뒤쪽에 떨어져야 한다. 그러나 실제로는 배가 정지해 있는 것처럼 그 공은 우리 손 위에 떨어진다. 갈릴레오의 설명에 따르면 배가 일정한 속도로 움직이고 있는 한, 물리학의 법칙은 배가 정지해 있을 때와 동일한 효과를 보이기 때문에 똑바로 위로 던져진 공은 똑바로 떨어진다는 것이다. 이것은 우리가 지구 위에 살면서 지구의 자전이나 공전 속도에 전혀 영향을 받지 않는 것과 마찬가지이다. 지구가 움직인다는 사실을 증명하기 위해서 우리는 지구 밖으로 나가서 지구를 바라보아야 한다. 배 안에 있는 사람에게는 위로 던져진 공은 직선 강하하는 것처럼 보이지만, 멀리 해변에서 다른 사람이 본다면, 공은 포물선을 그리며 앞으로 나아가는 것처럼 보일 것이다. 즉 갈릴레오는 관측자의 관점에 따라 물체의 움직임이 달라진다는 것을 상대성 원리로 발전시켰다.

갈릴레오의 상대성 원리는 관측자의 위치에 따라 공의 궤적이 수직으로 움직인다고 볼 수도 있고, 포물선을 그리면서 약간 앞으로 움직인다고도 볼 수 있기 때문에, 관측자의 위치가 매우 중요하다는 것이다.

항해하는 배 안에서 우리가 앞쪽을 향해 걷고 있다면, 해변가에서 관측하는 사람은 우리가 걷고 있는 속도에 배의 속도를 더한 값으로 우리가 움직이고 있음을 관측하게 된다. 만약 우리가 배의 뒤쪽을 향해 걷고 있다면 우리가 움직이는 속도는 배의 속도에서 걷는 속도를 뺀 값이 될 것이다. 이것이 속도 합산의 법칙으로, 매우 중요한 물리 법칙이다.

맥스웰의 공식에 따르면, 초속 약 30만 킬로미터로 움직이는 빛의 속도는 진공 상태에서 빛의 근원지가 어떻게 움직이는지에 관계없이 항상 일정해야 한다. 더욱이 마이컬슨과 몰리의 실험에 의해 빛은 이동 방향과 상관없이 정확하게 일정한 속도로 이동하고 있다는 사실이 밝혀졌다. 아인슈타인은 그동안 많은 과학자들이 진공 속에 있을 것이라고 간주한 전달 매체인 에테르가 존재하지 않는다고 단정했으며, 나아가서 절대적인 공간 개념조차도 부인했다. 그는 새로운 우주 법칙을 생각하고, 모든 공간은 상대적이며 어떠한 절대적 기준점도 없다고 주장했다. 이러한 새로운 개념은 1905년 특수 상대성 이론으로 발표된다.

변하지 않고 일정하게 나아가는 빛의 속도만이 기준 역할을 한다는 점을 밝혀낸 것이다. 아울러 세상의 모든 것이 빛의 속도에 가까워질수록 시간은 천천히 흐르게 되고, 길이는 축소되며, 질량은 더욱 무거워진다는 사실들을 수학적으로 밝혀냈다. 빛의 속도와 움직이는 물체의 질량과의 관계에서 물체에 영향을 주는 에너지는 질량과 관계가 있으며, 질량은 곧 에너지를 나타낸다는 유명한 공식 $E = MC^2$이 만들어진 것이다. 에너지가 곧 질량이고 질량이 곧 에너지라는 믿기 어려운 사실이 처음 발표되었을 때, 이것을 이해할 수 있는 일반 대중은 물론 과학자들도 거의 없었기 때문에 이 이론은 크게 주목을 끌지 못했다. 그러다가 수십 년이 지난 후 아주 작은 질량을 다루는 원자의 세계에서 비로소 주목을 끌기 시작했다.

아인슈타인이 유명해진 이유는 그가 절대적 시간과 공간의 개념을 파괴한 특수 상대성 이론에 이어서, 1907년에서 시작해 1915년에 완성한, 특수 상대성 이론을 확장한 일반 상대성 이론을 제시했기 때문이다. 당시까지 뉴턴이 자연에 대한 통찰력으로 집대성한 세 가지 물리학 법칙이 모든 과학의 근본을 이루고 있었다. 그러나 아인슈타인은 뉴턴이 지구에서 우주를 바라본 시각에서 벗어나 우주를 새로운 시각에서 바라보았다. 아인슈타인은 뉴턴의 절대 시간과 절대 공간의 개념에서 탈출해 상대적인 시공간을 통찰하기 시작했다. 그는 지구 밖에서 바라볼 때 우주에서 움직이고 있는 모든 것들이 모두 상대적으로 운동하고 있다는 점을 인식했다.

특수 상대성 이론은 일정한 속도로 움직이는, 즉 관성 상태에 있는 물질에 적용되고 있지만, 그는 자신의 이론을 완전히 확립하기 위해 가속된 운동에도 적용해야 했다. 우주에서 가장 중요한 힘은 물론 중력이다. 아인슈타인은 모든 행성의 운동을 설명할 수 있는 중력에 집중했고, 가속도와 중력은 동일하며, 이 둘을 구별하는 실험이 있을 수 없다는 결론을 내렸다. 그는 여기에서 멈추지 않고 중력이 존재하지 않는 상상의 힘이라고 주장했으며, 대안으로 질량은 주위에 있는 공간을 휘게 하는 성질이 있어서 근처의 물체들이 가속하게 된다고 주장했다. 사실 그의 주장을 당시에 받아들이는 사람은 거의 없었다.

그러나 영국의 천문학자 아서 에딩턴Arthur Eddington은 달랐다. 그는 아인슈타인의 놀라운 통찰력에 놀랐고, 아인슈타인의 이론을 이해하

아서 에딩턴 팀이 촬영한 일식 광경, 1919

고 있었다. 마침내 아인슈타인의 주장을 증명할 수 있는 기회가 다가왔다. 제1차 세계 대전이 끝난 다음 해인 1919년 5월 29일 세기의 일식이 지구의 남반부에서 일어날 것이라는 소식이 들려왔다. 아인슈타인의 일반 상대성 이론에서 말하는 것처럼, 태양 근처를 지나가는 별빛이 정말로 휘어지는지를 육안으로 관찰할 수 있는 기회가 온 것이다. 철두철미한 아서 에딩턴은 궂은 날씨에 대비해 자신을 포함한 한 팀은 아프리카의 콩고 북쪽 연안에 진을 쳤고, 다른 팀은 브라질 북부로 파견했다. 아프리카 연안에는 그날따라 궂은비가 내렸지만, 브라질의 날씨는 화창했다. 아프리카에 파견된 팀은 나쁜 일기 때문에 관측에 실패했지만, 브라질에 파견된 팀은 태양 근처의 별의 위치를 정확하게 관측할 수 있었고 일식 사진을 찍었다. 모든 것이 배로 움직이는 시대였기 때문에 결과는 몇 달을 기다려야 했다. 모든 자료들이 런던으로 모아졌으며, 일식 기간에 특수 촬영된 사진들이 현상되었고, 별들의 위치가 분석되었다.

분석 결과 보통 때 별들의 위치와 일식 때 태양 주변에 위치한 별들의 위치가 달랐다. 태양 주변을 통과한 빛이 태양의 중력 때문에 휘어진 것이 확인된 것이다. 에딩턴은 빛이 태양의 중력에 의해 휘어진 각도가 아인슈타인의 계산대로 0.0005도였다는 것을 확인했다. 아인슈타인의 일반 상대성 이론이 에딩턴에 의해 증명된 셈이다. 가장 위대한 이론이라고 불리던 뉴턴의 법칙에 수정을 가해야 할 순간이 온 것이다.

1919년 11월 6일 런던 왕립 학회는 축하 의식을 성대히 거행했다. 1919년 11월 10일 자 『뉴욕 타임스』 기사는 아인슈타인 이론의 위대한 승리를 보도했다. 아인슈타인은 이제 뉴턴 이후 가장 위대한 과학자로 인정받게 되었다. 스웨덴의 노벨상 위원회는 난감하게 되었다. 뉴턴 이후 가장 위대한 이론에 대해 그때까지 무시하다가 세상이 떠들썩하게 된 후 노벨상을 수여하는 게 멋쩍었기 때문이다. 결국 그들은 아인슈타인이 빛과 전기와의 관계를 양자적으로 밝힌 해묵은 광전 효과 이론에 대해 노벨 물리학상을 주기로 1921년에 결정했다. 아인슈타인은 1945년 원자 핵폭탄이 만들어져 그 폭발 위력이 $E = MC^2$에 나타난 대로 세상에 알려지자 더욱 유명해지기 시작했다. 더욱이 그는 루스벨트 대통령에게 원자 핵폭탄을 만들 것을 건의한 장본인이기도 했다.

4   핵분열

지금도 그렇지만 당시에도 과학자들은 원자의 신비한 구조를 밝혀내기 위해 헬륨 원자핵인 알파 입자나 수소 원자에서 전자를 떼어 낸 양성자로 여러 원소들을 타격했다. 1919년 러더퍼드는 밀폐된 실린더 속에 한쪽에는 방사능 물질을 넣고, 다른 한쪽은 안쪽을 황화아연으로 코팅해, 방사능 물질에서 방출된 알파 입자가 반대편 벽에 부딪쳐 운동 에너지를 잃고 빛을 반짝 내게 만든 실험 장치를 만들었다. 이렇게 만든 실험 장치로 방출되는 입자의 수를 셀 수 있었다. 러더퍼드는 그러한 장치를 〈섬광 계수기*scintillation counter*〉라고 불렀다.

그 빛은 아주 희미했기 때문에 밝은 빛을 만들기 위해 여러 가지 방법을 이용했다. 실린더를 진공 상태로 만들면 섬광은 더 밝아지고, 수소 가스를 실린더 속에 넣으면 빛은 훨씬 더 밝아진다는 사실을 발견하게 되었다. 그러나 산소나 이산화탄소 가스를 실린더 속에 넣으면 빛은 더 어두워지고 섬광의 수가 줄어들었다. 질량이 큰 산소나 탄소 원자가 알파 입자의 경로를 방해하기 때문이다. 이와 달리 질소 가스로 실린더를 채우면 수소 가스로 채운 것과 같이 아주 밝은 섬광을 내는 것을 발견했다. 러더퍼드는 질소 원자핵을 이루고 있는 입자들은 산소나 탄소보다 약하게 결합되어 있어, 그것들이 깨지면서 양성자 하나를 방출할지도 모른다고 가정했다. 그것이 수소 원자가 그런 것처럼 밝은 빛을 내게 되는 원인이라고 생각한 것이다.

1925년 러더퍼드의 제자였던 블래킷Patrick Blackett은 더 나은 실험 장비를 사용해 러더퍼드의 실험에서 일어났던 현상은 질소-14가 헬륨-4와 만나 반응한 후, 산소-17과 수소-1(양성자)을 만들어 낸 것이라고 밝혀냈다.

$$_7N^{14} + {}_2He^4 \rightarrow {}_8O^{17} + {}_1H^1$$

러더퍼드는 인류 최초로 한 원소를 다른 원소로 변환(인공 핵변환)한 인물이 되었다. 중세기 많은 연금술사들이 한 원소에서 다른 원소를 만들려고 노력하다가 실패했지만, 러더퍼드는 현대 과학을 이용해 연금술사들은 도저히 생각해 낼 수 없는 핵변환을 이용해 다른 원소를 만들어 낸 것이다. 이후 많은 과학자들은 비슷한 방법으로 수많은 인공 동위원소를 만들어 냈다. 그중에는 의학 분야에서 암 진단과 치료 등에 사용되고 있는 많은 인공 동위원소들도 있다.

후일 중성자의 존재가 알려지고 전기적으로 중성인 중성자가 원자핵 연구에 더 유용하다는 사실이 알려지자, 많은 과학자들이 중성자로 여러 가지 원소들을 타격하기 시작했다. 1930년대는 중성자에 의해 만들어진 동위원소 전성 시대가 되었다.

채드윅은 러더퍼드의 제자였고 러더퍼드는 J. J. 톰슨의 제자였다. 당시 영국의 원자 물리학은 케임브리지 대학교의 카벤디쉬 연구소와 맨체스터 대학교의 물리학과가 주축을 이루고 있었다. 톰슨은 케임브리지 대학교 카벤디쉬 연구소를, 러더퍼드는 맨체스터 대학교 물리학부를 이끌고 있었다. 이곳을 통해 수많은 세계적 원자 물리학자들이 배출되었다. 톰슨 밑에서 수학한 사람들은 러더퍼드, 애스턴Francis William Aston, 바클라Charles Barkla, 브릭스Lyman Briggs, 오펜하이머Robert Oppenheimer 등이 있었고, 러더퍼드 밑에서 수학한 사람들은 닐스 보어, 오토 한Otto Hahn, 블래킷, 존 콕크로프트John Douglas Cockcroft, 호주 출신 마커스 올리펀트Markus Oliphant 등이 있었다. 러더퍼드는 카벤디쉬 연구소장 자리를 톰슨으로부터 물려받았다.

엔리코 페르미Enrico Fermi는 이탈리아 피사에 있는 잘 알려지지 않은 대학을 졸업했지만, 그는 대학에서 이미 두각을 나타내고 있었다. 박사 학위를 받은 후 독일에서 잠시 공부한 그는 24세 때 로마 대학에서 이탈리아에서는 처음으로 원자 물리학을 가르치는 교수가 되었다. 그의 나이 37세인 1938년에 노벨 물리학상을 수상한 직후, 그는 유대인 혈통의 부인이 받고 있는 파시즘 정부의 박해를 피해 이탈리아로 돌아가지 않고 스웨덴에서 미국으로 향했다. 그는 후일 미국에서 맨해튼 프로젝트의 성공에 기여한 주요 인물이 되었다.

페르미는 항상 기발한 생각을 했다. 그의 수학 이론은 원자 물리학의 발전에 크게 기여했으며, 특히 원자의 크기가 비교적 큰 탄소가 중성자의 속도를 줄인다는 것을 발견해 핵분열 연쇄 반응의 가능성을 열었다. 1934년 그는 중성자로 우라늄을 타격하면 원자 번호가 하나 증가된,

자연계에 존재하지 않는 새로운 원소가 만들어지지 않을까 생각했다. 중성자는 전하를 가지고 있지 않기 때문에, 알파 입자나 양성자처럼 우라늄 원자핵의 반발을 받지 않고 원자핵 속으로 들어가서 자리 잡게 될 것이라 생각한 것이다. 그렇게 중성자가 원자핵에 들어갔을 때 대개 베타 입자(전자)를 방출하기 때문에 원자 번호가 하나 늘어난 새로운 물질이 만들어질 것이라고 예상한 것이다. 페르미는 이에 대한 실험을 했지만, 결과는 복잡하게 나타났고 그 결과를 정리하는 데에만 수년이 걸렸다.

1940년에 미국의 맥밀런Edwin McMillan과 에이벌슨Philip Abelson은 실제로 감속 중성자 타격을 받은 우라늄에서 새로운 원소를 분리해낼 수 있었다. 자연에 존재하지 않는 이러한 원소를 초우라늄계 원소라고 부른다. 이러한 초우라늄계 원소를 발견할 수 있었던 것은 미국 물리학자 어니스트 로런스Ernest Lawrence가 수년 전 발명한 〈사이클로트론cyclotron〉이란 입자 가속기가 있었기 때문이다. 그들은 우라늄이라는 명칭을 당대에 발견된 천왕성에서 따왔듯이, 천왕성 다음에 발견된 해왕성Neptune에서 그 이름을 따서 새로운 원소를 넵투늄이라 불렀다. 같은 해 맥밀런 팀에 합류한 시보그Glenn Seaborg는 같은 방법으로 플루토늄을 만들었는데, 이 이름도 역시 바로 전에 발견된 명왕성Pluto에서 따온 것이었다.

$$_{92}U^{238} + {}_0n^1 \rightarrow {}_{92}U^{239} + \gamma$$
$$_{92}U^{239} + {}_0n^1 \rightarrow {}_{93}Np^{239} + e^-$$
$$_{93}Np^{239} + {}_0n^1 \rightarrow {}_{94}Pu^{239} + e^-$$

1905년 오스트리아 출신 유대인 리제 마이트너Lise Meitner는 유명한 물리학자 루드비히 볼츠만 교수 밑에서 공부를 마치고 여성으로는 두 번째로 빈 대학교에서 박사 학위를 받았다. 학구열이 대단했던 그녀는 빈에서 만족하지 못하고, 2년 후 막스 플랑크가 있는 베를린으로 떠났다. 플랑크는 어떠한 여성도 자신의 강의를 듣지 못하게 했지만, 마이트너에게만은 예외였다. 결국 1년 후 그녀는 플랑크의 조교가 될 수 있었다. 그녀는 거기에서 화학자인 오토 한을 처음 만났고 항상 공동 연구를 즐겨 했다. 1912년 그들은 새로 문을 연 카이저 빌헬름 연구소로 자리를 옮겼고, 1920년대에 들어 마이트너는 연구소의 이론 물리학 부서를 이끌어 가게 되었다.

　　마이트너는 내성적인 성격이었지만, 자신의 연구에 대해서는 자신감이 있었다. 권위 있는 이론 물리학 세미나에서는 언제나 아인슈타인, 막스 플랑크와 함께 맨 앞자리에 앉을 정도가 되었다. 아인슈타인은 그러한 그녀를 〈독일의 퀴리 부인〉이라고 치켜세우곤 했다. 1934년 페르미의 아이디어와 연구가 알려지자, 마이트너도 원자핵의 성질에 관한 연구를 해보기로 연구 방향을 설정했다. 그래서 실험에 능숙한 오토 한을 연구팀에 끌어들이고 또 하노버 공대에서 갓 박사 학위를 딴 슈트라스만Fritz Strassmann을 조교로 받아들였다.

　　1937년 초 마이트너와 한은 페르미의 실험을 다시 해보기로 작정했다. 마이트너와 한은 우라늄을 중성자로 타격할 경우 통상적으로 알파 입자 하나씩을 내며 붕괴되는 대신 우라늄이 알파 입자 두 개를 내며 붕괴될 수 있다고 가정해 보았다. 두 개의 알파 입자를 잃었다면 우라늄92에서 라듐88이 될 것이다. 그들이 이에 대한 실험을 막 시작하려고

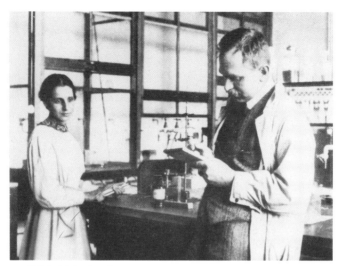
오토 한과 리제 마이트너, 1937

할 즈음에 마이트너에게 좋지 않은 상황이 닥쳤다. 당시 정권을 잡은 독일 나치가 유대인들을 색출하기 시작했다. 유대인이었던 마이트너는 한과 네덜란드 과학자 코스터Dirk Coster의 도움으로 1938년 7월 네덜란드로 극적으로 피신하게 되었다. 일자리를 찾아 스웨덴의 스톡홀름에 안착한 마이트너는 실험의 진행과 결과에 대해 한과 교신을 멈추지 않고 있었다.

　　연구소에 남은 한과 슈트라스만은 실험을 계속할 수 있었으며, 결과를 확인하기 위해 우라늄과 함께 섞여 있는 소량의 라듐을 분리해 내야만 했다. 그들은 중성자로 타격한 우라늄을 산에 녹인 후 바륨 용액을 넣어 분리하기로 했다. 바륨을 산에서 분리할 때 화학적 특성이 비슷한 라듐도 같이 분리되고, 나중에 바륨과 라듐을 다시 분리하면 실험은 끝

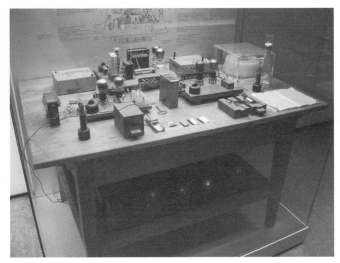

오토 한의 핵분열 실험 장치(뮌헨 도이치 박물관 소장)

나는 것이다. 바륨은 방사성을 띠지 않지만, 라듐은 방사성을 띠기 때문에 이는 쉽게 분리할 수 있는 과정이었다. 그러나 그들은 실험에 실패했다. 만들어진 라듐으로부터 방사성이 없는 바륨을 분리해 내는 데 실패한 것이다. 분리해 낸 바륨이 방사능을 방출하고 있었다. 그들은 어찌할 바를 몰랐고, 멀리 있는 마이트너에게 도움을 요청해야만 했다.

1938년 크리스마스에 한과 슈트라스만의 편지를 받은 마이트너는 그 문제에 대해 숙고하기 시작했다. 마침 덴마크의 닐스 보어 연구소에서 일하다가 휴가차 방문한 조카 프리슈Otto Robert Frisch의 도움을 얻어 문제를 풀어가고자 했다. 마이트너는 만약 우라늄 핵이 절반 크기인 바륨의 핵으로 쪼개졌다면 설명이 가능하다고 생각했다. 그러나 도대체 어떻게 그러한 일이 일어날 수 있단 말인가!

$$_{92}U^{238} + _{0}n^{1} \longrightarrow _{92}U^{239} \longrightarrow _{56}Ba^{145} + _{36}Kr^{94}$$

만약 닐스 보어가 제시한 대로 핵을 단단한 것으로 보는 대신 물방울과 같은 액체라고 생각하면 가능할 수도 있었다. 금방 터질 것만 같은 액체 방울은 표면 장력에 의해 흩어지지 않고 꼭 붙어 있어야만 한다. 그들은 종이와 연필을 가지고 그림을 그려 보고 또 계산하기 시작했다. 물방울과 같은 원자핵을 핀으로 살짝 건드린다면, 그것은 두 개로 나누어질 수도 있을 것 같았다. 물리학자인 마이트너는 핵의 질량을 계산하는 방법을 알고 있었다. 우라늄 핵의 분열에 의해 생기는 두 개의 핵은 원래 우라늄 핵보다 양성자의 약 5분의 1에 해당하는 질량만큼 가벼워진다는 것을 계산했다. 그 양은 200MeV에 해당했고, 이는 아인슈타인의 $E = MC^2$에 꼭 맞아 떨어지는 결과였다. 오랫동안 잠자고 있던 아인슈타인의 공식이 처음으로 활용될 수 있는 순간이 온 것이다.

마이트너는 영국 저널 『네이처』에 제출할 보고서를 프리슈의 도움을 얻어 작성한 뒤 1939년 1월 16일에 보냈고, 그해 2월 호에 그들의 보고서가 실렸다.[1] 코펜하겐으로 돌아온 프리슈가 그 내용을 닐스 보어에게 알림으로써 저널 출판에 앞서 곧 미국에도 알려지게 되었다.

역시 쫓기는 신세였던 헝가리 출신 유대인 물리학자 실라르드Leo Szilard는 중성자가 우라늄 원자핵을 타격할 때 여분의 중성자가 나올 수 있으며, 두 개의 중성자는 다시 다른 원자핵을 타격하고 이렇게 해서 핵분열 반응이 연쇄적으로 일어난다면 웰스의 소설에 나오는 〈원자 폭

1   Disintegration of Uranium by Neutrons; A New Type of Nuclear Reaction by Lise Meitner and Otto Frisch, *Nature*, 143, 239~240(Feb. 11, 1939).

탄〉이 공상에만 그치지 않을 것이라고 생각했다. 1936년, 그는 그러한 가능성을 영국에 특허로 등록했으며, 1938년 미국으로 건너간 뒤에는 페르미와 같이 일하면서 연쇄 반응에 의한 〈중성자로neutronic reactor〉 개념을 공동으로 미국 특허로 등록했다. 한과 마이트너의 핵분열 성공 소식을 들은 그는 미국으로 피신해 온 과학자들과 더불어 만약 독일이 이러한 핵분열 연쇄 반응을 연구한다면, 미국에 큰 위험이 될 것이라고 주변에 설파하고 다녔다. 드디어 그는 1939년 미국 정부의 관심을 끌기에 충분한 명성을 가진 아인슈타인을 찾아가 루스벨트 대통령에게 원자핵을 이용한 강력한 새로운 폭탄의 위험성에 대해 편지를 써줄 것을 설득했다.

아인슈타인은 루스벨트 대통령에게 보내는 서한을 작성했다. 편지는 다음과 같이 시작되었다. 〈루스벨트 대통령 각하, 저는 엔리코 페르미와 레오 실라르드의 최근 연구 보고서를 검토한 바 있습니다. 우라늄 원소에 대한 최근의 연구에서 우라늄은 새롭고 중요한 에너지를 가지고 있다는 사실이 밝혀졌습니다.〉 그것은 새로운 폭탄이 가까운 장래에 제조될 가능성이 있으며, 독일의 카이저 빌헬름 연구소에서 이미 연구를 시작했다는 정보가 있다는 것으로 끝을 맺고 있었다.

하이젠베르크가 이끄는 독일 연구팀은 라이프치히 대학교에 설치한 중수heavy water를 사용한 원자로에서 연쇄 반응을 일으키는 데 마침내 성공했다. 그들은 원자로의 가동 결과 중성자의 수가 13퍼센트가량 증가되는 것을 확인할 수 있었다. 과학자들은 더 많은 우라늄과 중수가 필요했다. 독일은 체코의 우라늄 광산에 눈독을 들이기 시작했고, 노르웨이의 베모르크에 이미 가동 중인 중수 공장에서 중수를 충분히 조달 받고 있었다.

　미국 과학자들은 반응에 필요한 중성자를 감속하는 장치로 순수한 탄소로 만들어진 흑연 덩어리를 사용했고, 독일 과학자들은 중수를 사용하면서 연구를 진행해 가고 있었다. 연쇄 반응을 일으키기 위해서는 감속 중성자가 필요한데, 핵분열에서 나오는 중성자는 모두 고속 중성자이기 때문에 이들이 중수나 흑연 속을 통과할 때 속도가 느려져 감속 중성자로 만들어진다.

　더 많은 실험을 하기 위해 원료 물질의 확보는 매우 중요했다. 미국은 영국과 캐나다에서 이미 확보한 우라늄이 필요했고, 아프리카 콩고를 식민지로 거느리고 있는 벨기에도 많은 우라늄을 가지고 있다는 것을 알고 있었다. 이미 나치는 우라늄 광산이 풍부한 체코를 침공했고 연이어 벨기에를 침공했다. 벨기에에서 아프리카의 우라늄 광산을 운영하고 있던 우라늄 회사는 뉴욕으로 본사를 옮겼다. 〈재수 없는 돌〉 우라늄은 이제 금보다 더 귀한 존재가 돼가고 있었다.

MAUD 위원회

전쟁의 불안을 피하기 위해 영국에 남은 마이트너의 조카 프리슈는 버밍엄 대학교에서 독일 과학자 루돌프 페이얼스Rudolf Peierls와 함께 일하게 되었다. 그들은 우라늄-235의 특성에 대해 연구하기 시작했으며, 순수한 우라늄-235 1킬로그램 정도의 소량만이 실제로 핵분열에 관여하고 나머지는 분열과 함께 날아가 버린다는 것을 계산해 냈다. 그들은 이것을 〈임계 질량critical mass〉이라고 불렀다. 그들은 이 결과를 지도 교수인 마커스 올리펀트에게 보고했으며, 올리펀트는 영국 국방 과학 위원회에 이를 알렸다. 국방 과학 위원회는 보고서 작성자들의 국적이 적국이었기 때문에 그 사실에 대해 좀 더 조사할 필요를 느꼈다. 국방 과학 위원회는 J. J. 톰슨의 아들인 G. P. 톰슨 경, 올리펀트, 블래킷, 채드윅, 필립 문Philip Moon, 존 콕크로프트 등 6인으로 MAUD(Military Application of Uranium Detonation) 위원회를 구성하도록 하고, 수개월 내 자세한 보고서를 제출하도록 요구했다. 1940년 MAUD 위원회는 우라늄-235로 강력한 원자 핵폭탄을 만드는 것이 가능하다는 결론을 내렸다. 그리고 우라늄-235를 생산하기 위한 대규모 우라늄 농축 공장을 건설할 수 있는 개념 설계를 마련했다.

$$_{92}U^{235} + {}_0n^1 \longrightarrow {}_{92}U^{236} \longrightarrow {}_{56}Ba^{141} + {}_{36}Kr^{92} + 3\ {}_0n^1$$

MAUD 위원회는 이제 막 발견된 플루토늄의 대량 생산에 대해서는 회의적이었고, 우라늄 농축 방법으로 열 확산 분리법thermal diffusion method, 가스 확산 분리법gas diffusion method, 전자기 분리법electromagnetic method, 그리고 원심분리법centrifuge method 등을 제시했다. 그중에서 효율이 가장 높을 것으로 보이는 가스 확산 분리법을 먼저 시도해 보는 것이 좋을 것이라고 건의했다. 위원회는 또한 독일 출신 유대인 과학자 프란츠 시몬Frantz Simon과 헝가리 출신 니콜라스 쿠르티Nicholas Kurti에게 우라늄 분리를 위한 효율적인 가스 확산법을 연구하도록 위탁하여 원료 물질로 불화 우라늄hexafluoride uranium을 사용하는 것이 가장 적합

함을 밝혀냈다.

당시 독일과 전쟁 중에 있었던 영국은 MAUD 위원회의 보고서를 미국에도 통보했으며 미국과 이 분야에서 최대한 협력을 원하고 있었다. MAUD 보고서에 대한 미국의 반응이 빠르게 나타나지 않자, 마커스 올리펀트는 직접 미국으로 건너가 로런스, 페르미, 콤프턴Arthur Compton 등 미국에 있는 과학자들을 만나 정보를 교환했으며, 또한 MAUD 보고서를 미국 우라늄 자문 위원회의 금고 속에 처박아 두고 있었던 리먼 브릭스Lyman Briggs를 만나 원자 핵무기에 대한 중요성을 설득했다. MAUD 보고서의 심각성은 잠자고 있던 우라늄 자문 위원회를 깨우는 역할을 했고 결국 맨해튼 프로젝트가 태동되는 결정적인 역할을 했다.

미국이 소극적인 태도를 보이자 영국은 독일과의 전쟁 중임에도 불구하고 맨해튼 프로젝트에 앞서 독자적인 핵무기 개발 프로젝트인 〈튜브 알로이스Tube Alloys〉를 구상하고, 대륙에서 피신해 온 프랑스 과학자들과 협조하면서, 최종적으로 캐나다의 몬트리올에 원자 핵무기 개발을 위한 연구소를 세우게 되었다.

1943년에 만들어진 MAUD 위원회의 최종 보고서는 뒤늦게 소련의 스탈린 수중에 들어가게 되었으며, 소련도 원자 핵무기를 만들어야 한다는 결정적 동기를 불러일으켰다.

5   맨해튼 프로젝트

아인슈타인의 건의 편지를 받은 루스벨트 대통령은 리먼 브릭스에게 이를 검토해 보도록 지시했다. 1939년 10월 브릭스가 이끄는 우라늄 자문 위원회가 만들어지기는 했지만, 여러 과학자들의 우려대로 뚜렷한 결실을 맺기가 어려웠으며, 루스벨트 대통령의 결정은 더디어만 갔다. 아인슈타인은 독일에서는 이미 저명한 물리학자 하이젠베르크가 독일의 핵무기 개발팀에서 일하면서 많은 과학자들을 이끌고 있다는 소식을 듣게 되었다.

아인슈타인은 다시 루스벨트 대통령에게 재촉 편지를 보냈다. 루스벨트 대통령은 마침내 1941년 12월, 브릭스를 대신해 벤니버 부시 Vennevar Bush를 책임자로 정하고 우라늄 자문 위원회의 기능을 강화해 〈S-1 프로젝트〉라는 원자 핵무기 개발 특수 임무를 수행하도록 결정했다. 이 프로젝트는 수개월 후 군부의 손으로 넘어가 맨해튼 프로젝트로 탈바꿈한다.

당시 미국은 독일과 전쟁을 시작하려고 하고 있었다. 이제 양국의 핵무기 개발 경쟁이 본격적인 궤도에 들어선 것이다. 누가 먼저 핵무기를 손에 넣느냐에 따라서 전쟁의 판도가 달라질 수 있을 것이다. 1930년대 미국의 원자 물리학 기초는 유럽에 비해 많이 빈약했다. 그런데 나치 정권은 유대 혈통의 과학자들을 잡아들이고 있었기 때문에, 많은 유대 과학자들이 안전한 미국으로 망명하기 시작했다. 비록 유대인이 아니더라도 나치 정권에 협력하기 싫은 과학자들도 미국행을 택했다. 아인슈타인, 페르미, 실라르드 등 수많은 저명한 과학자들이 미국에 집결하고 있었다.

우라늄 자문 위원회와 S-1 우라늄 위원회

아인슈타인의 건의 편지로부터 시작되어 브릭스가 이끌게 된 우라늄 자문 위원회The Advisory Committee on Uranium와 이를 이어 받은 S-1 우라늄 위원회The Uranium Committee는 1939년 10월부터 맨해튼 프로젝트가 가동되던 1942년 9월까지 미국의 원자 핵무기 개발 프로그램의 중심 역할을 했다. 그러나 지금까지 존재하는 몇 개 안 되는 보고서를 바탕으로 성공이 보장되어 있지도 않은 것을 목표로 막대한 국민 세금을 지출해야 한다는 것은 힘든 결정이다. 단시일 내에 성공의 가능성은 극히 희박해 보였다.

　　위원회는 원자 핵무기의 성공 가능성을 대통령에게 보고해야 했다. 그러한 보고서를 작성한다는 것은 매우 힘든 일이었기 때문에 일의 진도는 지지부진할 수밖에 없었고, 유능한 과학자들의 자문을 구하는 길밖에 다른 방도는 없었다. 당시 미국의 과학은 유럽에 비해 확실히 한 단계 뒤떨어진 상태에 있었다. 모든 과학적 발견은 유럽에서만 일어나는 것만 같았고, 미국은 언제나 그들이 이룬 업적을 몇 달 후에 보고서를 통해서 알게 되는 것이 보통이었다. 1932년 채드윅에 의해 중성자가 발견되던 해에, 미국에서는 어니스트 로런스가 처음으로 〈사이클로트론〉이란 입자 가속기를 발명했다. 로런스는 어떤 일이든지 할 수 있다고 생각하는 추진력이 강한 과학자였다. 그는 캘리포니아 대학의 버클리 캠퍼스에서 일하고 있었다. 그래서 버클리 캠퍼스에는 우수한 학생들이 몰려들기 시작했고, 1930년대 미국의 비공식 원자 물리학 센터로 자리 잡기 시작했으며, 미국의 원자 물리학 발전의 구심점 역할을 하게 되었다.

1939년 초 오토 한이 핵분열 실험에 성공하고 리제 마이트너의 이론적 보고서가 미국에 도착하자, 버클리 캠퍼스에 있는 많은 과학자들을 포함한 미국의 원자 물리학자들은 무언가 할 수 있는 일을 찾은 것 같았다. 그들에게 우라늄 위원회는 충분한 일거리를 제공했다. 비록 많지는 않지만 연구 자금을 제공받은 과학자들은 유럽의 보고서들을 바탕으로 독자적인 연구를 수행하기 시작했다. 게다가 전운이 감돌고 있는 유럽에서 많은 경험을 가진 우수한 과학자들이 미국으로 건너오고 있었다.

브릭스의 우라늄 자문 위원회는 겨우 6천 달러의 연구 자금을 컬럼비아 대학교에 있는 페르미와 실라르드에게 지급하고, 중성자에 의한 연쇄 반응이 가능한지 연구할 수 있도록 했을 뿐이다. 이러한 일 외에 별 다른 일을 추진하지 못하던 우라늄 자문 위원회는 벤니버 부시가 이끄는 S-1 우라늄 위원회로 개편되면서 좀 더 적극성을 보이기 시작했다.

부시의 우라늄 위원회는 원자 핵무기를 만들 수 있는 원료 물질인 우라늄-235의 대량 생산이 가능한지를 알고 싶었다. 우라늄-235는 천연에서 발견되는 우라늄광에 겨우 0.7퍼센트가 포함되어 있을 뿐이며 나머지 99.3퍼센트는 우라늄-238이다. 과학자들은 우라늄-235가 풍부한 상태에서 핵분열이 더 잘 일어난다고 보고하고 있었다. 원자 단위에서 우라늄-235와 우라늄-238의 차이는 중성자 3개를 덜 갖고 더 가진 것밖에 없다.

우라늄 농축 단계는 물리적으로 매우 어려운 과정을 거쳐야 한다. 화학적인 방법으로 동위원소를 분리할 수는 없다. 중성자 수가 다른 동위원소 간에는 화학적 성질의 차이가 전혀 없기 때문이다. 눈에 보이지도 않는 원자를 분리해 낸다는 것은 당시의 기술로서는 거의 불가능한 것이었다. 그래도 과학자들은 모든 가능성을 찾기 시작했다.

자연에 존재하는 우라늄은 0.7퍼센트의 우라늄-235와 99.3퍼센트의 우라늄-238로 구성되어 있다. 이는 1천 개의 우라늄 원자 중에 대부분인 993개는 우라늄-238이고, 나머지 7개만이 우라늄-235로 구성되어 있다는 말이다. 이러한 원자 간 구성 비율을 분리 공정을 통해 90퍼센트 이상의 우라늄-235와 10퍼센트 이하의 우라늄-238로 만들어야 했다. 그것은 마치 원자들을 일렬로 세워 놓고 뚱뚱한 녀석들은 버리고 홀쭉한 녀석들만 모으는 것과 같다. 문제는 그들의 몸무게 차이가 단지 1퍼센트밖에 되지 않으며 뚱뚱한 녀석들은 잘려 나가기 싫어서 최대한 몸을 움츠리고 가능한 한 홀쭉한 녀석들 틈새에 끼어서 버틴다는 것이다.

과학자들은 우선 이론적인 우라늄 농축 방법으로 전자기 분리법, 열 확산 분리법, 기체 확산 분리법, 원심분리법 등을 연구했다. 그러나 이 방법들에 대한 효율성은 확실하지 않았고, 대규모 공장 건설을 위해서 막대한 설비비가 들어가야만 했다. 기체 확산 분리법이 가장 효율적이라는 주장이 있었지만, 어느 것도 증명되지 않은 상태였다. 결국 전자기 분리법만이 확실한 성과를 얻을 수 있는 방법이라고 판단되어 처음부터 적극적으로 추진하기로 했다.

열 확산 분리법에 의한 공정은 카네기 연구소의 필립 에이벌슨이 제안했다. 이 방법은 아주 긴 2중 파이프를 사용해 중간에는 기체 상태의 불화 우라늄을 통과시키고, 안쪽 파이프는 고압 수증기로 가열하고, 바깥쪽 파이프는 냉각수로 냉각하는 것인데, 이렇게 하면 중간에 있는 가벼운 동위원소 우라늄-235는 뜨거운 파이프 안쪽으로 모이고, 무거운 동위원소 우라늄-238은 차가운 파이프 바깥쪽으로 모이게 된다. 이는 뜨거운 기체가 위로 올라가는 대류 현상 때문에 가벼운 우라늄-235가 위쪽으로 올라오는 원리이다. 이 과정을 반복하면 가벼운 우라늄-235와 무거운 우라늄-238을 분리 수집할 수 있다.

전자기 분리법 공정은 미네소타 대학의 앨프레드 니어Alfred Nier가 제안한 방법으로 질량 분광기의 원리를 이용한 것이다. 즉 전기 충전된 입자를 자기장으로 보내면 자기장의 영향으로 가벼운 동위원소 우라늄-235는 덜 휘어고, 무거운 동위원소 우라늄-238은 더 휘어진다는 원리를 이용해, 반복 과정을 통하여 우라늄-238과 우라늄-235를 분리하는 방법이다. 이 방법은 자기장에 의한 원소들의 휘어짐으로 인해 아주 먼 거리에서 겨우 분리되기 때문에 효율성이 매우 낮을 가능성이 있었다. 단 한 개의 질량 분광기로 1그램의 우라늄-235를 얻는 데 2만 7천 년이나 걸릴 것이라는 계산도 나왔다.

기체 확산법 공정이 가장 나은 방법 같아 보였다. 화학자들이 화합물의 분리 방법으로 많이 사용하는, 작은 기공이 많이 존재하는 막을 이용해 불화 우라늄 기체를 불어 넣으면, 조금 작은 크기의 우라늄-235 원자를 가진 불화 우라늄은 비교적 잘 통과하고, 조금 큰 우라늄-238 원자를 가진 불화 우라늄은 통과하기가 쉽지 않다는 데에서 착상한 것이다. 이 방법은 영국 과학자 존 던닝John Dunning이 컬럼비아 대학교의 동료와 함께 제안한 것이다.

원심분리 방법에 의한 공정은 세탁기에 사용하는 것과 같은 드럼을 초고속으로 돌리면 가벼운 우라늄-235는 안쪽으로 몰리고, 무거운 우라늄-238은 바깥쪽으로 몰리는 원리를 이용한 것으로, 이때 생기는 열 때문에 가벼운 우라늄-235는 위쪽을 향해 흐르고 무거운 우라늄-238은 아래쪽을 향해 흐르게 되어 두 동위원소를 분리할 수 있는 방법이다. 이는 버지니아 대학교의 제시 빔즈Jesse Beams가 제시한 방법으로 가장 좋은 평가를 받았고 초기에 연구 자금을 많이 배정받은 방법이기도 하다.

그러나 이 모든 방법에 의한 분리 효과는 극히 낮아서, 같은 공정을 수십 수백 번 반복해야 약간의 분리된 물질을 얻을 수 있을 뿐이다. 이러한 방법들을 대규모 공정으로 설치할 때 실제 효율은 더욱 낮아질 것으로 평가되었다.

우라늄-235를 이용한 원자 핵무기를 만드는 데 필요한 우라늄의 양은 1941년 카네기 연구소의 한 연구팀에서 우라늄의 임계 질량이 페이얼스가 계산한 양보다 훨씬 큰 14킬로그램이 되어야 한다는 것을 발견했다. 주변의 반사체 4.5킬로그램을 포함해 적어도 우라늄-235가 14킬로그램 정도는 있어야 한다는 말이다.

1941년 2월, 획기적인 뉴스가 버클리 팀에서 들려왔다. 로런스가 만든 사이클로트론을 사용해 글렌 시보그가 플루토늄을 만드는 데 성공했다는 소식이었다. 몇 달 후 플루토늄은 우라늄-235와 같이 핵분열성이 강하고, 우라늄-235보다 1.7배나 강하게 핵분열이 일어날 것이라는 연구 결과가 나왔다. 이미 이러한 가능성을 예측하고 있었던 페르미는 컬럼비아 대학교에서 우라늄 파일pile에 대한 연구를 계속하고 있었다.

전시 체제 아래에서 우라늄 위원회의 활동은 훨씬 강화되었다. 우라늄 위원회 부시 위원장의 경과 보고를 받은 루스벨트 대통령은 1942년 1월 마침내 원자 핵무기를 만들도록 재가했다. 우라늄 위원회의 로런스는 우라늄 농축에 관한 연구 프로젝트를 총괄 지휘하고 있었으며, 콤프턴은 플루토늄에 대한 새로운 연구 프로젝트를 총괄하기로 했다.

콤프턴은 관련 과학자들을 시카고 대학교로 불러 모았다. 컬럼비아 대학교에서는 페르미와 실라르드를, 버클리 대학교에서는 오펜하이머와 시보그를, 그리고 프린스턴 대학교에서는 이론에 밝은 유진 위그너Eugene Wigner를 불러들였다. 플루토늄을 대량 생산하기 위해서는 중수가 더 효과적이라는 것을 알고 있었지만, 당시에 많은 양의 중수를 갑자기 구한다는 것은 불가능했다. 그래서 페르미의 설계대로 우라늄과 흑연으로 우라늄 파일을 만들고 연쇄 반응을 일으켜 플루토늄을 생산해 보기로 했다. 시카고 대학교 운동장 아래에 비어 있는 라케트 실내

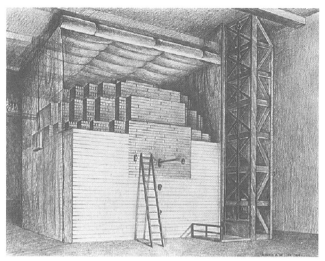
시카고 파일-1, 1942

연습장 안이 파일을 설치하기에 알맞은 장소로 선택되었다.

　　1942년 6월 이 프로젝트를 위해 순수 흑연 블록 4만 5천 개를 주문했다. 이 중에 1만 9천 개에는 작은 구멍을 2개씩 뚫도록 요청했다. 작은 구멍에 우라늄을 넣고 흑연 블록을 쌓기 시작했다. 당시에는 이를 원자로라고 부르지 않았다. 흑연 블록을 겹겹이 쌓았기 때문에 〈파일〉이라고 불렀다. 연쇄 반응의 제어는 카드뮴 막대를 사용했다. 카드뮴 막대를 파일 안에서 밖으로 빼내면 연쇄 반응이 일어나고, 안으로 집어넣으면 연쇄 반응이 그치는 식이었다. 그러나 필요한 흑연 블록의 조달과 우라늄의 공급이 더뎌지면서 파일의 완성은 지연되어 갔다. 그해 12월 파일은 57층으로 쌓였고, 연쇄 반응을 일으키는 데 충분해졌다. 그때까지 파일에 사용된 흑연의 총량은 400톤, 그리고 산화 우라늄의 총량은 50톤,

우라늄 메탈의 총량은 6톤이나 되었다. 마침내 1942년 12월 2일, 첫 임계에 다다랐다. 첫날에 28분 동안 0.5와트 열 출력을 만들어 내는 데 성공했다. 파일의 출력은 계속 증가해 10일이 지난 후 2백 와트의 열 출력을 내기에 이르렀다. 시카고 파일 〈CP-1〉은 세계 최초의 원자로로 역사에 기록되었다.

맨해튼 프로젝트

1941년 12월 일본은 하와이 진주만을 공격했고, 독일과 이탈리아는 미국에 선전 포고를 했다. 전쟁이 일어나자 S-1 프로젝트는 더욱 바빠지기 시작했으며, 결국 군부의 손으로 넘어가게 되었다. 군부는 뉴욕 맨해튼에 MED(Manhattan Engineer District) 본부를 설치하고, 극비의 프로젝트 책임자로 육군 대령 그로브스Leslie Groves를 1942년 9월에 임명했다. 그로브스가 부임하자 프로젝트는 아주 급속히 진행되었다. 그에게 거의 무한정의 자금을 쓸 수 있는 권한과 전시에 필요한 거의 모든 조치를 취할 수 있는 막강한 권한이 주어졌기 때문이다. 그가 사용한 자금은 당시 돈으로 20억 달러에 이르는 어마어마한 액수였다. 그로브스는 6일 후 육군 소장으로 승진했으며, 그는 거대한 맨해튼 프로젝트를 성공적으로 수행할 수 있을 것이라고 자신했다.

　건설에 관한 것이라면 그는 얼마든지 자신 있었고, 다른 사람의 도움 없이 수행할 수 있었지만, 과학자들을 이끄는 일은 그리 쉽지 않았다. 그는 MIT에 잠깐 수학한 적이 있었고, 웨스트포인트 공학부를 4등

그로브스 소장과 오펜하이머 박사, 1943

으로 졸업한 수재였다. 그리고 펜타곤 건물을 완성하는 데 공헌을 한 적
도 있었다.

　프로젝트 팀은 미국 내에 있는 많은 연구소들을 활용하면서도 특
별히 세 군데의 비밀 기지를 전략적으로 계획하고 건설하기 시작했다.
테네시 주 오크리지에 플루토늄 실험 생산과 고농축 우라늄 생산 단지
(사이트 X), 그리고 워싱턴 주 핸포드에 대규모 플루토늄 생산 단지(사
이트 W), 마지막으로 뉴멕시코 주의 로스앨러모스에 원자 핵폭탄 설계
를 위한 비밀 연구소(사이트 Y)를 마련한다는 계획이었다.

　기존의 계획과 자료들을 검토한 그는 군인답게 이틀 후에, 그동안
최종 결정을 미루어 왔던 오크리지에 실험용 플루토늄 생산 공장과 다
양한 방식의 우라늄 분리 농축 공장들을 세우기로 확정했다. 사이트 X

로 명명된 오크리지 사이트는 243평방킬로미터의 대지 위에 농축 우라늄과 플루토늄을 대량 생산할 수 있는 기술 개발 지역으로 계획된 곳이었다. 불행히도 우라늄 농축을 위한 네 가지 방법 중에 원심분리 방법은 실험실에서 시범 운전을 보이던 중 원심분리기가 고장을 일으켜 프로젝트에서 제외되었다.

1942년 가을에 대지를 구입하기 시작했고, 1943년 2월에 흑연을 이용한 플루토늄 생산용 원자로 X-10과 칼루트론Calutron이라 불리는 전자기 분리법에 의한 농축 공장 Y-12가 먼저 건설되기 시작했다. 1943년 가을부터는 가스 확산법을 이용한 농축 공장 K-25의 건설과 함께 이 시설에 필요한 불화 수소 생산 공장도 같이 세워졌다. 그러나 열 확산법에 의한 농축 공장 S-50은 1944년 6월에 가서야 시공되었고 9개월 후인 1945년 3월 완성되었다. 처음 지어진 이러한 공장들은 시운전을 시작하면서 여러 가지 공학적인 문제들에 부딪쳤지만, 1944년이 지나갈 무렵 모든 농축 공장의 문제들은 절망적인 상황에서 벗어날 수 있었다. 효율은 극히 저조했지만 그것은 전시 아래 그렇게 큰 문제가 되지 않았다.

최초의 농축 우라늄은 Y-12에서 생산되었다. 1944년 2월 처음으로 생산된 고농축 우라늄 2백 그램을 로스앨러모스 원자 핵무기 설계팀에 보낼 수 있었던 것이다. 오크리지에서 사용된 전력 소비량은 당시 미국 전체 소비량의 6분의 1에 해당했다고 한다. 그것은 거대 도시 뉴욕에서 필요한 전력량과 거의 같았다. 그래서 사이트 X는 특별히 테네시 강을 따라 건설된 많은 수력 발전소에서 나오는 풍부한 전력을 이용하기 위해 이 지역에 세워진 것이다.

Y-12 전자기 분리 방법의 칼루트론 농축 시설, 1945

MAUD 위원회 보고서의 예측대로 전자기 분리법과 열 확산 분리법에 따른 고농축 우라늄 생산은 전력의 소모만 많았지 큰 효율을 보이지 못했다. 그래서 이 두 가지 방법을 위해 세워졌던 Y-12와 S-50은 전쟁 직후인 1945년 영구 패쇄되었고, 오직 가스 확산법만이 살아남아 고농축 우라늄을 계속해서 대량 생산해 낼 수 있었다.

그로브스의 다음 계획은 핵무기 연구소를 세우는 것이었다. 코드 Y로 불리는 연구소 설립은 쉽지 않았다. 그는 까다로운 원자 물리학자들을 이끌면서 핵무기 연구를 수행할 방법을 모색했다. 그가 가진 과학자 리스트 가운데는 당대 최고의 과학자인 헝가리 출신 레오 실라르드, 에드워드 텔러Edward Teller, 유진 위그너를 비롯해 이탈리아 출신의 페르미, 에밀리오 세그레Emilio Segrè, 오스트리아 출신 마이트너의 조카인 오토 프리슈, 그리고 미국의 우수한 인재들인 어니스트 로런스, 아서 콤프턴, 오펜하이머, 그리고 젊은 물리학자들인 어윈 맥밀런, 필립 에이벌슨, 글렌 시보그, 리처드 파인먼Richard Feynman 등 수많은 인재들이 있었다. 그중에서 그는 냉철한 오펜하이머를 연구소 책임자로 내정하고, 11월에 로스앨러모스에 핵무기 연구소를 세우기로 결정했다.

연구 소장으로 선정된 오펜하이머는 민감한 성격의 소유자였지만 하버드 대학교 물리학부를 3년 만에 최고 학점으로 졸업했고, 케임브리지 대학교의 카벤디쉬 연구소에서 공부한 뒤 독일의 괴팅겐 대학교에서 박사 학위를 받은 미국 최고의 물리학자였다.

로스앨러모스에 위치한 비밀 사이트 Y는 지형적인 면을 고려하여 높은 절벽 위에 위치한 작은 마을에 세워졌다. 그곳은 원자 핵무기의 설계와 제작에 대한 비밀이 새어 나가지 않는 데 적합했다. 이는 그곳을 잘 알고 있었던 오펜하이머의 아이디어였다. 그는 곧 많은 과학자들을 이곳으로 불러들여 원자 핵무기 설계팀을 조직했다.

프로젝트의 성공이 꼭 보장된 것이 아니었기 때문에 프로젝트는 두 가지 방향으로 진행될 수 있도록 가닥을 잡았다. 하나는 우라늄-235를 이용하는 것이고, 다른 하나는 플루토늄을 이용하는 것이었다. 거의 무제한의 자금이 지원되었기 때문에 가능한 한 모든 방법을 다 사용할 수 있었고, 강력한 무기를 만드는 데 필요한 고농축 우라늄과 플루토늄을 가장 빠른 시일 내에 확보할 수 있도록 돕는 것이 그들이 해야 할 임무 중의 하나였다.

연구소가 설립되자마자 시카고 대학교에 설치한 우라늄 파일 〈CP-1〉에서 곧 성공적인 연쇄 반응이 일어나고 플루토늄이 생산될 것이라는 소식이 들려왔다. 그로브스는 플루토늄의 대량 생산이 더 빠르게 진행될 수 있다고 생각하게 되었다. 그래서 이듬해 1월 핸포드에 또 다른 플루토늄 생산 시설과 원자로에서 생산된 플루토늄 속에 남아 있는 우라늄을 분리해 내고 순수한 플루토늄만 정제하는 재처리 시설을 세우기로 결정했다.

사이트 W로 정해진 핸포드에는 완충 지대를 포함한 거대한 2,300평방킬로미터의 대지에 B, D, F 세 개의 대형 플루토늄 생산용 원자로를 건설하기로 결정했다. 원시적인 시카고 파일을 토대로 듀퐁 회사의 엔지니어들이 새로운 원자로를 설계하기 시작했다. 시카고의 CP-1이나 오크리지의 X-10은 뜨거워진 원자로를 냉각하기 위해 공기를 이용했지만, 핸포드에서는 효율을 높이고 플루토늄을 더 빨리 생산해 내기 위해 물을 냉각수로 사용하기로 했다. 핸포드에 세워진 원자로 파일 한 기 건설에 사용한 흑연의 총량은 무려 1천2백 톤이나 되었으며, 그 안에 투입된 우라늄 총량은 2백 톤에 이르렀다. 이 원자로에서 나오는 열을 식히기 위해 냉각수가 1분당 3백 톤이나 필요했다. 핸포드에서는 공학적으로 어려운 문제는 없었으나 원자로 파일에 채울 우라늄의 공급이 원활하지 않아 완공이 지연되고 있었다.

원자로에서 생산되어 나온 플루토늄을 분리해 내기 위한 재처리 시설도 건설되었다. 재처리 시설은 길이가 240미터나 되는 거대한 콘크리트 건물이었다. 건설 노동자들은 이 건물이 당시에 3천 명이나 태울 수 있었던 세계에서 가장 큰 호화 유람선 퀸 메리호와 크기가 비슷하다고 해 〈퀸 메리〉라는 별칭을 붙이기도 했다. 재처리 시설은 외관상으로 볼 때, 창문이 거의 없는 거대한 콘크리트 블록과 같았는데, 재처리 과정에서 새어 나올 수 있는 방사능의 누출을 방지하기 위한 구조였다.

핸포드 지역을 선정한 이유는 그곳이 컬럼비아 강을 끼고 있는 외딴 지역이어서 원자로를 냉각시키는 데 필요한 충분한 냉각 용수의 공급이 가능했고, 인구가 많은 도시가 주변에 없어서 방사능 누출 사고가 있을 경우 피해를 최소화할 수 있기 때문이다. 원자로 B에서 처음으로 플루토늄이 생산되었고, 재처리 과정을 통해 분리된 대량의 플루토늄이 1944년 2월 로스앨러모스 핵무기 연구소에 처음으로 전달되었다. 핸포드 사이트에는 제2차 세계 대전 이후에도 플루토늄 생산 원자로가 계속해서 건설되었으며, 플루토늄의 생산이 완전 중단될 때까지 40년 동안 57톤의 플루토늄을 생산했다. 미국이 수많은 핵무기를 제조할 수 있었던 것은 이곳에서 공급한 플루토늄 덕분이었다.

고농축 우라늄을 생산할 수 있는 공장이 비옥한 오크리지 계곡에 들어서고 있는가 하면, 플루토늄을 생산하고 분리할 수 있는 원자로와 재처리 시설이 메마른 핸포드 광야에 세워지고 있었다. 강인하고 끈질기며 지칠 줄 모르는 그로브스 장군은 오펜하이머 박사와 함께 이곳저곳을 둘러보며 공사를 재촉해야만 했다. 자신만이 잘났다고 생각하는 과학자들을 통솔하는 오펜하이머의 역할은 더욱 힘들었다. 그는 까다로운 과학자들의 마음속 깊이 내재하는 두려움이나 욕심을 감지하는 능력이 있었다. 그들이 제자리에서 열심히 연구할 수 있는 환경을 만들어 주어야만 했다.

극히 대조적인 성격을 가진 그로브스 장군과 오펜하이머 박사는 그런대로 좋은 관계를 맺고 있었다. 전시 아래 서로를 존경하고 이해하고 있었다. 그로브스는 강인한 군인 정신으로 지칠 줄 모르고 일을 진행하고 무엇이든지 맺고 끊는 것이 분명한 사람이었다. 부하들에게는 불같은 명령을 내리면서도 일 처리에는 실용적인 면이 있었다. 반면 오펜하이머는 다소 냉소적이긴 하지만, 동양 철학에도 관심을 보인 철학적 사고를 지니고 있었다. 그는 처음의 우려와는 달리 큰 팀을 이끌면서 많은 과학자들을 잘 다루고 있었다. 그들의 성격을 충분히 파악하면서, 그들이 함께 팀을 이루어 일할 수 있도록 많은 배려를 했다.

그는 어니스트 로런스를 위시한 미국 연구팀을 주로 테네시의 우라늄 생산에 배치해, 천연 우라늄에서 핵분열성이 강한 우라늄-235 동위원소를 추출해 내도록 독려하고 있었다. 좀 더 이론적 전통을 가진 유럽 연구 팀에는 조금 추상적이긴 하지만 일반 우라늄을 연금술사처럼 다른 원소로 변환하는 과정을 통해 강력한 플루토늄을 얻어 내는 생산 연구 개발의 지원을 맡겼다.

새로 시작되는 대규모 건설 단지가 항상 그러듯이, 오크리지와 핸포드에서는 임시 막사와 트레일러 주택들이 매일매일 들어서고 있었으며, 상점과 학교와 병원도 생겨났다. 새로운 도시가 갑자기 형성되기 시작했다. 순수한 플루토늄과 고농축 우라늄을 확보하는 것은 시간 문제였고, 가장 중요한 문제는 원자 핵폭탄을 설계하는 방법이었다.

1930년 위스콘신 대학교에서 물리학 박사 학위를 막 취득한 로버트 서버Robert Serber는 프린스턴 대학교에서 박사후 연구 과정을 밟기 위해 동부로 향하던 중 미시간 대학교에서 세미나를 하고 있는 유명한 오펜하이머 교수의 강의를 듣기 위해 잠시 들렀다. 그는 젊은 교수에게 매료되었고 그를 따라 버클리 대학교로 가기로 결정했다. 후일 오펜하이머가 맨해튼 프로젝트의 팀 리더로 발탁되었을 때, 그도 자연히 오펜하이머의 제자들과 함께 합류하게 되었다.

　로스앨러모스에 모인 과학자들은 자신들에게 맡겨진 일이 원자 핵
폭탄을 설계하는 일인 줄 처음에는 몰랐다. 기초 과학을 연구하던 이들
에게 전쟁 무기를 설계하라니 얼토당토않은 이야기 아닌가? 순수 물리
학밖에 알지 못했던 이들에게 주어진 과제는, 실험실에서 천천히 안전
하게 일어나도록 조절하고 있는 핵분열 과정을 오히려 빠르게 일으켜,
결과적으로 가능한 모든 에너지를 한꺼번에 나오게 하는 새로운 군사
용 폭탄을 제조하는 것이었다. 내키지는 않았지만 그들은 국가의 부름
에 따라 이 일에 착수해야 했다. 오펜하이머의 대변인 격인 서버가 지금
까지의 핵분열에 관한 이론들을 정리해 발표할 때에야 그들은 서서히
자신들이 무슨 일을 하고 있는지 깨닫게 되었다.

　그들은 곧 프리슈와 페이얼스가 버밍엄 대학교에서 만든 기초 보
고서가 너무 순진하다는 것을 깨달았다. 수킬로그램의 우라늄에 핵분
열이 일어나면 그것은 1백만 분의 1초 안에 이루어지는 것이고, 그렇게
될 경우 온도는 섭씨 1백 억 도에 이르며, 반응하지 않은 우라늄은 이러
한 온도에서 녹아 버리고 기체 상태가 되어 반응은 더 이상 일어나지 않
게 된다. 이때 원자 입자들은 이론적으로 빛처럼 빠른 속도로 밖으로 날
아가 버린다. 그래서 반응 효율이 높은 원자 핵폭탄을 기대하기가 어려
운 것이다.

　서버는 임계 질량을 극복하는 설계를 해야 했고 더 많은 중성자를
한꺼번에 방출하는 연구를 해야 했다. 그는 원구형의 메탈에서 한쪽 일
부를 제거한 모형을 구상하고, 제거된 부분에 꼭 맞도록 제작된 작은 우
라늄 메탈을 재빨리 서로 붙여 극히 짧은 시간에 임계 질량에 이르게 해

야 한다고 생각했다. 또한 소량의 폴로늄과 베릴늄을 이용해 짧은 시간에 중성자를 많이 방출하는 아이디어를 내기도 했다. 그것은 반응을 빠르게 유도하는 기폭제 역할을 하게 된다. 퀴리 부인이 발견한 폴로늄은 알파 입자를 많이 방출하기 때문에 베릴륨과 만나면 즉시 핵반응을 일으켜 중성자를 만들어 낸다.

1941년 카네기 연구소의 한 연구 부서에서 우라늄의 임계 질량이 적어도 14킬로그램은 되어야 한다고 결론을 내린 바 있었다. 우라늄-235나 플루토늄-239의 메탈 속에서 핵분열이 일어날 때 여러 개의 중성자가 나온다. 이 중성자가 효과적으로 핵분열을 일으키기 위한 속도까지 감속되는 동안 달리는 평균 거리는 약 10센티미터에 불과하다. 만약 메탈의 크기가 이보다 작다면 대부분의 중성자는 메탈의 표면을 벗어나게 되어, 또 다른 핵분열을 일으킬 수 없게 되고 그래서 더 많은 중성자를 생산할 수 있는 연쇄 반응을 일으킬 수 없다. 핵분열 물질이 임계 질량보다 많으면 핵분열 과정에서 생산되는 중성자와 에너지 생산율은 시간에 따라 지수 함수적으로 증가하게 된다.

우라늄-235를 이용해 원자 핵폭탄을 만들 경우 임계 질량 이상의 핵 물질을 가지고 요철(凹凸)로 된 두 개의 모형을 만들고, 한쪽에서 폭약이 장전된 총신을 사용해 상당한 거리에 떨어져 있는 두 개의 모형을 아주 빠른 순간에 부딪히게 만들어 순식간에 임계 질량에 도달하도록 만들어야 했다. 그러면 그 좁은 공간 안에서 핵반응이 일어나고, 우라늄-235 대부분이 폭발로 흩어지기 전에 핵분열을 하게 될 것이다. 이 때문에 우라늄-235를 이용한 원자 핵폭탄의 설계가 비교적 쉬운 것이다. 그러나 문제는 우라늄-235의 생산을 책임진 테네시 팀의 우라늄 생산이 너무나 더디어 실제 폭탄을 만들 수 있는 우라늄-235의 양을 확보할 수 있을지가 의문이었다.

플루토늄의 경우는 정반대였다. 유럽 과학자들이 주축이 된 워싱턴 팀이 맡은 플루토늄 생산은 비교적 순조롭게 진행되고 있었고 상당한 양을 곧 확보할 수 있었다. 그러나 플루토늄에 의한 폭탄의 설계 또한 쉽지 않았다. 플루토늄의 폭발력은 우라늄보다 훨씬 높아 우라늄처럼 두 개의 조각으로 만들어 합칠 경우, 두 개의 조각이 부딪히기도 전에 폭발이 시작된다. 그렇게 될 경우 일단 반응은 시작되지만 생겨나는 열로 인해 부분적으로 플루토늄 메탈이 액화되거나 가스 상태가 되어 반응에 필요한 임계 질량과 부피를 유지하지 못하게 되어 실패로 끝날 수밖에 없다. 핵반응은 거의 일어나지 않을 것이고, 본래의 플루토늄은 대부분 산산이 흩어지고 말 것이다.

플루토늄에 포함된 소량의 플루토늄-240 동위원소는 스스로 중성자를 내는 위험성을 항상 내포하고 있어 폭탄의 설계를 더 어렵게 만들었다. 특히 상용 원자력 발전소에서 나오는 많은 양의 플루토늄은 이러한 플루토늄-240을 너무 많이 포함하고 있기 때문에 핵무기용으로는 적합하지 않다. 플루토늄이 일단 핵반응을 시작하면 우라늄보다 중성자를 많이 생산해 낸다. 평균적으로 우라늄-235는 2.5개의 중성자를 생산하는 반면, 플루토늄은 평균 2.7개의 중성자를 내게 된다. 이러한 플루토늄의 특성이 핵폭탄의 설계를 어렵게 만드는 것들이었다.

오펜하이머는 다른 방법을 찾아야 했다. 그는 플루토늄을 케이크 파이처럼 여러 조각을 낸 후에 주위를 폭발물로 감싸서 정확히 한 순간에 한꺼번에 폭발시켜야 한다는 것을 깨달았다. 생각대로만 된다면 플루토늄 메탈 공은 안으로 쪼그라들 것이고, 그때 반응이 확실히 일어나며, 중성자의 수는 지수 함수적으로 증가하게 될 것이다. 밖으로 터뜨리는 것이 아니라 안으로 먼저 터뜨리는 내파implosion 기술이 필요했다. 내폭 과정은 우라늄 원자 핵폭탄에 사용된 총신형 설계보다 훨씬 빠르게 이루어지기 때문에, 총신형 설계로 일어나게 되는 충분한 반응이 이루어지기 전에 박살나는 플루토늄을 서로 붙들고 있는 시간이 길어져서 연쇄 핵반응을 가능하게 만든다. 그러나 폭발을 유도해 내는 계산은 쉽지 않았다. 명석한 물리학자들의 머릿속에서 수식이 맴돌고 있었지만 명확한 해답은 나오지 않았다.

실제 내파 기술은 광학 분야에서 파동이 일으키는 터널 효과를 이용한 것이다. 파동에는 특별한 성질이 있어, 입자가 어떤 에너지 장벽에 도달할 때, 일부는 반사되고 일부는 통과되는 것과 같이, 내폭시키는 폭약의 종류와 양, 그리고 위치에 따라 내파가 성공할 수 있는 것이다. 그래서 폰 노이만Johann von Neumann과 같은 수학자의 역할이 필요했다.

전쟁은 막바지에 이르고 있었다. 독일군이 발사한 막강한 위력을 지닌 V-1, V-2 로켓포가 영국 런던에 연일 날아들고 있었다. 런던에는 공습경보가 자주 내려졌고, 프랑스 전선에서 연합군 측은 이렇다 할 진전을 보이지 못했다. 만약 하이젠베르크를 위시한 독일 과학자들이 핵폭탄을 먼저 만들어 낸다면 거의 절망적이 될 상황이었다. 독일 과학자들이 그러한 일을 못하도록 막는 것이 연합군 측의 큰 임무였다. 영국 정보국에 독일군 수중에 있는 노르웨이의 베모르크 중수 공장이 재가동되고 있으며, 많은 양의 중수가 독일로 공급될 것이라는 정보가 들어왔다. 1944년 이른 봄, 노르웨이 레지스탕스와 연합군 첩보원들은 중수를 실은 수송선을 폭파하는 데 성공했다. 그러나 거기에는 어린아이와 부녀자들을 포함한 많은 여행객들도 타고 있었다.

가제트, 리틀 보이, 패트 맨

워싱턴의 핸포드 사이트에서는 충분한 양의 플루토늄이 순조롭게 생산되기 시작했으며, 테네시의 오크리지도 소량이기는 하지만 조금씩 고농축 우라늄을 분리해 내기 시작했다. 이에 맞추어 로스앨러모스 팀도 폭탄 설계를 거의 끝마쳐 가고 있었다. 성공에 대한 의심은 서서히 걷히고, 확실한 가능성에 대한 희망이 보이기 시작했다. 1944년부터 로스앨러모스 연구소는 더욱 바빠지기 시작했다. 그들은 세 개의 폭탄을 우선 만들기로 했다. 두 개는 플루토늄을 이용한 것이고 하나는 고농축 우라늄을 이용하는 것이다. 플루토늄은 반드시 폭발 실험이 필요했기 때문이다. 9월, 폭발 실험을 할 사이트가 로스앨러모스의 남쪽 작은 도시 앨러모고도Alamogordo에서 그렇게 멀지 않은 사막 지역으로 결정되었다.

플루토늄 폭탄의 설계가 마침내 완성되었고, 수학자들과 폭발물 전문가들은 플루토늄 메탈 공을 매끄럽게 내파할 수 있는 일반 폭발물 형태를 찾아 설계함으로써 문제를 해결했다. 1945년 3월에 가서야 만족할 만한 해결책을 찾을 수 있었던 것이다.

오크리지 사이트에서 가져온 우라늄은 우라늄-235의 순도가 과학자들이 요구한 만큼 높지 않았다. 당시 우라늄 농축 기술의 한계였다. 그래서 그들은 그때까지 분리해 낸 우라늄-235를 거의 전부 사용해야

최초의 원자 핵폭탄 가제트의 폭발
(위부터 0.025초 후, 10초 후, 15초 후)

했다. 중심부는 89퍼센트 순도의 우라늄 26킬로그램을 사용했고, 주변에 순도 50퍼센트의 농축 우라늄 38킬로그램을 배치했다. 총신 타입의 폭발 장치이므로 폭탄은 조금 길쭉하게 설계되었다. 과학자들은 그 폭탄에 〈꼬마Little boy〉라는 별명을 붙여 주었다. 꼬마라고 부르기에는 그 크기가 상당했다. 로스앨러모스 박물관 앞에 서 있는 실물 크기의 모형 옆에서 필자가 찍은 사진을 보면 필자 키의 거의 두 배 가까이 되는 것 같았다. 실제 알려진 크기는 길이 약 3미터에 직경 70센티미터, 무게는 4톤이나 되었다.

핸포드 사이트에서 가져온 플루토늄으로는 계란 모양의 폭탄을 설계해 만들었다. 이 폭탄에는 〈뚱보Fat man〉라는 별명이 붙었다. 이런 모양으로 설계한 이유는 내파 과정에서 필요한 정밀 장치들을 장착해야 했고, 파이 모양의 플루토늄 메탈 조각을 균일하게 넓게 배치해야 했기 때문이다. 거기에는 6.2킬로그램의 순도 높은 플루토늄이 사용되었다. 실제 알려진 크기는 약 3.2미터의 길이에 직경 1.5미터, 그리고 무게는 4.5톤이나 되었다.

실험용 폭탄에 붙여진 이름은 가제트Gadget였으며, 세계 첫 번째 핵 실험에는 트리니트Trinity라는 코드명을 붙였다. 아마 맨해튼 프로젝트를 완성하게 한 세 개의 사이트를 상징하는 이름이었을 것이다. 아니면 오펜하이머는 트리니티라는 시가 생각나서 이 최초의 원자 핵폭탄 실험에서 삼위일체 하나님의 마음을 읽어 보려는 냉소적인 생각에서 그렇게 이름을 붙였을지도 모르겠다. 1945년 4월에는 실험용 폭탄을 터트릴 높이 33미터의 폭파 실험대가 만들어지기 시작했다.

디데이는 1945년 7월 16일로 결정되었다. 오펜하이머는 이제 만반의 준비가 되었다고 생각했다. 뉴멕시코 사막 한 가운데에서 인류가 만든 최초의 원자 핵폭탄이 대규모 핵반응을 일으키며 터질 것이다. 지금까지는 이러한 핵 실험이 원자로 안에서 중성자의 수를 엄격히 제한하고 조절하는 가운데 연쇄 핵반응을 일으켜 왔지만, 폭발 실험에서는 오히려 그러한 연쇄 핵반응을 최대한 촉진할 것이다.

폭발 실험은 대성공이었다. 폭발 결과 엄청난 섬광과 함께 어마어마하게 타오르는 둥근 구체의 노란 빛을 띠는 구름이 점점 커지더니 하늘로 올라가면서 버섯구름으로 변했다. 그 위력은 말로 형언하기 어려웠고, TNT 20킬로톤이 한꺼번에 터지는 위력과 같다고 계산되었다. 인류 역사상 최초로 플루토늄에 의한 원자 핵폭탄이 터진 것이다. 1945년 7월 16일 오전 5시 30분, 인류에게 원자핵 시대가 열렸다. 실험에 참여한 과학자들은 지금까지 자신들이 진행해 온 일의 결과가 어떠한 것인지를 실제로 목격했다. 많은 사람들의 입에서 환호보다는 신음이 흘러나왔다. 누군가의 입에서는 자신을 저주하고 있었다. 군인인 그로브스마저 〈굉장한 경외심〉에 사로잡혔다고 육군성에 보고했다.

맨해튼 프로젝트에 참여했던 이시도 라비Isidor Rabi는 폭발의 현장을 목격하고 이렇게 기록했다. 〈어마어마한 크기로 타오르는 구체가 점점 커지고 커지면서 굴러가는 것 같았다. 구체는 노란 섬광을 뿜어 내며 하늘로 치솟았고 섬광의 빛깔은 자주색에서 초록빛으로 바뀌어 갔다. 새로운 것이 탄생했다. 인류는 자연에서 새로운 것을 찾아내 소유하게 되었다. (…) 섬광은 폭발하고 달려들어 내 온 몸을 통과했다.〉

1995년 티모시 맥베이Timothy McVeigh가 작은 트럭에 TNT 폭약을 가득 실고 와 오클라호마 무래리 관공서 앞에서 폭파시켜 168명의 인명을 앗아 간 폭약의 위력이 2.5톤 규모였다고 한다. 20킬로톤은 맥베이가 몰고 온 트럭 8천 대분에 해당한다.

아인슈타인의 방정식, 물질이 곧 에너지라는 것을 실감한 사건이었다. $E = MC^2$에서 빛의 속도(30만 킬로미터/초)는 제곱의 힘을 얻어 무한정 뻗어 나갔다.

6   핵폭발의 참상과 핵겨울

결과적으로 맨해튼 프로젝트는 성공했다. 3년 동안 연인원 13만 명이 동원되었으며, 쏟아 부은 자금은 당시 돈으로 20억 달러(현재 화폐 가치로 220억 달러)가 넘었다. 이제 전쟁에 사용될 플루토늄 폭탄과 우라늄 폭탄이 제조되었다. 전쟁은 연합군에게 유리한 국면으로 접어들었다. 태평양 전선을 책임지고 있는 맥아더 장군은 원자 핵폭탄의 투하가 필요하다고 생각하지 않았다. 연합 사령부의 의장 레이히William Leahy 장군도 원자 핵폭탄이 전혀 필요치 않다고 주장했다. 아이젠하워 장군도 폭탄의 위력에 대해 설명하면서 투하를 강력히 반대했다.

그러나 정치가들은 달랐다. 트루먼 대통령의 가장 유력한 고문인 제임스 번스James Byrnes는 싸울 때는 모든 것을 이용해 싸워서 빨리 이겨야 한다고 주장했다. 그가 이끄는 대통령 자문 위원회는 가능한 한 빨리 일본에 새로운 폭탄을 투하해야 한다고 주장했다. 상부의 명령은 8월 1일까지 새로운 원자 핵무기를 준비하도록 요구했다. 오펜하이머도 그 결정에 동의했으며, 때가 되면 국가 안보를 위해 원자 핵폭탄이 사용되

히로시마에 떨어진 우라늄 원자 핵폭탄 〈꼬마〉

어야 할 것이라고 생각했다.

　1945년 5월 7일, 유럽 전선에서 독일군이 항복했다. 이제 태평양 전선의 일본군만 남았다. 1945년 7월 26일 트루먼 대통령과 중국의 장제스 총통과 영국의 애틀리Clement Attlee 수상은 최후통첩이나 다름없는 포츠담 선언을 일본 정부에 보냈으나 7월 29일 일본 정부는 거부했다. 그들은 원자 핵폭탄의 참상에서 벗어날 수 있었던 길을 놓쳐 버리고 말았다.

　1945년 8월 6일 새벽 3시 30분, 마리아나 군도의 티니안 섬을 출발한 비행기 한 대에 〈리틀 보이〉가 실렸다. 히로시마의 맑은 아침 하늘 아래 도착한 B-29 전략 폭격기는 폭탄을 낙하시킬 지점을 찾아 1만 미터 상공을 날아가고 있었다. 오전 8시 15분, 폭탄을 투하할 시간이 다가왔다. 폭탄이 투하되고 터질 때까지 시간은 40여 초밖에 안 된다. 모든 것

원자 핵폭탄 폭발 후 히로시마의 참상, 1945

이 계획대로 순조로이 되어 가고 있었다. 폭탄을 낙하한 폭격기는 재빨리 그곳을 벗어나야 했다. 그렇지 않으면 치명적인 버섯구름 속에 갇혀 영원히 사라질 것이기 때문이다.

　수십 초 후, 폭탄은 히로시마 시의 6백 미터 상공에서 폭발했다. 순간적으로 거대한 불덩어리가 나타났으며 곧 누런 버섯구름은 하늘로 치솟았고, 아침에 일터로 향하던 수많은 사람들이 일순간에 뜨거운 열기와 폭풍과 함께 증발되고 있었다. 히로시마 시에 있던 건물의 70퍼센트가 전파되고 불에 탔다. 사망자는 8만 명에 이르렀고 중상자도 7만 명에 달했다. 그들은 방사능의 피해에 대해 전혀 모르고 있었다. 그해 말 사망자 수는 14만 명으로 늘었고, 5년 후에는 사망자 수가 20만 명에 이르렀다.

나가사키에 떨어진 **플루토늄 원자 핵폭탄 〈뚱보〉**

　　이것이 꼬마가 가져다준 〈선물〉이었다. 우라늄 원자 핵폭탄은 가지고 있던 전체 우라늄의 겨우 1.4퍼센트만 핵분열시켰을 뿐이었지만, 그 위력은 TNT 15킬로톤 정도에 해당했다.

　　트루먼 대통령은 미리 준비된 성명서를 발표했다. 〈태평양에서 전쟁을 일으킨 자들에게 태양에서 일어나고 있는 것과 같은, 우주를 지탱하고 있는 기본 에너지를 사용하여 일격을 가했습니다. (⋯) 위력은 대단하지만 놀랄 만큼 작은 이 폭발물에 대해, 우리는 인류 역사상 가장 큰 과학적 도박을 했고 성공했습니다. 우리는 거기에 20억 달러를 투입했습니다.〉 이러한 참상에도 불구하고 일본이 즉시 항복하지 않는다면, 또 한 번의 파멸의 비를 내리겠다고 트루먼은 공언했다.

　　며칠 후, 1945년 8월 9일 새벽, 역시 티니안 섬에서 B-29 폭격기에

나가사키 상공에서 폭발한 원자 핵폭탄의 모습, 1945

〈뚱보〉가 실리고 있었다. 흐린 날씨로 인한 불투명한 시계(視界) 때문에 조종사는 폭탄을 떨어뜨릴 장소를 쉽게 찾지 못했다. 11시 2분에 나가사키 중심부에서 조금 떨어진 시의 외곽 산등성이 가까운 곳에 폭탄이 투하되었고, 조종사는 그곳을 속히 빠져나왔다. 수십 초 후 지상에서는 히로시마 시와 똑같은 장면이 재현되고 있었다. 나가사키에 떨어진 플루토늄 원자 핵폭탄은 훨씬 작은 양으로 만들어졌지만, 폭탄의 효율은 17퍼센트에 달해 21킬로톤의 위력을 발휘했다. 도서관에서 책을 읽다가, 직장에서 일을 하다가, 가족과 함께 정겨운 담소를 나누다가, 혹은 길을 걷다가 열폭풍 속에 사라진 사람의 수가 4만 명에 이르렀고, 6만 명이 부상을 입었다. 폭탄이 나가사키의 중심부에 떨어졌다면 사상자의 수는 훨씬 증가했을 것이다. 연말까지 사망한 사람의 수는 7만 3천 명이 되었다. 그것만이 전부는 아니다. 그 후 그 지역에 있었던 헤아릴 수 없는 사람들이 방사능 오염으로 원자병을 앓으며 죽어 갔다.

핵폭탄의 위력

제2차 세계 대전을 끝나게 만든 이 원자 핵폭탄의 결과에 대해 세상의 반응은 두 가지였다. 많은 신문들이 즉각적으로 세계 대전을 마감하게 한 원자 핵폭탄의 위력에 대해 찬사를 던지고, 역사상 가장 위대한 과학 업적이라고 떠들어 댔지만, 시간이 지나자 냉정을 되찾기 시작했다. 전쟁에 대한 승리보다는 오히려 이러한 폭탄이 인류에게 계속적으로 사용될 경우, 인류의 종말이 다가올지도 모른다는 두려움이 감돌기 시작했다.

영화 「그날 이후」의 포스터

지식인들은 원자 핵폭탄의 재앙을 경고했다. 대량의 원자 핵폭탄이 전쟁에 사용될 경우, 그 피해는 상상할 수가 없을 정도다. 그동안 눈부시게 발전한 인류 문명은 하루아침에 깡그리 사라지고 말 것이다.

미소 간의 냉전 시대에 원자 핵폭탄을 사용하게 될 세계 대전이 일어날지도 모른다고 수많은 사람들이 걱정했다. 냉전의 시대가 아직 가시기 전인 1983년, TV 영화로 제작되어 전 세계적으로 소개된 「그날 이후The Day After」란 영화에서 그러한 모습을 보여 주었다. 영화 속에서 미국과 소련 간의 잘못된 정보 탓에 상부에서 핵무기 발사 명령이 내려지고 결국 대규모 핵전쟁이 일어난다. 대륙간 탄도 미사일(ICBM)이 발사 후 수십 분 안에 적국의 공격 목표를 강타했다. 핵무기에 의한 피해는 말로 표현할 수 없을 만큼 처참했다.

만약 실제로 전쟁이 일어난다면 먼저 상대방 나라의 주변에 이미 배치되어 있던 핵잠수함에 적재된 핵탄두 미사일(SLBM)에서 수많은 미사일이 적국의 중요 시설을 향해 발사될 것이다. 그리고 대륙간 탄도 미사일, 다핵탄두 공격 미사일(MIRV), 중거리 탄도 미사일(IRBM), 그리고 여러 개의 핵폭탄을 장착한 장거리 전략 폭격기 등 헤아릴 수 없는 현대 무기들이 그 뒤를 따라 우리 머리 위로 날아가서 상대방을 공격하게 될 것이다.

핵폭탄의 위력은 핵폭탄의 설계와 폭발 고도, 떨어진 장소의 지형에 따라 달라진다. 예를 들어 히로시마와 나가사키에 떨어진 핵폭탄의 위력은 서로 비슷한 15~20킬로톤 규모였으나, 히로시마의 피해가 배나 컸다. 그 이유는 두 도시에 핵폭탄이 떨어진 지점의 지형이 달랐기 때문이다. 히로시마는 도심 한가운데 떨어졌고, 나가사키는 도심 외곽의 산등성이 가까운 곳에 떨어졌다.

핵폭발이 일어날 경우, 대개 네 가지 효과가 나타난다. 가장 큰 효과는 열과 폭풍에 의한 것이다. 90퍼센트 정도가 이 두 가지 효과에 의해 파괴된다. 효과가 비슷하기 때문에 열폭풍 효과라고도 할 수 있다. 폭발의 중심부는 온도가 수천만 도에 이른다. 시속 157킬로미터에 이르는 폭풍의 효과 범위는 10킬로톤의 핵폭탄의 경우는 5킬로미터, 1메가톤의 경우는 16킬로미터, 20메가톤의 경우는 56킬로미터에 이른다고 한다. 치사율이 50퍼센트인 반경은 10킬로톤의 경우는 4킬로미터, 1메가톤의 경우는 12.5킬로미터, 20메가톤의 경우는 50킬로미터 정도이다. 나머지 두 가지 효과는 방사선에 의한 것으로 폭발과 동시에 생기는 직접적인 이온화 방사선이 약 5퍼센트 정도이고, 폭발 후 부산물로서 나오는 2차적인 방사선의 효과가 5~10퍼센트에 이른다.

러시아의 1메가톤급 SS-13 미사일 한 기가 대도시의 상공 약 2킬로미터 지점에서 폭발했을 때의 가상 시나리오를 한번 생각해 보자. 핵폭탄의 원자핵 속에서 준비 과정은 0.000002초 내에 모두 완결된다. 나머지는 원자 핵분열에 따른 효과일 뿐이다.

첫째, 눈에 보이지 않는 강력한 전자기 충격파electromagnetic pulse가 발생해 충격파 보호 장치를 하지 않은 대부분의 전자 기기와 통신 기기가 피해를 입는다. 갑작스럽게 과도한 전류가 흐르기 때문에 퓨즈가 끊어짐은 물론 기기 내의 부품이 손상된다. 전기와 전화가 한순간에 단절되며, 현대 사회의 최첨단을 자랑하는 컴퓨터도 무용지물이 되고 말 것이다. 각종 전자 장치로 무장한 자동차를 비롯해 모든 교통수단은 일시에 마비될 것이다.

둘째, 태양 광선보다 수만 배나 강한 섬광이 수천만 도 이상 되는 폭발의 중심지인 초고온의 기체 덩어리에서 수초 동안 생겨나, 가까이 있는 모든 물질을 기체화한다. 강한 섬광을 육안으로 보게 된다면 일시적으로 실명하며, 그 효과는 약 40분간 지속된다고 한다.

셋째, 초고온의 불덩어리에서 발사되는 열선으로 인하여 폭발의 중심에서 4킬로미터 내에 있는 사람들은 불기둥 속에 휩싸이는 고통을 겪고, 결국 타서 기체화되어 버리고 만다.

넷째, 동시에 발생된, 투과력이 강한 감마선이나 중성자선 등 방사선에 의해 수분 내에 죽거나 생리적으로 불능이 된다.

다섯째, 이상의 모든 것도 잠시뿐, 폭발로 인해 중심부가 수십만 기압이 되고 주변의 공기를 가열해 가면서 맹렬한 속도로 퍼져 나간다. 이 엄청난 압력 때문에 반경 4킬로미터 내에 있는 사람은 한 명도 살아남을 수가 없고, 거의 모든 건물이 파괴될 것이다. 반경 7킬로미터 지점에는 시속 250킬로미터의 강풍이 몰아치고 이 안에 있는 사람들은 절반 정도 즉사하고, 몇 개의 견고한 건물만이 남게 될 것이다. 반경 11킬로미터까지는 20퍼센트 정도의 인구가 불에 의해, 5퍼센트 정도가 폭풍에 의해 죽게 될 것이다. 폭발의 중심부에서 12킬로미터 떨어진 지점에 있는 사람들은 약 3도의 화상을 입게 되고, 15킬로미터 떨어진 지점에 있는 사람들은 약 2도의 화상을 입고, 19킬로미터 떨어진 곳에 있는 사람들은 약 1도의 화상을 입게 된다.

이때 생기는 핵폭탄의 불덩어리는 직경이 1킬로미터에 이른다. 불덩어리는 약 5초 동안 보일 것이다. 동시에 나오는 치명적인 방사능(500rem)은 약 3킬로미터 반경까지 이른다. 몇 분이 지나면, 하늘에는 높이 13킬로미터의 거대한 버섯구름이 참사의 현장을 지켜보게 된다. 폭발 지점의 외각도 안전하지는 않다. 반경 17킬로미터까지도 영향력이 미쳐 약 10퍼센트 정도의 사람이 죽게 될 것이고 35퍼센트 정도가 부상을 입게 될 것이다. 며칠 후 시 당국은 모두 50만 명이 죽고 60만 명이 부상을 입었다고 발표할 것이며, 대규모 핵전쟁의 경우 부상자는 전혀 의료 혜택을 받을 수 없으므로 산송장이나 다를 바 없게 될 것이다.

그러나 여기에서 끝나는 것이 아니다. 폭발로 생긴 방사능 물질이 공중으로 날아 올라간 흙이나 먼지에 붙어 서서히 낙하하는 이른바 〈죽음의 재〉가 대기의 기류를 따라 운반된다. 큰 입자는 폭발 후 30분에서 1시간 후부터 낙하하기 시작해 대부분 24시간 이내에 떨어지지만, 미립자는 수개월 동안 수천 킬로미터의 넓은 지역으로 확산될 것이다.

이로 인해 수많은 사람들이 방사능 오염으로 서서히 죽어 갈 것이며, 버섯구름은 성층권 상공에까지 도달해 오존층을 파괴하고 대량의 검은 연기와 먼지는 태양 광선을 가려서 지상에 큰 기상 변동을 가져올 것이다. 이것은 미국 의회 연구팀에 의한 1메가톤급 가상 시나리오에 불과하나, 러시아가 보유한 가장 위력적인 핵폭탄은 100메가톤급이라고 하니 그것은 독자의 상상에 맡길 수밖에 없다.

히로시마와 나가사키에 떨어져 수분 내에 10만 명의 인명을 앗아 갔고 장기적으로는 모두 20만 명의 인명 피해를 준 인류 최초의 핵폭탄이 겨우 20킬로톤급에 지나지 않으니 현존하는 핵무기의 파괴력은 가히 상상을 초월한 엄청난 것이라 하겠다. 즉 히로시마에 떨어진 폭탄의 1백만 배 이상 되는 파괴력이 우리가 살고 있는 이 지구상에 한때 존재하고 있었다. 혹자의 말로는 지구를 몇 번이라도 날려 버릴 수 있는 가공할 파괴력이라고 했다.

한편 핵폭탄을 해안가 대도시에서 얼마 떨어지지 않은 바닷속에서 터뜨릴 경우, 쓰나미가 일어나 2004년 12월 26일 인도네시아 수마트라 섬 앞바다에서 일어난 쓰나미와 같거나 더 큰 파괴력을 보일 것이다. 당시의 쓰나미는 14개국에서 모두 23만 명의 인명 피해를 발생시켰다.

핵겨울

인간이 학대한 자연은 살아남은 인류에게 무서운 보복을 가하기 시작할 것이다. 이것이 바로 〈핵겨울〉이다. 우리가 한시도 의지하지 않고는 살 수 없는 공기, 물, 대지의 오염은 우리의 삶 자체를 크게 변화시킬 것이다. 1975년 미국 국립 과학 아카데미의 소수 과학자들은 핵겨울을 거론하기 시작했다. 그 후 『코스모스』라는 책으로 세계적으로 유명해진 칼 세이건 등 5명의 과학자들에 의해 본격적으로 연구가 진행되어 그 결과가 1982년부터 일반에게 알려지기 시작했다.

핵폭발 시 만들어진 불기둥과 화재로 생긴 엄청난 양의 검은 연기와 먼지 때문에 핵전쟁의 규모에 따라 짧게는 한 달, 길게는 수년에 걸쳐 지구의 환경은 변화를 받는다고 한다. 이와 비슷한 현상은 화산의 폭발이나 산림에 대화재가 발생했을 때 나타나기도 한다. 실제 1815년 인도네시아의 탐보라 화산이 폭발했을 때 지구의 평균 기온이 약 1도가량 내려가 이듬해 아메리카와 유럽 대륙에 여름 없는 여름을 초래, 농작물이 잘 자라지 않아서 세계적인 식량 기근 현상을 발생시켰다고 한다.

1970년대에 전 세계 핵무기 보유량의 3분의 1에서 3분의 2 정도를 사용하는 핵전쟁이 일어난다면 일시에 수억 톤의 검은 먼지가 발생하여 태양 광선을 차단할 것으로 예상되었는데, 초기에는 겨우 2~3퍼센트 정도의 태양 광선만이 통과할 것이며 8개월 후에나 통과량은 50퍼센트 정도로 회복될 것이라고 했다. 검은 먼지는 태양의 적외선을 흡수해 지표의 온도가 겨울이 되면 평균 영하 40도까지 내려가고, 1년 후가 되어야 영하 3도로 회복될 것이라고 했다. 또한 핵폭발 시 고온으로 인한 산화질소의 발생으로 지구의 오존층이 파괴되어 수년간 자외선의 강도가 3~4배에 달해서 시력에 큰 장애가 일어나고, 인간과 동물의 면역 체계도 파괴되어 피부암 등 피부병이 극성을 부리게 될 것이라는 보고도 있었다.

1990년도의 보고서 「기후와 연기: 핵겨울의 평가」에서는 3개월 동안 지구의 인구 밀도가 높은 온대 지방에서는 온도가 22도 떨어지고, 습한 열대 지방에서는 10도 정도가 떨어진다고 보고했다. 또한 온대 지방의 강우량이 75퍼센트 감소하고, 지구 전체의 평균 기온이 3~4도 정도 떨어질 것이라고 예상했다. 그리고 오존층의 50퍼센트가 파괴되어 자외선이 2백 퍼센트 증가할 것이라는 상세한 보고서를 제출했다.

전 소련 공산당 서기장 미하일 고르바초프는 2000년도의 한 인터뷰에서 〈러시아와 미국의 과학자들이 만든 모델에 의하면 핵전쟁의 결과로 지구상의 모든 생물체에 극도로 파괴적인 핵겨울이 닥칠 것이다. 그러한 상황으로부터 오는 인류에 대한 존엄성과 도덕성을 생각할 때, 그러한 핵겨울에 대한 지식은 우리를 심각하게 생각하도록 만들 것이고 우리는 그러한 상황이 결코 일어나지 않도록 대처해야 한다〉고 말한 바 있다.

2006년도 미국 지구 물리학회의 한 보고서에 의하면 만약 인도와 파키스탄 사이에 핵전쟁이 벌어져 히로시마에 떨어진 원자 핵폭탄 규모와 같은 핵폭탄 50개를 양국이 각각 사용하여 인구 밀집 지역에 떨어뜨린다면 약 5백 만 톤의 검은 연기가 발생할 것이라고 한다. 그 결과 북미, 유럽, 아시아 지역의 기온을 약 3~4도 떨어뜨릴 것이고 그러한 저온 현상은 수년간 계속되어 농작물에 극심한 피해를 줄 것이며, 그것은 세계적으로 엄청난 재앙이 될 것이라고 보고했다.

어두운 낮, 싸늘한 여름과 극도로 추운 겨울, 오염되어 먹을 수 없는 물, 저온으로 인한 식량 기근, 생태계의 먹이 사슬 파괴, 방사선과 자외선으로 인한 면역 결핍 등으로, 핵전쟁에서 살아남은 사람들이라도 참혹한 현실 속에 목숨을 부지하기 위해 수년을 버티면서 살아가야 할 것이다.

2

핵무기 경쟁과 감축, 그리고 국제 정치

7 미소 간의 핵무기 경쟁

1945년 8월 15일, 제2차 세계 대전이 막을 내렸다. 마침내 히로히토 일본 천왕은 〈인류의 종말〉을 막기 위해 연합군에 항복하겠다고 라디오 방송을 통해 발표했다. 일본 열도에 떨어진 두 개의 원자 핵폭탄은 일본이 태평양 전쟁에서 더 이상 버티지 못하도록 만들었다.

맨해튼 프로젝트는 더 이상 필요 없게 되었다. 핸포드의 플루토늄 생산 시설은 계속 가동되었지만, 오크리지의 전기만 잡아먹는 거대한 Y-12의 칼루트론과 S-50의 열 확산 분리 농축 시설은 비효율성으로 인해 9월에 들어 영구 폐쇄하기로 결정되었다. 1947년 8월 15일, 5년간 비밀 특수 임무를 수행한 맨해튼 프로젝트는 미국의 새로운 원자력법에 의해 공식적으로 발족된 원자력 위원회(AEC)에 모든 것을 인계하고 해체되었다.

한편 제2차 세계 대전 직후 국제 연합이 10월 24일 발족되었다. 참혹한 전쟁을 치른 유럽 제국들은 더 이상 이러한 참혹한 전쟁이 지구상에서 일어나지 말아야 한다는 데 동의했다. 미국의 버나드 바루크Bernard Baruch 상원 의원은 양원 합동 원자력 위원회에 원자 핵무기를 국제 관리 아래 두고자 하는 계획(바루크 플랜)을 제출하고, 유엔에 원자력 위원회를 둘 것을 제안했다. 유엔 원자력 위원회(UNAEC)가 1946년 1월에 만들어졌고, 바루크 플랜에 대해 수차례 논의를 했다.

버나드 바루크는 새로운 원자력 시대의 불길한 징조에서 우리가 죽느냐 사느냐의 기로에 서 있다고 말했다. 올바른 선택을 한다면 인류를 구원할 수 있는 희망이 있고, 실패한다면 모든 사람들을 지옥에 떨어뜨려 공포의 노예로 만들 것이라고 말했다. 그러나 그의 희망은 오래가지 못했다. 원자 핵폭탄의 확산은 곧 현실로 나타나기 시작했다.

소련은 미국이 보유한 원자 핵무기를 자신들도 보유하기 위해 많은 독일 과학자들을 전쟁 포로로 소련에 억류하면서까지 뒤늦게 핵무기 연구에 박차를 가하고 있었다. 한편 미국은 소련에 바루크 플랜에 대한 압박을 가하기 위해 1947년 7월 비키니 섬에서 원자 핵폭탄 투하 실험을 했고, 곧이어 비키니 섬 근해 바닷속에서도 핵 실험을 강행했다. 대전 중에 미국이 원자 핵무기를 개발하고 있다는 사실을 이미 알고 있었던 스탈린은 비밀리에 핵무기 개발을 명령했고, 또 이미 완성 단계에 있었기 때문에 세계 공산화의 계획을 가지고 있었던 소련이 바루크 플랜에 동의할 리가 없었다. 소련은 결국 1947년 12월 바루크 플랜에 대해 거부권을 행사했다. 그리고 소련의 첫 핵 실험이 1949년 9월에 실시되었다.

핵무기 경쟁에서 한참 뒤처져 있던 소련이 바루크 플랜을 받아들일 리가 없었다. 유엔 원자력 위원회는 결국 결실을 맺지 못한 채 1949년 문을 닫고 말았다. 핵무기를 국제 감시 아래 두고자 했던 첫 번째 노력이 실패로 돌아간 것이다.

〈평화를 원한다면 전쟁을 준비하라Si vis pacem, para bellum.〉 이것은 로마 시대 때부터 내려온 라틴어 격언이다. 로마와 같은 강대국이 되기 위해 미국과 소련은 군사력을 길러야 했고, 핵무기는 당시에 없어서는 안 될 가장 중요한 새로운 무기였다. 양국은 나토와 바르샤바 조약을 중심으로 유럽에서 지난 45년 동안 냉전이라는 힘 겨루기를 하고 있었다. 다른 무기와는 달리 핵무기에는 치명적인 도덕적 문제가 내포되어 있다. 미국과 소련의 핵무기가 대량으로 사용될 경우, 수백만, 수천만 명을 살상할 수 있다는 도덕적인 문제가 있었음에도 불구하고, 양국은 핵무기를 포기하지 않고 오히려 더 비축하는 경쟁을 하고 있었다. 그것은 오직 한 가지 이유에서였다. 그들의 주장은 핵무기를 선제공격에 사용하려는 것이 아니라, 많은 핵무기를 가지고 있음으로 해서 핵전쟁을 억제할 수 있다는 논리 때문이었다. 그것은 원자 핵폭탄을 개발한 오펜하이머의 말로 함축될 수 있다. 〈서로를 죽일 능력이 있지만 상대를 죽이면 자신의 목숨도 내놓아야 하는 한 병 속에 들어 있는 두 마리의 전갈과 같다.〉

실제 대량 핵무기를 미국과 소련이 비축하고 있었기 때문에, 비록 국지적인 전쟁이 세계 이곳저곳에서 일어나고 있었을지라도, 지난 수십 년 동안 대규모의 세계 대전은 일어나지 않았다. 핵무기가 한번 사용되면 엄청난 파괴력을 보인다는 확실한 결과를 잘 알고 있었기 때문에 대규모 전쟁에 대한 억제력은 상당한 효과를 나타내고 있었던 것 같다. 그것은 실제 1950년 한국 전쟁에서 미국이 북한과 중국에 대해 핵무기 사용을 고려했다가 철회한 사례가 있었고, 냉전 시대에 쿠바 위기와 여러 차례 대만 위기에서도 그러했다. 핵무기 억제력은 어떤 상세한 계획에 따라 존재하는 것이 아니라, 상대방이 핵무기를 가지고 있다는 것만으로 핵무기를 사용하려는 욕구를 마지막 단계에서 상실하게 만드는 것이다.

핵무기 억제력은 핵전쟁에만 국한된다. 상대적으로 대등한 것만이 실제적인 억제력을 지니기 때문이다. 핵무기를 먼저 사용하려는 측은 사용한 결과에 대해 냉철한 판단을 하고 난 후에 사용할 수 있다. 그렇기 때문에 미국과 소련 양국은 결코 핵무기를 포기할 수 없었던 것이다. 한번 만들어 낸 핵무기는 상대방을 의식하면서 계속해서 개발할 수밖에 없었다.

대량 살상과 엄청난 파괴력을 지닌 핵무기 개발로 인한 핵 확산을 규제하려는 국제적인 노력에 대해 논의하기에 앞서, 제2차 세계 대전 전후의 각국의 핵무기 개발 상황들을 먼저 살펴보고자 한다.

패전국 독일

최초의 핵분열 실험에 성공한 오토 한은 전쟁 중인 1944년 노벨 화학상을 수상했다. 노벨 화학상 선정 위원회가 오토 한의 단독 수상을 결정한 것은 리제 마이트너의 업적에 대해 과소평가했거나, 아니면 스웨덴이 전쟁 중에 중립을 지킬 수 있도록 보장해 준 독일에 대한 배려였는지 모른다. 자신의 업적만을 자랑하고 다니는 오토 한의 욕심에 못마땅했던 슈트라스만은 상금의 10퍼센트를 주겠다는 오토 한의 제의를 거절했다고 한다.

그러나 마이트너의 업적은 후일 재조명받았고, 초우라늄 원소들에 붙여지는 이름 가운데 마이트너의 이름을 따서 원자 번호 106번 원소를 마이트너륨(Mt)이라고 부르기로 했다. 세계 과학계에서 그녀의 명성은 아인슈타이늄, 페르뮴, 러더포듐 등과 같이 어깨를 나란히 했다. 1970년대까지 원자 번호 105에 이미 붙여진 한륨(Ha)이라는 명칭은 많은 논란을 거친 후 더브늄(Db)이라는 명칭으로 대신 사용하기로 최종 결정되었다고 한다.

독일은 세계 대전 중에 원자 핵무기를 개발하기에 여러 가지로 좋은 조건을 가지고 있었다. 하이젠베르크나 오토 한과 같은 우수한 과학자들이 많았고, 원료 물질인 대량의 우라늄 원광과 중수를 체코슬로바키아와 노르웨이로부터 확보할 수 있었다. 1939년 나치 정권은 우수한 물리학자와 화학자들을 40여 명 불러 모았다. 하이젠베르크와 바이츠제커Carl Friedrich von Weizsäcker가 중심 인물이었다. 노벨상을 이미 받은 하이젠베르크는 핵물리학의 세계적인 권위자였다. 그들의 모임을 〈우라늄 클럽Uranverein〉이라고 불렀다. 여러 도시에 산재해 일하고 있던 그들의 목표는 원자 핵무기를 만드는 것이었다.

이론에 밝은 하이젠베르크가 클럽의 지도자로 점차 떠올랐으나, 그는 엔지니어링 분야에서 경험이 부족한 사람이었다. 그는 원자로를 설계하는 일부터 시작했다. 하이젠베르크가 이끄는 팀은 노르웨이에서 공급될 수 있었던 중수를 감속재로 사용하는 원자로를 설계했다. 라이프치히 대학교에 설치한 중수를 사용한 원자로에서 연쇄적인 핵반응을 곧 성공시켰다. 독일 팀은 원자로의 가동 결과 중성자의 수가 13퍼센트가량 더 많이 증가되는 것을 확인할 수 있었다. 그러나 그 이상의 진전은 없었던 것 같다. 후일 하이젠베르크가 만든 원자로에 대한 자료를 입수한 맨해튼 프로젝트 팀은 엔지니어링 분야에서 자신들의 지식이 얼마나 부족했는지 그가 설계한 도면을 보고 놀랄 정도였다고 한다.

독일 나치 정권은 하이젠베르크의 연구 결과에 큰 진전이 없었고, 또 미국이 극비로 맨해튼 프로젝트를 수행하고 있다는 사실을 몰랐기 때문에, 1942년 2월 군부는 더 이상 지원할 필요가 없다고 판단하고 철수해 버리고 말았다. 당시 하이젠베르크 팀은 2백 페이지에 달하는 보고서를 작성했지만, 내용을 검토한 군부는 핵무기 개발 계획을 철회하기로 결정했고, 팀의 프로젝트는 라이히 연구 재단Reich Research Council으로 넘어갔다.

후일 역사가들에 따르면, 적어도 두 개의 다른 핵무기 프로젝트가 비공식적으로 전쟁 중에 진행되고 있었다고 한다. 그 하나는 폰 아르덴Manfred von Ardenne이 개인적인 관심으로 자기 집에서 여러 과학자들의 방문을 받으며, 우라늄-235 분리 농축에 대한 연구를 한 것이다. 전지 분야에 능통했던 그는 미국의 애스턴이 동위원소 분리에 사용했던 전자기 분리 방법에 대해 깊이 연구하고 있었다. 후일 소련군에 잡혀간 후, 소련에서 원자 핵무기 프로젝트에 참여했다가 1954년 동독으로 돌아왔다. 그는 6백 개에 달하는 특허를 소유하고 있었던 응용 물리학자이자 발명가였다. 특히 라디오와 텔레비전에 쓰이는 많은 부품들을 발명했다.

다른 하나는 나치 당원이면서 폭약 전문가인 디브너Kurt Diebner였다. 그는 나치 정권의 제2인자였던 하인리히 힘러Heinrich Himmler에게 직접 보고할 정도의 위치에 있었고, 라이히 연구 재단의 초기 행정 책임자이기도 했다. 하이젠베르크를 믿지 못했던 그는 하이젠베르크와 결별하고 전쟁이 끝날 때까지 핵무기 연구에서 독자적인 길을 걸었다.

아무튼 바이츠제커, 하이젠베르크, 폰 아르덴, 디브너 등은 독일 핵무기 연구의 핵심 인물들이었다. 하이젠베르크에 대한 역사가들의 관점은 둘로 갈라져 있다. 그중 하나가 사실은 그가 나치 정권을 위해 열심히 일하지 않았다는 것이다. 전쟁 후 6개월간 영국에서 억류 생활을 하면서 그는 자신이 원자 핵폭탄을 완성할 수 있었는데도 나치 정권이 강력한 폭탄을 무기로 사용하는 것을 원치 않았기 때문에 일부러 연구를 잘못된 방향으로 이끌었다는 인상을 사람들에게 항상 주었다고 한다.

제2차 세계 대전 후 수백 명의 과학자들이 소련에 포로로 끌려가서 핵무기 개발에 필요한 연구를 했다. 소련 당국은 폰 아르덴에게 그가 그동안 연구했던 우라늄-235 농축 생산을 위한 전자기 분리 방법에 대해 연구 개발하도록 요구했다. 노벨 물리학상 수상자였던 구스타프 헤르츠Gustav Hertz 그룹한테는 기체 확산법에 대해 연구 개발하도록 요구했다. 그리고 막스 슈텐벡Max Steenbeck 그룹한테는 원심분리 방법을 연구 개량하도록 지시했다. 슈텐벡 그룹에는 오스트리아 출신으로 독일 공군에서 복역하다가 포로로 잡혀 온 제르노 지피Gernot Zippe 등 60명의 기술자들이 포함되어 있었다. 소련은 이미 만들어 본 커다란 원심분리기를 보여 주면서, 가볍고 더 효율적인 우라늄 동위원소 분리를 위한 원심분리기를 만들도록 요구한 것이다.

이전에 원심분리기를 전혀 본 적이 없었던 지피는 슈텐벡의 이론을 바탕으로 〈러시아 원심분리기〉를 개량하기 시작했다. 1947년 3월부터 불화 우라늄 기체를 사용하면서 본격적인 개발이 시작되었고,

1952년에는 상업화에 충분한 설계가 이루어졌다. 〈지피 원심분리기〉는 아주 간단한 설계로 되어 있고, 아주 높은 효율로 작동되기 때문에 현재도 대부분 상용 우라늄 분리 방법으로 원심분리 방법만이 사용되고 있으며, 특히 파키스탄을 통해 이루어졌던 핵 확산의 핵심 위험 기술로 세계의 주목을 받고 있다.

지피는 1956년에 소련에서 풀려난 후 빈으로 돌아왔다. 그는 물론 원심분리기에 관한 어떤 설계 도면도 가지고 나올 수 없었지만, 1957년도 암스테르담 국제 회의에 초대받았고, 그 후 미국의 초청을 받아 자신이 개량한 원심분리기에 대해 여러 과학자들에게 설명할 기회가 있었다. 미국에서 일자리와 함께 정착을 권유한 미국의 요청을 거절하고 유럽으로 돌아와 유럽에서 부분적으로 원심분리기의 개량에 참여했지만 개인 생활에 더 치중했다.

지피의 기술을 전수받은 유럽 국가들 중에 독일, 네덜란드와 영국 3개국이 공동 투자해 지피의 기술을 바탕으로 상용 우라늄 농축 공장을 각각 세우기로 합의했다. 1971년 8월 알메로 조약Treaty of Almelo을 바탕으로 3개국 공동 투자 회사인 유렌코URENCO가 설립되었다. 이에 따라 독일은 그로나우, 네덜란드는 알메로, 영국은 카펜허스트에 농축 공장을 각각 건설했으며, 현재 농축 우라늄 생산 능력은 세 개 공장을 합해 1년에 약 1,100만 킬로그램 SWU(Separation Work Unit, 우라늄 농축 분리 단위)에 이른다. 특히 1972년 네덜란드 알메로 공장 건설의 설계 도면 관리 분야에 참여했던 파키스탄 기술자 압둘 카디르 칸Abdul Qadeer Khan이 설계 도면을 불법 유출해, 우라늄 농축 핵심 기술인 지피의 원심분리기 기술이 세계적으로 확산되기 시작했다.

1950년부터 우라늄 농축을 위한 핵심 기술로 거의 자리 잡았던 기체 확산법을 이용한 시설은 비효율성으로 인해 미국, 러시아, 영국, 프랑스, 중국에서 현재 모두 폐쇄되었다. 대신 상용 우라늄 농축을 위한 원심분리 기술은 현재 합법적으로 러시아에서 중국으로, 그리고 유렌코 회사에서 프랑스와 미국으로 기술 전수가 이루어지고 있다. 그리고 일본과 브라질에서 독자적으로 기술 개발이 이루어졌다. 파키스탄을 통한 불법적인 기술 전수에는 이미 북한과 이란, 그리고 리비아가 관련되었다는 것이 세상에 알려졌다. 이 부분에 대해서는 12장에서 자세히 다루겠다.

여기서 잠깐 기체 확산법과 원심분리법을 비교해 보면, 전력 소모는 기체 확산법이 원심분리법보다 30배 정도 심하며, 공장 크기는 약 5배 정도 더 커야 한다. 제2차 세계 대전 직후 폐쇄한 전자기 분리 방법은 이보다 훨씬 더 큰 전력 소모와 공장 크기가 필요하다. 그래서 세계 여러 나라에서 원심분리 방법에 더 큰 매력을 느끼고 있는 것이다.

미국

1947년 맨해튼 프로젝트가 막을 내리고, 모든 업무가 미국 원자력 위원회에 이관되었지만, 미국은 자국과 다른 국가의 안보를 위한 신뢰할 수 있는 국제적 관리가 이루어질 때까지는 원자 핵무기의 비밀을 공개할 수 없다는 정책을 펴나가기 시작했다. 그러한 정책에 동맹국인 영국과 캐나다조차 반발했으며, 1945년 11월 미국, 영국, 그리고 캐나다 정상 회담 논의에서 결국 국제적인 유엔 원자력 위원회를 조직하기로 하고 다음 해 1월 유엔 내에 위원회를 설치하게 되었다. 그리고 1946년 맥마흔McMahon 법안을 통과시켜 핵무기 기술의 해외 유출을 통제하기 위하여 모든 외국인들의 핵 시설 접근을 금지했다.

그러나 미국 내에서 핵무기 개발 사업은 원자력 위원회를 통해 계속되고 있었다. 1952년 수소 핵폭탄 실험을 하기까지 28회의 핵 실험을 태평양의 섬과 네바다 사막에서 거행했다. 가장 큰 폭탄의 위력은 약 4백 킬로톤 정도였다고 한다. 핵 실험을 거듭할수록 핵폭탄의 반응 효율은 높아지고 위력은 더욱 커져 갔다.

맨해튼 프로젝트가 한창 진행되고 있는 가운데 헝가리 출신 이론물리학자 에드워드 텔러Edward Teller는 슈퍼 핵폭탄을 만들기 위한 구상을 하고 있었다. 그는 우라늄과 같은 큰 원자가 두 개로 쪼개지면서 일어나는 핵분열보다 수소 원자들이 서로 결합하여 헬륨 원자를 만들 때 더 큰 에너지가 나온다는 것을 이용해 보고자 했다. 적절한 내파 기술을 찾고자 모든 사람들이 고심하고 있을 때, 그는 우라늄 핵폭탄에서 나오는 높은 온도와 압력을 이용하면 핵융합이 가능할 것이라는 생각에만 사로잡혀 있었다. 그의 생각은 망상으로 끝나지 않고, 전후에 많은 과학자들의 동조를 얻으며, 실현 가능성을 향해 달려 가고 있었다.

통상적으로 핵융합은 다음과 같이 이루어진다.

$$4\,_1H^1 \rightarrow\, _2He^4 + 25.7\ MeV$$

이 핵반응 과정에서 두 개의 양성자가 중성자로 바뀌어야 하기 때문에 지구 환경 속에서는 일어날 수가 없다. 이 반응은 태양과 같은 큰 별 내부에서 실제로 일어나고 있다. 이 반응에 대한 대안으로 제시된 것이 중수소(D, *deuterium*)와 삼중 수소(T, *tritium*)를 이용하는 것이다. 중수소는 중수를 구성하고 있으며, 중수는 바닷물 속에 포함되어 있다. 중수를 원자로의 감속재로 사용하면 삼중 수소가 일부 만들어진다. 바닷물 속에는 중수가 약 150ppm 정도 포함되어 있다. 이를 화학 공장에서 정제해 순수하게 만든 것이 중수이다.

보통 수소 원자는 양성자 하나로 구성되어 있으나, 중수소는 양성자 한 개와 중성자 한 개로 구성되어 있고, 삼중 수소는 한 개의 양성자와 두 개의 중성자로 구성되어 있다. 그러나 이들 세 가지 다른 수소들은 전자를 하나씩만 가지고 있기 때문에 화학적 반응 특성은 동일하게 나타난다.

$$_1D^2 + {_1}T^3 \rightarrow {_2}He^4 + n + 17.6\,\text{MeV}$$

이 핵반응은 맨해튼 팀에서 일했던 클라우스 푹스Klaus Fuchs와 폰 노이만이 헬륨으로 핵융합시키기 위해 주장했던 방법이며 특허로 등록되었다. 반면에 텔러와 울람Stanislaw Ulam이 특허로 등록한 핵융합 반응은 다음과 같다.

$$_3Li^6 + n \rightarrow {_1}T^3 + {_2}He^4 + 5\,\text{MeV}$$
$$_1D^2 + {_1}T^3 \rightarrow {_2}He^4 + n + 17.6\,\text{MeV}$$

두 방법의 차이는 원료 물질인데, 푹스-폰 노이만 방법은 중수소와 삼중 수소를 직접 택한 반응이었고, 텔러-울람 방법은 리튬과 중수소를 택하여 간접적인 반응을 통해 헬륨으로 핵융합하는 방법이다. 물론 수식적으로는 간단하지만, 여러 가지 공학적 문제를 해결해야 하기 때문에, 두 방법의 장단점을 여기에서 말하기는 어렵다. 물론 이러한 반응은 태양 내부의 환경과 같은 고온과 고압의 조건을 요구하고 있기 때문에 우라늄이나 플루토늄을 토대로 만든 원자 핵무기의 폭발과 동시에 일어날 수 있는 것이다.

1952년 11월 1일, 텔러-울람 방법대로 최초의 수소 핵폭탄 실험이 태평양 한가운데 있는 에네웨탁 산호 군도의 한 섬에서 이루어졌다. (수소를 사용하지 않았기 때문에 수소 핵폭탄이라는 용어는 사실 옳은 것이 아니다. 정확한 용어는 〈열 핵폭탄〉이다. 하지만 독자들의 이해를 돕기 위해 수소 핵폭탄이라는 용어를 계속해서 사용하겠다.) 그 위력은 10.5메가톤에 해당하는 것으로 나가사키에 떨어뜨린 원자 핵폭탄의 450배에 해당하는 위력이었다. 이에 앞서 텔러는 푹스-폰 노이만 방법에 따라 실험용 폭탄을 제작해 1951년 5월 8일 똑같은 장소에서 폭파 실험을 실시했다. 위력은 225킬로톤에 지나지 않았다. 그래서 이 폭탄은 수소 핵폭탄으로 분류하기보다는 강화 원자 핵폭탄으로 부른다. 이 폭탄의 장점은 많은 양의 플루토늄을 사용하지 않아도 되기 때문에 미사일에 장착할 수 있는 가벼운 원자 핵무기를 만들 수 있다는 것이다. 실제로 핵탄두에 사용되는 핵폭탄의 크기는 그렇게 크지 않은 것이 대부분이다. 핵무기를 만드는 기술은 더욱 정교하게 발달되어, 지금의 기술로는 핵무기용 플루토늄 4킬로그램이면 충분히 만들 수 있다고 많은 군사 전문가들은 보고 있다.

수소 핵폭탄 개발을 모두 찬성한 것은 아니다. 특히 원자 핵폭탄의

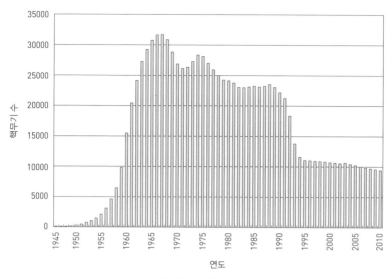

미국의 핵무기 재고량, 1945~2010

아버지라고 불리는 오펜하이머는 수소 핵폭탄의 개발에 대해 공개적으로 비난하고 있었다. 페르미, 코난트James Conant, 라비 등과 같이, 미국 원자력 위원회에서 수소 핵폭탄의 개발은 인류를 위해 아무 필요도 없는 것이라고 주장했다. 그는 후일 〈1949년도의 첫 번째 수소 핵폭탄 제조 프로그램은 기술적인 어려움을 많이 겪었다. 그래서 만들어도 별 소용이 없었기 때문에 만드는 것 자체에 대한 논쟁이 별로 없었다. 그러나 1951년도 두 번째 수소 핵폭탄 제조 프로그램은 기술적으로 별 논쟁의 여지가 없었다. 쟁점은 오로지 군사적, 정치적인 것이었다. 수소 핵폭탄을 보유한 후에 어떻게 사용할 것인지에 대한 인간의 도덕적 문제에 봉착하게 된다〉고 회고했다.

그때부터 그는 공직에서 사퇴하고 대학으로 돌아가 순수 학문 연구와 개인 생활에 치중했다. 후일 오펜하이머에 대한 평가는 다양했다. 그는 공산주의자가 아니었지만, 1950년대 중반 큰 곤혹을 치렀다. 그가 공개적으로 미국 공산당에 가입한 적은 없었으나, 1937년 그의 부친이 남겨 준 유산 30만 달러(현재 가치는 약 5백만 달러)를 여러 사회 단체에 기부했는데, 대부분 좌익 성향의 단체로 후일 밝혀졌다. 이것은 1950년대 매카시 상원의원에 의해 시작된 미국 내 공산주의자 색출 작업의 일환으로, 1954년 그의 신분에 대한 논란이 일어 큰 곤혹을 치르게 되었다. 미소 간 냉전 상태로부터 파생된 미국의 반공산주의 운동에 의한 일종의 희생양이 된 것이다. 그는 인도의 동양 철학에 매료되었고, 또한 인간의 존엄성에 관한 사회주의 논쟁에 자주 참여했다고 한다.

수소 핵폭탄의 개발로 미국은 소련과의 핵무기 경쟁에서 또다시 한발 앞서가기 시작했다. 1950년대부터 1965년까지 미국의 핵무기 보유량은 급속히 증가되어 갔다. 플루토늄과 고농축 우라늄 생산을 위해 사반나리버(플루토늄)와 파두카(고농축 우라늄)에 생산 시설을 증설해야 했다. 1966년 31,700개의 핵무기를 보유하면서 정점에 이르렀고, 그 후부터 핵무기 보유량은 서서히 줄어들었다. 1990년대에 들어 구소련과의 핵무기 감축 협상 결과, 그리고 소련이 갑자기 와해되면서 냉전의 시대가 종식되어 핵무기 보유량은 급속히 감소되었다. 2002년 이후 미국은 약 1만 개 정도의 핵무기를 보유했는데, 2017년 현재 실전에 배치된 것과 예비 보관용을 합하여 3,800개, 그리고 파기 처분하기 위해 대기 중인 것이 약 2,650개라고 알려져 있다.

미국은 1992년까지 크고 작은 핵 실험을 1,056번 실시했다. 가장 위력적인 실험은 1962년 태평양 한가운데 크리스마스 섬에서 실시한 38메가톤급 수소 핵폭탄 실험이었다. 미국이 개발한 핵무기는 다양했다. 1950년대 개발한 제일 작은 규모의 핵무기는 개인이 소장해 운반할 수 있었던 M-28 반동 소총용 Mk-54 Davy Crockett M388형으로 무게가 불과 23킬로그램이었고, 파괴력은 불과 TNT 10~20톤 규모였다고 한다. M65 280mm 원자포에 사용하기 위해 개발한 핵무기 W19는 사정거리가 10킬로미터였고 위력은 15킬로톤급이었다. 1960년대에 들어 로켓 기술이 발달하면서 핵무기는 중거리 또는 장거리용으로 개발되기 시작했다. 1980년대에는 대륙간 탄도 미사일인 ICBM과 한 번의 발사로 핵무기를 10개까지 실어 나를 수 있는 다핵탄두 미사일 요격체인 MIRV가 주종을 이루게 되었다. 무게가 나가는 대형 핵무기는 전략 폭격기에 실렸다.

미국은 1960년대 핵무기 생산의 최고치를 기록했으며, 핵무기용 우라늄 생산은 연간 80톤, 플루토늄 생산은 연간 7톤에 달했다고 한다. 미국은 카터 대통령 시절인 1970년대 말에 이미 핵무기용 핵 물질의 생산을 완전히 중단한 바 있으며, 1992년 이후에는 핵 실험을 실시하지 않았다.

핵융합 원자로

원자 핵폭탄의 반응을 제어해 원자력 발전소를 건설했듯이, 인류의 에너지 문제를 해결하기 위해 수소 핵폭탄의 반응을 제어해 에너지를 얻고자 하는 노력이 그동안 끊임없이 계속되어 왔다.

최초의 핵융합 원자로를 구상한 사람은 영국의 G. P. 톰슨과 모세 블랙맨Moses Blackman이었다. 그들은 1946년 특허에서 원환체Torus 형태의 진공 상태에서 강력한 자기장을 둘러쌓고 그 안에서 수소를 플라스마 가열 상태로 유지해야 한다고 기술했다. 이러한 기본 개념은 현재의 핵융합 원자로의 설계에도 대부분 이용하고 있다.

  미국에서 에너지 생산을 위한 핵융합 원자로 연구는 프린스턴 대학교에서 1951년에 시작되었고, 소련에서도 이고리 탐Igor Yevgenyevich Tamm과 사하로프Andrei Sakharov에 의해 1950년대에 토카막Tokamak 타입의 핵융합 원자로 개념이 시작되었다. 1950년대와 1960년대의 개념 연구를 거쳐 1970년대부터 본격적으로 레이저와 자기장을 이용한 소형 실험용 핵융합 실험 장치들이 여러 연구소에서 세워졌으며, 한국에서도 뒤늦게 1995년부터 국가 핵융합 에너지 개발 사업으로 초전도 핵융합 실험 장치 KSTAR 프로젝트가 시작되어 2008년에 초기 플라스마를 달성하고 2010년에 세계 최초로 초전도 핵융합 장치에서 H-mode를 달성했다.

  하지만 많은 사람들의 기대와는 달리 지금까지 핵융합 반응은 핵무기 외에는 큰 성공을 거두지 못했다. 핵융합 반응을 지속적으로 일으켜야 하는 꿈의 원자로 안에서는 별의 내부에서나 가능한 수백만 도 이상의 높은 온도와 압력이 필요하기 때문이다. 이러한 온도에서는 원자핵과 전자의 결합 상태가 단단하지 않기 때문에 원자핵 간의 결합이 쉽게 이루어진다. 그래서 별의 내부에서는 수소가 결합해 헬륨이 되고, 헬륨이 결합해 탄소가 되고, 탄소가 결합해 궁극적으로 철로 변하는 과정이 계속 진행되고 있는 것이다.

과학자들은 태양처럼 수백만 기압까지 올라가야 하는 압력 용기를 인간이 만들 수 없다는 것을 잘 알고 있으며, 설혹 그것을 만든다 해도 폭발의 위험성이 너무나 크기 때문에 다른 방법을 찾아야 했다. 핵융합 과학자들은 지상에서 태양보다 높은 수억 도의 온도와 대기압의 몇 배에 불과한 플라즈마 자체의 압력으로 핵융합을 시킬 수 있는 자기 핵융합 실험 장치를 고안했다. 용기 벽에 강한 자기장을 걸어 높은 온도를 만들어 주면 중수소 원자가 전자를 잃고 이온화되어 반응을 일으키도록 만든 것이다.

지금까지 가장 성공한 사례는 1997년 유럽 연합의 공동 연구소에서 실시한 JET(Joint European Torus) 프로그램이었다. 0.5초라는 짧은 시간 동안 10MW 이상의 에너지를 생산한 것이다. 입력 에너지의 65퍼센트밖에 출력시키지 못한 단순한 연구 수준에 불과하지만, 과학자들은 희망을 잃지 않고 있다. 과학의 발전에서 항상 그러하듯이 처음의 조그만 성과가 나중에는 인간의 문명에 엄청난 효과를 가져다준 경우가 얼마든지 있다. 우리는 전기와 전자 분야의 괄목한 발전에서 그러한 과정을 보아 왔다. 핵융합 원자로가 성공하기 위해서는 아직도 구조 재료 물질의 개발과 원료 물질로 사용될 삼중 수소의 충분한 공급 등 많은 문제들이 해결되어야 한다.

지난 40년 동안 효율적이고 지속적인 에너지를 생산할 수 있는 핵융합 원자로를 세계 어느 나라도 만들어 내지 못했다. 핵융합 원자로의 프로젝트는 한 국가가 감당하기에는 너무 큰 사업이라는 것을 인식하고 이제는 국제적인 프로젝트를 만들기로 했다. JET와 지난 40년간의 토카막 실험 결과를 기반으로 하여 유럽 연합과 일본, 러시아, 중국, 미국, 한국, 인도 등 7개국이 공동으로 참여하는 ITER 국제 공동 실행 협정에 따라 ITER(International Thermonuclear Experimental Reactor)가 2007년 프랑스 남부 지방 카다라쉬에서 건설되기 시작했다. ITER 프로젝트는 2025년까지 초대형 핵융합 실험로를 건설한 뒤 거기에서 초기 플라스마를 달성하고, 그 후 20년 동안 운전하면서 플라스마 가열 에너지의 10배에 달하는 에너지를 3천 초(약 50분) 동안 지속적으로 생산해 상용 핵융합로 건설에 필요한 물리적, 공학적 데이터베이스를 산출하는 것을 계획으로 하고 있다. 건설 기간 10년, 운영 기간 20년, 폐로 기간 5년 등 35년간의 총 사업비로 약 127억 유로가 소요될 것으로 예상하고 있다.

소련

1942년 4월 MAUD 보고서를 손에 넣은 스탈린은 전쟁에 대한 압박감에서인지 처음부터 과학자들의 이야기를 절대적으로 신뢰하지 않았다. 계속 들어오는 정보에 의해 미국과 독일에서 원자 핵무기를 개발하고 있다는 것이 거의 확실하게 느껴지자, 1944년 공산당 최고 위원회의 한 사람이었던 심복 라브렌티 베리아Lavrentii Beria 휘하에 핵물리학자 이고르 쿠르차토프Igor Kurchatov를 소련 핵무기 프로그램 최고 책임자로 임명하고 비밀 프로젝트를 수행하도록 지시했다.

미국에서 그로브스 장군이 맨해튼 프로젝트를 이끌고 있었듯이,

소련에서는 스탈린의 심복 베리야가 비밀 프로젝트를 운영하고 있었다. 뒤늦게 원자 핵무기 개발 경쟁에 뛰어든 베리야는 먼저 유럽과 미국에 퍼져 있는 공산주의 동조자들을 이용한 정보 수집에 크게 의지하고 있었으며, 맨해튼 프로젝트에 참여한 적어도 세 명의 과학자 첩보원이 미국의 개발 진척 상황에 대한 중요 정보를 간헐적으로 제공해 주고 있었다. 베리야의 첫 번째 임무는 원료 물질인 우라늄 광석을 확보하는 것이었다. 이때 세계의 우라늄 시장은 이미 미국과 영국의 손에 들어가 있었다. 미국과 영국은 연합군에 충분한 원료 물질을 공급할 뿐 아니라, 우라늄과 토륨이 독일과 소련의 수중에 들어가는 것을 막기 위해 이미 1944년 6월 연합 개발 사업단Combined Development Trust을 만들어 세계 시장에 공급되는 아프리카의 우라늄 원광을 거의 다 장악하고 있는 실정이었다. 소련은 유럽에서 이미 알려진 체코슬로바키아의 우라늄 광산에 눈독을 들이고 있었으며, 전쟁 후에는 소련 영토 내에서 그리고 주변 위성 국가에서 우라늄 광산 개발에 주력하고 있었다.

베리야의 다음 일은 미국이 그랬던 것처럼 원자로를 만드는 것이었다. 소련의 핵무기 연구에 깊이 관여한 과학자들로 〈소련의 원자탄 아버지〉로 불리는 쿠르차토프가 있었고, 그 밑에서 젤도비치Yakov Zel'dovich, 카리톤Yulii Khariton과 같은 우수한 과학자들이 원자로에 대한 연구를 하고 있었다. 쿠르차토프에게 가장 필요한 것은 순수한 흑연과 충분한 우라늄이었다. 그에게 필요한 우라늄과 흑연은 1946년 초에야 공급될 수 있었다.

1946년 6월부터 원자로 건설을 위한 본격적인 준비가 시작되었고, 8월부터 네 개의 다른 종류의 원자로를 설계하고 건설하기 시작했다.

그해 크리스마스 저녁 6시에 소련 최초의 원자로 F-1[Fizicheskii-1 (Physic-1)]이 임계에 달해 연쇄 반응을 일으키기 시작했다. 미국의 페르미가 연쇄 반응에 대한 임계에 성공한 지 4년 후의 일이었다. 원자로의 크기는 페르미가 시카고 대학교 운동장 아래 건설한 페르미 파일과 거의 비슷한 크기였으며, 흑연 블록의 높이는 54층을 이루고 있었다. 소련도 이제 원자력 시대의 첫발을 내딘 셈이다.

소련은 플루토늄 생산용 원자로를 우랄 산맥 중간에 있는 산업 도시 체리아빈스키 부근에 위치한 키스팀에서 건설하기 시작했으며, 1949년 중반부터 대량의 플루토늄을 생산해 낼 수 있었다. 우라늄-235의 생산을 위한 연구는 전쟁이 끝난 후부터 시작되었다. 미국과 같은 방식대로 전자기 분리 방법, 열 확산법, 그리고 기체 확산법에 의한 연구가 동시에 진행되었다. 1946년에는 전자기 분리법과 기체 확산법에 의한 대규모 시설이 역시 우랄 산맥 가운데 있는 산업 도시 스베르드로브스크 부근의 네비안스크에 건설되기 시작했다. 전쟁 포로로 잡혀 온 독일 과학자들이 농축 우라늄 생산 프로젝트에 도움을 주었으며, 핵무기용 고농축 우라늄은 1951년에 가서야 대량 생산이 가능하게 되었다.

소련은 제2차 세계 대전이 끝날 무렵 40명의 과학자들을 독일의 동부 전선에 투입하여, 그동안 독일에서 진행되고 있는 원자 핵무기에 대한 막대한 자료와 함께 관련 과학자들을 체포하는 주요 업무를 수행하게 했다. 그들은 라이히 연구 재단과 폰 아르덴의 개인 저택에서 수많은 정보와 함께 기자재를 수집할 수 있었다. 아울러 폰 아르덴, 구스타프 헤르츠, 막스 슈텐벡 등 수백 명의 과학자들을 포로로 끌고 와서 현그루지야의 수후미Sukhumi에 캠프를 설치하고 핵무기 생산에 필요한 우라늄 농축에 관련된 연구를 하게 했다.

특히 만프레드 폰 아르덴은 전자기 분리 방법에 관해 주로 연구하는 연구소 A(Institute A)의 소장으로 임명했는데, 이 연구소에만 독일 과학자가 3백 명 이상 일하고 있었다. 구스타프 헤르츠는 연구소 G(Institute G)의 소장으로 임명해 가스 확산법과 중수 건설 등의 임무를 수행하도록 했다. 막스 슈텐벡은 연구소 A의 한 그룹을 맡고 있었는데, 그 그룹의 연구 과제는 원심분리기에 대한 것이었다. 슈텐벡 그룹의 오스트리아 출신 제르노 지피는 특히 비효율적인 러시아형 원심분리기를 아주 효율적으로 개량하는 데 크게 기여했다.

포로로 잡혀 온 독일 과학자들은 전후 소련의 핵물리학 발전에 크게 기여했으며, 특히 폰 아르덴과 구스타프 헤르츠는 1953년 소련의 핵무기 개발에 크게 기여한 공로로 스탈린 훈장을 받았으며, 1955년 동독으로 돌아갔다. 대부분의 과학자들은 나치 정권에 별로 동조하지 않았기 때문에, 그들이 자신의 분야에서 편안히 일할 수 있는 조건만 보장된다면 공산주의에 반대하지 않았다.

전쟁 중 한때 우방이었던 미국과 소련은 서로 다른 이데올로기로 인해 전후에는 냉전의 상대가 되고 말았다. 야심 많은 소련은 이미 맨해튼 프로젝트에 세 명의 첩보원을 두고 있었다. 그들의 활동은 1950년부터 노출되기 시작했으며, 1950년대 초 미국을 떠들썩하게 만들었던 유명한 로젠버그 간첩 사건으로 이어졌다. 로젠버그 사건은 젊어서부터 공산주의 사상에 젖어 있던 로젠버그 부부가 1942년 KGB에 의해 포섭되면서부터 시작되었다. 그들은 잡히기까지 미국의 많은 군사 기밀과 원자 핵무기에 관한 비밀을 소련에 넘겨주었다. 로젠버그 부인의 동생인 데이비드 그린글래스David Greenglass와 영국 정부의 파견 과학자 독일 태생 클라우스 푹스, 미국 공산당 활동에 가담했던 시어도어 홀Theodore Hall에 의해 극비의 정보와 플루토늄 핵무기인 트리니티의 설계도가 로젠버그 부부의 손에 넘어갔고, 그것은 결국 소련의 수중으로 들어가게 되었다.

로젠버그 부부는 미국 최초로 냉전 시대의 희생물이 되어 1953년 6월 처형되었으며, 나머지 사람들은 수년 간의 감옥 생활을 하게 되었다.

클라우스 푹스는 독일에서 태어났으며, 1932년 독일 공산당에 가입했다. 그는 원래 사회주의 성향이 강한 인물이었으나 우파인 나치당의 활동이 독일 전역을 휩쓸게 되자, 마르크스주의에 전적으로 동의하지는 않았지만 히틀러의 나치당을 견제할 정당은 독일 공산당밖에 없다고 생각했다. 게슈타포의 표적이 되자 그는 영국으로 탈출을 결심했고, 1933년 9월 영국에 도착하여 브리스톨 대학에서 공부를 계속했다. 브리스톨 대학에서 박사 학위를 받은 그는 1942년 영국 시민권을 취득했으며, 채드윅의 발탁으로 페이얼스와 함께 미국의 핵무기 프로그램을 돕기 위해 컬럼비아 대학교로 파견되었고 이후 로스앨러모스에서 이론 물리학자로서 플루토늄 폭탄 설계팀으로 일하게 되었다.

그는 나치 독일이 소련을 침공하자 소련도 원자 핵폭탄을 가질 권리가 있다고 생각하고 스스로 정보를 제공하는 역할을 하기 시작했다. 그는 플루토늄 폭탄의 설계도 일부를 소련에 넘겨준 것에 대해 조금도 후회하지 않는다고 말했으며, 원자 핵폭탄을 한 나라에서 독점해서는 안 된다는 생각을 하고 있었다. 1959년 석방되어 동독으로 돌아간 뒤한 연구소의 부소장으로 일하면서, 유학 온 중국 학생들에게도 원자 핵폭탄에 대한 지식을 가르쳐 주었다. 중국은 5년 후 원자 핵폭탄 실험에 성공할 수 있었다.

소련은 첩보 활동으로 얻은 미국의 플루토늄 설계 도면을 복사해, 1949년 〈첫 번째 번개〉라는 이름을 붙인 최초의 원자 핵폭탄(RDS-1)을 만들어 핵 실험을 감행할 수 있었다. 그렇다고 소련 과학자들이 스스로 핵폭탄을 설계할 수 있는 능력이 없었던 것은 아니다. 미국으로부터 입수한 설계 도면이 없었더라도, 소련은 당시에 충분히 핵폭탄을 설계할 수 있는 유능한 과학자들을 보유하고 있었다. 그때까지 고농축 우라늄을 확보하지 못한 소련은 플루토늄 폭탄에 주력했으며, 트리니티의 설계 도면은 그들의 핵 실험을 앞당길 수 있는 지름길을 제공한 것이었다. RDS-1의 폭발 위력은 나가사키에 떨어진 폭탄과 같은 20킬로톤 규모였다.

전쟁이 끝나기 전에 푹스에게서 받은 트리니티의 스케치와 정보는 쿠르차토프와 카리톤에 의해 세밀하게 검토되었다. 쿠르차토프는 이것을 토대로 내파 연구팀을 구성하여 카리톤에게 맡겼다. 젤도비치는 그 팀에서 가장 우수한 이론적 뒷받침을 제공하고 있었다. 1946년 팀은 모스크바에서 4백 킬로미터 떨어진 사로프에 연구소를 설치했다. 내파에 대한 연구와 폭탄의 설계는 순조로이 진행되었다. 1949년 여름 대량 생산된 플루토늄을 바탕으로 플루토늄 메탈이 만들어지자 핵 실험을 위한 준비가 완료되었다.

스탈린은 조급하게 기다리고 있었다. 마침내 1949년 8월 29일 카자흐스탄의 초원 위에서 핵 실험을 할 준비를 마쳤다. 폭파 장소의 남쪽

소련 최초의 원자 핵폭탄 RDS-1

15킬로미터 지점에 고위 군 장성들을 위한 전망대도 마련되었다. 최종 점검을 마친 쿠르차토프는 베리야에게 보고하고 폭파 명령을 내렸다. 5년간의 기나긴 연구 결과의 성공 여부가 걸려 있었다. 번쩍하는 섬광이 발생한 후 30초 만에 열폭풍이 전망대에 다다랐다. 그들은 폭풍이 지나갈 때까지 엎드려 기다려야 했다. 폭풍이 지나가고 눈을 들었을 때 거기에는 버섯구름이 하늘 높이 솟아나고 있었다. 그들은 서로에게 키스를 하며 성공을 자축했다. 만약 이 핵 실험이 실패로 끝났다면 아마 스탈린이 지시한 숙청이 그들을 기다리고 있었을지 모른다.

　　소련이 수소 핵폭탄 개발을 생각한 것은 1946년부터였다. 젤도비치와 카리톤과 같은 과학자들은 가벼운 금속의 원자 에너지를 사용하는 수소 핵폭탄의 가능성을 보고하고 있었다. 1948년 여름 젤도비치 그

50메가톤급 폭탄의 제왕 〈차르 봄바〉

룹은 수소 핵폭탄 설계에 관한 상세한 계산 결과를 쿠르차토프에게 보고했다. 쿠르차토프는 이 보고서의 실현 가능성에 대해 확인할 필요가 있었다. 그에게는 또 다른 연구팀이 있었다. 그는 PIAN(Physics Institute of the Academy of Science)의 이론 부서에서 일하는 이고리 탐에게 보고서를 검토하도록 요청했다. 탐은 이 일을 위하여 안드레이 사하로프와 비탈리 긴츠부르크Vitaly Ginzburg와 같은 젊고 유능한 과학자들을 고용했다. 27세의 사하로프는 모스크바 출신의 유명한 물리학자의 아들이었으며, 모스크바 대학교에서 공부를 마치고, 제2차 세계 대전 중에 볼가의 군수 공장에서 일하다가 전쟁이 끝나자 탐의 밑에서 계속 공부하고 있었다.

탐의 그룹에서는 젤도비치의 설계가 불충분하다는 결론을 내렸다.

1948년 사하로프는 새로운 아이디어를 제출했다. 그는 세 겹으로 폭파 장치를 구상했다. 그는 핵분열에 의한 폭발과 기존의 고성능 화약 사이에 우라늄과 핵융합 반응이 가능한 중수소와 삼중 수소를 배치하도록 설계했다. 그들은 그것을 여러 겹으로 된 케이크*layer cake*라고 불렀다. 탐의 그룹과 젤도비치의 그룹도 사하로프의 아이디어에 동의하고 그것을 토대로 계속 일을 추진하고 있었다. 2개월 후 두 번째 아이디어가 긴츠부르크에게서 나왔다. 긴츠부르크는 삼중 수소 대신 간편한 리튬-6을 사용하도록 제안했다.

소련의 원자 핵폭탄은 첩보 활동으로 입수한 미국 플루토늄 원자 핵폭탄의 복사판이었지만, 수소 핵폭탄은 소련의 자체 연구로 개발한 것이었다. 소련은 수소 핵폭탄 개발을 서두르지 않았다. 1949년 원자 핵폭탄 실험이 성공하고, 그들은 오랜만에 가족들과 휴가를 보냈다. 그리고 몇 달 후 다시 모여 강력한 수소 핵폭탄을 만들기 위한 임무를 계속했다. 수소 핵폭탄 개발을 성공하기 위해서는 원자 핵폭탄에 대한 여러 가지 실험이 먼저 수행되어야 한다. 미국처럼 강화 원자 핵폭탄의 실험을 계속해 갔다. 계속되는 폭발 실험을 주도하는 것은 이제 사하로프의 몫이었다.

소련은 1951년 두 배의 폭발 위력을 가진 플루토늄 원자 핵폭탄 실험을 두 차례 실시했으며, 1953년 8월에는 리튬과 중수소를 넣어 기존 핵무기의 10배에 해당하는 4백 킬로톤급 강화 원자 핵폭탄 실험에 성공했다.

1953년 봄 스탈린이 죽자 소련에는 변화가 일어나기 시작했다. 베리야는 숙청되었지만, 쿠르차토프는 핵무기의 개발에 관한 모든 일을 책임지고 있었다. 미국이 1952년 수소 핵폭탄 실험에 성공했다는 사실을 알고 있었지만, 소련은 스탈린의 죽음 이후 정치적 안정이 더 필요했다. 마침내 1955년 11월 2단계로 구성된 새로운 핵무기를 실험할 충분한 준비가 완료되었다. 이번 실험은 TU-16 폭격기에 의한 투하 실험이었다. 폭발의 위력 때문에 전망대는 투하 지점으로부터 70킬로미터 떨어진 곳에 설치되었다. 폭발은 대성공이었다. 원래 3메가톤급 위력을 지니고 있었지만, 절반의 위력을 발휘하도록 설계 변경해 실제 폭발 위력은 1.6메가톤이었다.

후일 사하로프는 폭발의 위력이 너무나 엄청나서 폭발 지점에서 수십 킬로미터 거리에 떨어져 있던 병사 한 명이 파괴된 건물에 깔려 죽었고, 실험 장소의 외곽 작은 마을에 있었던 두 살짜리 어린 소녀도 대피소에 들어가지 않고 밖에서 놀다가 죽음을 당했다고 회고했다. 수소 핵폭탄의 개발에 앞장섰던 사하로프는 미소 간의 냉전이 심화되자 1960년대에 들어 인권 운동과 평화 운동을 펼치는 정치 활동에 참여하기 시작했으며, 그 공로로 1975년에 노벨 평화상을 받았다.

1961년 10월에는 제2차 세계 대전에 사용된 모든 폭발물을 합친 것보다 10배나 큰 1백 메가톤급 수소 핵폭탄을 제조하여 위력을 50퍼센트 축소한 실험을 하기에 이르렀다. 1백 메가톤급 차르 봄바(폭탄의 왕)는 길이 8미터, 직경 2.1미터, 무게 약 27톤이었다고 러시아 원자 핵폭탄 박물관 기록은 말하고 있다. 소련은 1990년까지 715번의 공식적인 핵 실험을 했다. 하지만 미국 전문가들의 비공식 집계는 969번이라고 한다. 반면 미국은 그 때까지 1,056번의 핵 실험을 실시한 바 있다.

1957년까지 소련은 핵무기 제조 계획으로 10개의 핵무기 센터를

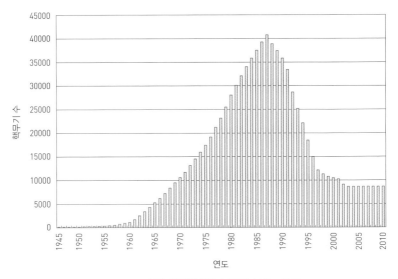

소련(러시아)의 핵무기 재고량, 1945~2010

건설했다. 그중 플루토늄 생산 시설은 두 곳에, 우라늄 농축 시설은 네 곳에, 그리고 핵무기 설계 및 제조 시설이 네 곳에 위치하고 있었다. 1950년대 핵무기 수에서 극심한 열세에 있었던 소련은 1960년대 이후 급격한 증가 추세를 유지했으며, 1978년부터 미국을 앞지르기 시작했다. 1986년에는 최고로 많은 40,700기의 핵무기를 보유하게 되었지만 1990년대에 들어 미국과의 군축 협상의 결과로 급속히 감소되어 1997년에는 미국과 같은 수준인 1만 1천 기 수준으로 줄었다가, 2017년 현재 실전에 배치된 것과 예비 보관용을 합하여 4,350개, 그리고 파기 처분할 것이 2,250개라고 알려지고 있다.

소련이 냉전 시대 미국과의 핵무기 경쟁에서 이렇게 많은 핵무기

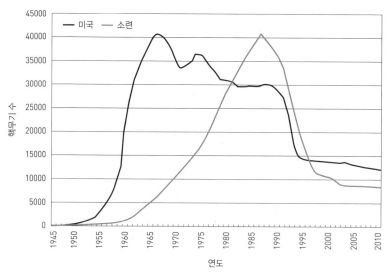

미국과 소련(러시아)의 핵무기 보유량 비교, 1945~2010

를 만들 수 있었던 이유 중 하나는 전후에 체코슬로바키아, 동독, 불가리아, 폴란드 등 동구의 여러 나라에서 우라늄을 빠른 시일 내에 쉽게 확보할 수 있었기 때문이다. 소련이 최고로 많은 핵무기를 생산하던 1980년대에는 매년 60톤의 플루토늄과 5톤의 고농축 우라늄을 생산할 수 있는 시설을 갖추고 있었다. 그리고 소련에는 우수한 물리학자와 수학자 등 많은 기초 과학자들이 있었다는 것도 중요한 이유 중 하나였다.

그러나 소련의 발전은 1986년 체르노빌 원자력 발전소 사고를 계기로 쇠퇴의 길로 들어섰다. 체르노빌 원자력 발전소에서 보았듯이, 소련은 원자력 시설의 안전성에 대해 크게 투자를 하지 않고 소홀히 한 나머지 이곳저곳에서 많은 사고가 일어났다. 소련은 1989년 10월 모든 핵무기용 고농축 우라늄과 플루토늄의 생산을 중단하겠다고 발표했으나, 실제로는 체르노빌 사고 2년 전에 모든 핵무기용 핵 물질의 생산을 중단한 바 있었다.

위의 표에서 보는 바와 같이 한때 지구상에는 6만 기 이상의 핵무기가 있었다. 과연 누구를 위해 그렇게 많은 핵무기와 핵탄두가 만들어졌까? 유사시에는 실제 발사할 준비가 되어 있었을까? 정녕 신의 계획대로 지구의 마지막 때를 위해 준비되어 있었을까? 한때 지구상에는 히로시마에 떨어진 핵폭탄의 1백만 배도 더 되는 파괴력을 가진 핵무기가 존재하고 있었다. 그러나 강력한 핵폭탄도 소련의 몰락을 막을 수 없었다. 소련의 허술한 통제 체제는 체르노빌 사고를 불러일으켰고, 그것은 소련 몰락의 서곡이 되었다. 고르바초프가 시도한 새로운 정치 체제는 1991년 소련의 몰락으로 이어졌고, 옐친의 러시아가 소련을 대신하여 등장했다. 1백 년 동안 러시아를 지배한 공산주의는 막을 내리고, 45년간의 냉전 시대에 미국과 소련의 핵무기 경쟁은 그 시대의 산물이 되었다. 인류를 전멸할 수 있는 핵무기의 위력을 잘 알고 있었기에 핵무기를 서로 보유하고 있다는 이유만으로도 핵전쟁을 억제할 수 있는 효과가 있었고, 그래서 그렇게 오랫동안 유럽에 평화가 유지되었는지 모른다.

8 뒤늦게 출발한 영국, 프랑스, 중국

영국

원자의 모습을 밝히는 데 결정적인 기여를 했던 J. J. 톰슨과 러더퍼드가 이끈 영국의 원자 물리학은 20세기 초에 세계 최강이었다. 러더퍼드의 제자인 채드윅과 콕크로프트, 올리펀트는 1940년대 영국의 원자 물리 학계를 이끌고 있었다. 오토 한과 리제 마이트너의 핵분열에 관한 보고가 있은 후, 나치 정권을 피해 영국으로 망명했던 독일의 페이얼스와 오스트리아의 오토 프리슈는 핵분열을 이용한 원자 핵폭탄 제조 가능성을 자신들의 지도 교수인 마커스 올리펀트에게 보고했고, 올리펀트는 영국에서 원자 핵무기를 만들 수 있는 가능성을 검토하기 위한 MAUD 위원회를 만들 것을 주장했다.

MAUD 위원회는 원자 핵폭탄의 제조 가능성을 확인하고 연구 보고서를 작성해, 영국 정부는 물론 미국 정부에도 그것의 가능성과 파괴력을 통보했다. MAUD 위원회는 우라늄-235를 분리할 수 있는 기술이 가능하고 플루토늄도 대량 생산할 수 있다는 판단 아래, 원자 핵무기를 제조하기 위한 비밀 프로젝트 〈튜브 알로이스〉가 제2차 세계 대전 중에 영국에서 태동할 수 있도록 산파 역할을 한 셈이다.

〈튜브 알로이스〉는 인공으로 합성한 원소 플루토늄을 뜻하는 것으로, 미국의 맨해튼 프로젝트보다 먼저 생긴 사실상 세계 최초의 원자 핵폭탄 개발 프로젝트였다. 당시 독일이 프랑스를 침공해 영국 케임브리지로 피신해 와 있던 프랑시스 페랭Francis Perrin이 이끄는 파리 그룹이 같은 목적의 일을 추진하고 있어 그들과 서로 협력하게 되었다. 파리 그룹은 천연 우라늄이 중수의 도움을 받을 경우 핵분열 연쇄 반응이 가능하다는 것을 알고 중수 확보를 위해, 이미 노르웨이에서 독일에 전량 팔기로 되어 있는 중수 188리터를 케임브리지 연구소로 빼돌리는 역할을 했다.

영국은 먼저 기체 확산법에 의한 우라늄 농축 시설을 설립할 계획을 세우고, 이 시설에 원료 물질로 사용할 불화 우라늄 제조를 ICI (International Chemical Industries)에 의뢰했다. 플루토늄에 관한 연구는 케임브리지의 카벤디쉬 연구소에서 에곤 브레처Egon Bretscher와 노먼 페더Norman Feather가 주도하고 있었으며, 그들은 페르미가 발견한 감속 중성자에 의해 새로운 원소가 만들어진다는 사실과 새로운 원소는 화학적으로 쉽게 우라늄과 분리할 수 있다는 것을 알게 되었다. 그러나 이와 같은 연구 결과가 미국 버클리 연구소에서 맥밀런, 에이벌슨, 그리고 시보그에 의해 먼저 학계에 보고됨으로써 플루토늄 연구에 대한 공로를 미국 팀에 빼앗기고 말았다.

독일과 전쟁 중에 있었던 영국은 원자 핵폭탄 프로젝트를 추진하는 데 여러 가지 불리한 조건들을 가지고 있었다. 만약 이 프로젝트가 독일에 알려지면 독일 공군의 폭격을 당할 위험이 너무나 컸다. 그래서 그들은 미국과 협조하는 한편, 1942년 말 캐나다 몬트리올 대학교 내에 연구소를 설립해 여덟 명의 과학자를 그곳에 파견했다. 여기에는 파리 그룹도 포함되어 있었으며, 파리 그룹의 한스 본 할반Hans von Halban이 연구소의 운영을 맡게 되었으나, 행정 경험의 부족으로 캐나다 연구 재단과의 협조가 원활하지 못했다.

초기 몬트리올 팀은 중수 공급 등을 미국에 많이 의존했으며, 새로 합류한 많은 과학자들과 장비로 인해 몬트리올 대학교 내의 연구소가 비좁아지는 문제가 발생하기 시작했다. 3백여 명의 과학자들이 비밀 연구 활동을 하기에 적합하지 않다는 판단 아래 1944년 몬트리올에서 250킬로미터 떨어진 한적한 곳에 초크리버Chalk River 연구소를 설립해 본격적인 연구에 들어갔다. 이때부터 영국의 존 콕크로프트가 연구소 소장직을 맡게 되었다. 몬트리올 연구소와 초크리버 연구소가 먼저 개발한 것은 중수를 이용한 원자로 ZEEP(Zero Energy Experimental Pile) 였다. 이 원자로는 세계 최초로 중수를 사용해 설계한 것으로, 1945년 완성되었으며 전쟁 후에 캐나다가 개발한 중수형 발전소인 CANDU 타입 상용 원자로의 효시가 되었다.

윈스턴 처칠 수상은 영국이 막대한 자금을 들여 확실한 결과를 예측할 수 없는 기체 확산법에 의한 농축 시설을 건설하는 것보다 우선 미국의 정보를 알고 싶었다. 그래서 그는 이 분야에서 미국과 협력하기로 하고, 1943년 8월 19일 미국 루스벨트 대통령과 퀘벡 협정을 맺었다. 협정 체결에 따라 영국은 보유하고 있던 모든 장비와 원료 물질들을 미국에 넘겨주는 대신 미국은 맨해튼 프로젝트의 모든 보고서를 영국과 공유하기로 했다. 협정에는 또한 〈튜브 알로이스〉에 관한 조항이 있었는데, 프로젝트 결과를 양국 간에 절대로 적대적으로 사용해서는 안 되고, 제3국에 사용할 경우에도 상대국의 동의를 얻어야 하며, 〈튜브 알로이스〉에 관한 정보가 상대방의 동의 없이는 제3국에 알려져서도 안 된다고 합의했다.

이 협정을 배경으로 미국과 영국은 이 분야에서 서로 적극적으로 협력해 전쟁 중에도 많은 정보 교류와 인적 교류가 가능했다. 그리고 1958년 맺어진 영미 상호 방위 조약을 통해 핵무기에 관한 상호 협력으로 이어졌다.

MAUD 위원회의 채드윅은 독일인 페이얼스와 푹스를 발탁해 미국으로 보냈으며, 올리펀트 자신도 맨해튼 프로젝트에 직접적으로 관여했다. 전쟁 후 영국으로 돌아온 과학자들은 영국 자체의 핵 개발 프로그램을 생각하고 있었으며, 특히 미국이 1946년 맥마흔 법안을 통과시켜 핵무기 기술의 해외 유출을 통제하고, 영국인을 포함한 외국인의 핵 시설 접근을 금지하자 영국의 생각은 달라졌다. 당시 애틀리 수상은 내각 소위원회를 소집해 어떠한 대가를 지불하고라도 원자 핵폭탄을 보유해야 한다고 주장했으며, 이러한 결정이 미국에 알려지지 않도록 내각의 외무부 장관과 미국 측에는 절대 비밀을 지킬 것을 요구했다.

1946년 영국 정부는 민간 원자력 에너지의 진흥을 위한다는 목적으로 원자력 연구원(AERE; Atomic Energy Research Establishment)을 하웰에 설립하고 존 콕크로프트가 이끌게 했다. 원자력 연구원과는 별도로 미국에서 돌아온 윌리엄 페니William Penney를 중심으로 코드명

〈HER(High Explosive Research)〉라는 프로젝트 아래 핵무기 설계 팀이 활동하기 시작했다. 이미 미국에서 얻은 정보를 가지고 있었기 때문에 그것은 그렇게 어려운 일이 아니었다. 1950년에는 핵무기 개발이 본격화되어 제2차 세계 대전 중에 공군 기지로 사용한 버크셔의 앨더마스턴에 핵무기 연구원(AWRE; Atomic Weapons Research Establishment)을 설립하고 핵무기의 원료 물질인 플루토늄과 고농축 우라늄이 영국 내에서 생산되기만을 기다리고 있었다.

그들은 미국에서의 경험을 바탕으로 우선 실용적인 원자로와 가스 확산법에 의한 분리 시설 설계에 집중하면서, 곧바로 원자로 설계에 착수해 소형 원자로인 GLEEP(Graphite Low Energy Experimental Pile)를 만들고, 1947년 연쇄 반응을 일으키는 임계치에 접근했다. 이러한 성공은 곧 더 큰 실험용 원자로 건설로 이어졌으며, 윈드스케일에 50킬로와트 출력의 〈Windscale Pile-1〉을 건설해 1951년부터 플루토늄을 생산할 수 있었다. 파일에는 약 2천 톤의 흑연이 사용되었고, 약 3천5백 개의 우라늄 연료봉을 집어넣을 수 있도록 설계되었다.

플루토늄의 생산으로 충분한 핵무기 원료 물질이 확보되자 영국은 곧 핵무기 제조에 들어갔다. 1952년 10월 2일, 〈허리케인〉이라는 이름 아래 호주의 북서쪽에 위치한 몬테벨로 섬에서 첫 핵 실험을 단행했으며, 핵 실험에 사용된 원자 핵무기는 내파 설계에 의한 플루토늄 폭탄이었다. 폭발 위력은 25킬로톤이었다.

이어서 영국은 플루토늄 생산을 더욱 확대하기 위하여, 전기 생산과 플루토늄 생산을 겸할 수 있도록 설계된 50MWe급의 칼더홀Calder Hall 발전소 4기와 카펠크로스Capelcross 발전소 4기를 건설하여 1956년부터 운전에 들어갔다. 윈드스케일 파일과 칼더홀 발전소에서 생산해 낸 플루토늄은 역시 윈드스케일에 설립한 재처리 시설을 통해 정제 분리됐으며, 플루토늄 생산량은 영국의 핵무기용 플루토늄 수요에 충분히 만족시킬 수 있는 양이었다. 칼더홀 발전소의 설계에 대한 기밀이 해제되어 국제 사회에 알려지자 북한은 이 칼더홀 원자력 발전소의 규모를 10분의 1로 복제해 북한의 첫 플루토늄 생산 원자로인 영변 원자로를 1986년에 완성했다.

또한 영국은 고농축 우라늄을 1952년도에 처음으로 생산해 냈으며, 대규모 기체 확산 분리법에 의한 우라늄-235 농축 시설을 카펜허스트에 설립했다. 카펜허스트 공장은 1953년부터 저농축 우라늄을 생산해 냈다. 1957년에 연간 125킬로그램의 핵무기용 고농축 우라늄을 생산해 냈으며, 1959년에는 연간 생산량이 1천6백 킬로그램에 이르렀고, 1961년까지 핵무기용 고농축 우라늄을 약 4톤 정도 생산해 낸 뒤, 민수용 저농축 우라늄 생산으로 전환해 운전하다가 1982년 영구 폐쇄되었다.

미국과 소련이 연이어 수소 핵폭탄 개발에 성공하자 당시 처칠 수상도 수소 핵폭탄 개발을 승인했다. 텔러-울람 방식대로 설계된 수소 핵폭탄이 〈그래플Grapple〉이라는 이름으로 제조되었으며, 첫 핵 실험이 1957년 5월 15일 태평양의 멜든 섬에서 이루어졌다. 목표는 1메가톤이었으나 결과는 3백 킬로톤의 위력을 발휘했다. 첫 실험에서 만족할 만한 성과를 얻지 못했고, 다음 해 세 번째 실험에 가서야 성과를 얻을 수 있었다.

영국은 수소 핵폭탄 실험에 성공하고 국제 정세가 바뀌게 되자 미국과 1958년에 영미 상호 방위 조약을 맺었다. 이 조약에는 양국의 핵무기에 관한 협력이 포함되어 있었다. 이 조약에 의해 영국은 미국의 핵 실험 자료를 다량 입수할 수 있었고, 똑같은 실험을 반복할 필요가 없었으며, 네바다에 위치한 미국의 지하 핵 실험장을 사용할 수 있게 되었다.

실제 영국 내에서 미국의 핵무기인 MK 28 미사일이 조립 생산되기 시작했고, 영국은 1960년대에 계획하고 있던 〈블루 스트라이크 미사일〉 계획을 취소했다. 1960년부터 1979년 사이에 영국은 미국에 핵무기용 플루토늄 5.4톤을 공급했고, 미국은 그 대가로 영국에 고농축 우라늄 7.5킬로그램과 수소 핵폭탄의 원료인 삼중 수소 6.7킬로그램을 공급했다고 한다.

영국은 1960년대 초에 연간 약 5백 킬로그램의 플루토늄과 약 1톤의 고농축 우라늄을 생산할 수 있는 능력을 가지고 있었다.

미국과 핵무기 협력 관계에 있는 영국은 현재 215기의 핵무기를 보유하고 있지만, 1980년대 말에는 최대 350기의 핵무기를 보유하고 있었다. 지금까지 모두 45회의 핵 실험을 실시했으며, 그중에 24회는 미국의 네바다 사막에서 실시한 지하 핵 실험이었다. 영국의 마지막 핵 실험은 1991년 11월 26일에 있었다. 영국의 핵 실험 횟수가 비교적 적은 것은 1958년 이후 미국과의 핵무기 협력으로 미국의 많은 핵 실험 자료에 쉽게 접근할 수 있었기 때문이다.

프랑스

프랑스의 베크렐과 퀴리 부인은 원자 물리학의 선구자였다. 특히 베크렐은 우라늄에서 방사능을 발견해 원자 구조의 연구를 가능케 했다. 퀴리 가족과 수많은 물리학자들은 프랑스의 원자 물리학 분야에서 뛰어난 업적을 쌓아 가고 있었다. 1939년 오토 한의 핵분열이 알려지자 졸리오퀴리는 원자 에너지 이용에 관한 특허 두 개와 원자 에너지의 군사 목적 이용에 관한 특허 한 개를 제출했다.

같은 해 졸리오퀴리를 중심으로 한스 본 할반, 루 코바르스키Lew Kowarski 그리고 프랑시스 페랭을 중심으로 원자 핵폭탄에 관한 연구를 하기 위해 파리 그룹이 결성되었다. 페랭은 우라늄의 임계 질량을 계산했으며, 가속 중성자의 속도를 줄일 수 있는 감속재 없이 천연 우라늄만으로는 연쇄 반응을 일으키기 어렵다는 것을 밝혔다. 그래서 그들은 중수의 필요성을 느끼고, 노르웨이의 베모르크 중수 공장에서 중수를 구하려고 했으나, 이미 독일이 생산된 중수 전부를 구입하려고 한다는 사실을 알게 되었다. 그들은 중수가 독일군에 넘어가면 전쟁 무기로 사용될 가능성이 있다는 것을 노르웨이에 설득했고 1940년 4월 재고량 전부인 188리터를 비밀리에 영국을 경유하여 구입할 수 있었다.

1940년 5월 독일군의 침공으로 원자 물리학에 대한 모든 연구가 중단되었으며, 중수는 파리 그룹 과학자들과 같이 영국으로 건너가게 되었다. 졸리오퀴리와 같은 과학자들은 조국이 전쟁에 휘말리자 연구와 실험 대신 프랑스에 남아서 총을 들고 레지스탕스로 활동했다. 한스 본 할반과 프랑시스 페랭은 영국과 협력해 캐나다 몬트리올 연구소 기지로 자리를 옮긴 후, 그곳에서 전쟁이 끝날 때까지 연구에 종사했다.

프랑스는 제2차 세계 대전으로 극심한 피해를 입었다. 전후 프랑스는 국가 재건에 총력을 기울일 수밖에 없었고, 미국과 영국 등 우방의 도움을 받아야만 했다. 아프리카의 많은 식민지는 독립하고자 했고, 베트남과 알제리아 등 여러 차례 크고 작은 독립 전쟁에 휘말렸다. 이 때문에 전쟁 후 핵무기 개발 계획을 바로 시작할 엄두를 내지 못하고 있었다. 그래도 전쟁이 끝남과 동시에 국가 원자력 위원회(CEA)가 만들어졌으며, 졸리오퀴리를 중심으로 한 과학자들은 1948년 프랑스 최초의 원자로인 ZOE(Zéro de puissance, Oxyde d'urannium, Eau lourde)를 파리 근교인 샤티용에서 설계 제작했다. 그해 12월 15일 원자로는 완성되었고, 임계에 이르는 연쇄 반응을 일으키는 데 성공했다.

1949년에는 르보쉐Le Bouchet에 소규모 플루토늄 추출 시설을 설립해 플루토늄 재처리 연구를 시작했다. 1952년 원자력 위원회는 원자력 발전 5개년 계획을 의회에 제출했지만, 공산당 등의 반대로 계획안은 통과되지 못했다. 대신 의회는 마르쿨Marcoule에 플루토늄 생산 시설을 허용했다.

마르쿨에는 38MWt의 G-1 원자로가 건설되었다. 흑연을 사용한 G-1 원자로는 1956년에 시운전되어 임계에 도달했다. 이보다 더 큰 원자로인 200MW급 G-2와 G-3이 1958년에 완공되었다. 마르쿨에는 플루토늄 생산 시설 외에 재처리 시설도 함께 세워졌다.

프랑스는 일찍이 1869년부터 10년 동안 수에즈 운하를 이집트와 공동으로 개발해 운영하고 있었다. 제2차 세계 대전 중 운영권은 강대국의 이권 다툼의 대상이 될 수밖에 없었고, 1956년 7월에는 이집트 나세르Gamal Nasser 대통령의 수에즈 운하 국유화 선언으로 국제 사회가 다시 한 번 소용돌이쳤다. 이집트가 이스라엘의 모든 선박의 수에즈 운하 통과를 금지한 것이 계기가 되어 이스라엘과 이집트 사이에 전쟁이 일어났다. 프랑스는 이스라엘 편을 들어 전쟁에서 큰 승리를 거두었으나, 전쟁 후 국제 정치면에서 심각한 타격을 입었다. 중동의 이권만을 챙기는 미국의 중립적인 태도로 프랑스는 수에즈 운하의 운영권을 완전히 포기할 수밖에 없었다.

당시 국가 평의회를 이끌던 드골 장군의 자존심은 극도로 상했으며, 더 이상 미국에 의존해서는 안 된다고 결심하게 되었다. 그는 국제 사회에서 강대국이 되기 위해서는 핵무기를 반드시 보유해야 한다고 생각했다. 드골 장군은 피에르 갈루아Pierre Gallois 장군에게 무슨 수를 쓰더라도 핵무기를 만들라고 명령했다.

1957년 드골은 서독, 이탈리아 수상과 함께 핵에너지의 평화적 이용을 위한 유럽 공동체인 EURATOM의 설립에 대해 논의하면서, 그 이면에 유럽 공동체가 핵무기를 공동으로 개발한다는 데 서명했다. 서명 후, 서독의 아데나워Konrad Adenauer 수상은 내각에서 유럽 공동체도 빠른 시일 내에 독자적인 핵무기를 갖게 될 것이라고 말했다고 한다. 하지만 1958년 대통령이 된 드골은 생각이 달라졌다. 그는 프랑스 단독으로 핵무기를 개발하기로 선회했다.

프랑스는 핵에너지의 민간 이용을 위해 설립한 기존의 국가 원자력 위원회 아래에 핵무기 제조를 위한 발두크Valduc 연구소를 1957년에 설립했다. 이 연구소가 핵무기 설계와 제조에 관한 모든 일을 담당했다. 1955년부터는 사크레이Saclay에 소규모의 우라늄-235 농축 시설을 건설했다. 기체 확산법에 의한 농축 우라늄 생산은 1958년부터 본격적인 생산을 할 수 있었다. 1959년 드골은 핵무기 실험을 승인했으며, 첫 핵실험은 알제리 내전이 한창이던 1960년 2월 13일, 알제리 남부 사하라 사막에서 이루어졌다. 플루토늄 원자 핵폭탄의 위력은 70킬로톤으로,

이것은 프랑스 원자 핵무기 개발의 대성공이었다. 갈루아 장군은 프랑스의 〈원자탄의 아버지〉라 불리기도 한다.

첫 번째 핵 실험의 코드명은 〈푸른 날쥐Gerboise Bleue〉였다. 두 번째 코드명은 〈흰 날쥐〉, 세 번째 코드명은 〈붉은 날쥐〉였다. 이것은 프랑스 국기인 삼색기에서 차례로 따온 것이었다. 세 번째 핵 실험은 5킬로톤급의 작은 규모였으며, 1960년 12월 27일에 행해졌다.

1966년 프랑스 CEA는 수소 핵폭탄 개발을 위해 물리학자 도트리Roger Dautry를 책임자로 선정했다. 그가 이끄는 팀은 역시 텔러-울람 방식에 의한 리튬과 중수를 원료로 사용하는 방법을 택했다. 프랑스는 수소 핵폭탄 실험을 하기 위해 원료 물질인 중수를 노르웨이에서 151톤, 미국에서 168톤을 사들인 바 있다.

2년 후 1968년 8월 24일 프랑스는 수소 핵폭탄 실험에 성공한 다섯 번째 국가가 되었다. 네 번째 국가는 이보다 1년 앞서 개발한 중국이었다. 〈카노푸Canopus〉라고 명명된 이 수소 핵폭탄 실험은 태평양의 프랑스령 폴리네시아 판가타우파 산호섬 위 6백 미터 상공에서 실시되었으며, 그 위력은 2.6메가톤이었다.

프랑스는 1960년부터 1996년까지 210회에 걸친 핵 실험을 감행했다. 이 중에 17회는 사하라 사막에서, 그리고 나머지 193회는 태평양의 폴리네시아 군도에서 실시했다. 태평양에서의 핵 실험은 큰 반대 여론을 조성했으며, 반핵 단체의 시위는 뒤늦게 핵 실험에 참여한 프랑스가 치러야 할 곤혹이었다. 프랑스의 마지막 핵 실험은 1996년 1월 27일에 있었는데, 120킬로톤 규모였다. 프랑스는 영국보다 10년 정도 늦게, 핵무기용 플루토늄과 고농축 우라늄 생산 규모가 영국과 비슷한 생산 능력을 보유하게 되었다.

　프랑스는 핵무기 특수 부대를 보유하고 있다. 이 〈격파 부대force de frappe〉는 육군, 해군, 공군에서 활약하고 있다. 2008년 3월 사르코지 대통령은 핵무기 특수 부대가 가지고 있는 핵무기 수를 3백 기 이하로 줄이겠다고 발표했다. 프랑스는 1990년대 초까지 540기의 핵무기를 보유하고 있었다.

중국

제2차 세계 대전 후 일본의 지배에서 벗어난 중국은 국민당과 공산당 사이에 벌어진 정권 싸움이 1949년까지 계속되었다. 중국 대륙을 평정한 공산당 정권은 곧이어 한국 전쟁에 참전해야 했고, 한편으로는 국민당 정부의 대만과도 마찰이 그치질 않았다. 한국 전쟁과 1954~1955년 첫 번째 대만 해협 위기 당시에, 중국은 미국의 핵무기 위협을 감수해야만 했다. 마오쩌둥은 핵무기를 보유하지 않고는 세계 강국이 결코 될 수 없다는 것을 이미 간파하고 있었다.

　중국 대륙을 차지한 마오쩌둥은 곧 핵무기를 보유하기 위한 예비 조치를 취하기 시작했다. 하지만 당시 중국의 국력은 핵무기 개발을 구체화할 만큼 여유롭지 못했고, 아직 불안한 국토 방위가 최우선이었기 때문에 핵무기 개발을 당장 착수할 수 있는 형편이 아니었다. 그는 우선 넓은 중국 대륙에서 우라늄광을 찾아내도록 지시했다. 그 결과 1956년 말에 광둥, 장시, 후난 등에 산재해 있는 풍부한 우라늄 광산을 발견했고, 우라늄을 소련에 제공하는 대신 학생들을 소련에 보내 기초 과학 훈련을 받게 했다.

기술 선진국인 동독에도 많은 유학생들을 파견해 공부를 시켰다. 그들은 여러 연구소에서 서양의 최신 기술과 핵무기에 관한 정보를 조금씩 수집할 수 있었다. 1957년 10월 마침 소련의 새로운 지도자로 부상한 흐루쇼프Nikita Khrushchov 공산당 서기장을 만난 마오쩌둥은 핵무기 제조에 대한 협력을 타진했고, 흐루쇼프는 미국과 나토에 대항하기 위해 동맹국인 중국에 핵무기 기술을 전수해 주겠다고 약속했다.

소련과의 핵무기 협력 협상이 성공하자, 소련과 동독에 파견되었던 유학생들 중 일부는 이 분야에서 본격적인 훈련을 받기 시작했고, 후일 중국에 돌아와 핵무기를 개발하는 데 주요 인적 자원이 되었다. 훈련을 받고 돌아온 과학자들은 베이징의 원자력 연구소 안에 중수를 감속재로 사용하는 중국 최초의 원자로인 15MWt급 HWPR-2를 만들었고, 1958년 첫 임계에 도달해 중국에도 원자력 시대가 열리게 되었다.

마오쩌둥은 이미 1957년 2월 간쑤 성(甘肅省)에 있는 란저우(蘭州)와 주취안(酒泉)에 원자력 센터 부지를 확정했으며, 1958년 8월 공산당 중앙 위원회는 원자력 추진 잠수함 건설을 비롯한 세부 원자력 개발 계획을 추인했다. 여기에는 베이징 부근 투올리(坨里)에 중국 원자력 연구원을 설립하고 인재들을 양성해 여러 개의 실험용 원자로를 이용한 연구와 함께 우라늄 농축과 플루토늄 재처리 기술 개발을 주도하도록 계획했다. 거기에는 소련의 도움으로 란저우에 고농축 우라늄 생산을 목적으로 기체 확산법에 의한 우라늄-235 분리 공장을 건설하고, 주취안에는 플루토늄 생산 시설과 재처리 시설 등 핵심 원자력 시설을 신속

중국 최초의 원자 핵폭탄 모형

히 건설한다는 내용이 포함되어 있었다.

그러나 1950년대 후반 중국과 소련의 관계는 급속히 냉각되기 시작했다. 1959년 6월 20일 흐루쇼프는 중국의 핵무기 프로그램을 더 이상 돕지 않겠다고 결정했다. 소련은 과학 기술 지원 및 국방 기술 전수 프로그램을 점차적으로 중단하고, 군사 자문단을 철수하기 시작했다. 이에 맞서 마오쩌둥은 중국 내에 〈프로젝트 506〉 수립을 지시하고, 미소의 슈퍼 파워 독점에 도전하겠다고 천명했다. 비슷한 시기인 1960년 2월 프랑스의 드골 대통령도 미소의 슈퍼 파워를 국제 사회가 더 이상 용납해서는 안 된다고 주장하기에 이르렀다.

당시 중국은 이미 사이클로트론, 기체 확산법에 의한 우라늄 분리 장치 일부, 우라늄 재처리 시설, 실험용 원자로 등을 보유하고 있었으며, 핵무기를 자체 생산할 수 있는 기술도 어느 정도 확보하고 있었다.

란저우 원자력 센터는 미국의 공격에 대비해 내륙 깊숙한 곳에 부지가 선정되었고, 전투기 제조 공장도 함께 건설되고 있었다. 중국의 방위 개념은 제1방위 전선은 해안선, 제2방위 전선은 중국 평원, 그리고 마지막 제3의 방어선은 내륙 깊숙한 곳에 전략적으로 자리 잡도록 만들어졌다.

소련 기술자에 의해 설계 건설되었던, 우라늄-235 생산을 위한 란저우의 기체 확산 분리 농축 공장은 건설 중에 중국 기술자들의 접근이 허용되지 않았다. 소련 기술자들이 1960년 7월 완전 철수하자, 얼마 전 핵심 시설이 설치되기 시작한 공장의 건설은 지연될 수밖에 없었다. 원료 물질로 쓰일 기체 상태의 불화 우라늄을 생산하는 소규모 우라늄 변환 공장은 이미 2월에 완성했지만, 핵심 기술이 필요한 우라늄 농축 공장을 자체적으로 건설할 수밖에 없었고, 많은 부품을 복사하고 설치하는 과정을 스스로 해결할 수밖에 없었다.

다행히 소련의 접근 금지 정책에 대응해 베이징에 있는 중국 원자력 아카데미에 모델을 가져다가 중국 기술자들이 연구하고 훈련을 받는 과정에서 얻은 경험들을 바탕으로, 소련 기술자들이 철수한 후 1년 만에 모든 어려움을 극복하고 공장 일부를 완성할 수 있었다. 1964년 1월 마침내 공장을 완공했으며, 핵 과학자들이 요구하는 사양에 따른, 90퍼센트의 고농축 우라늄을 핵 실험 9개월을 남겨 두고 생산해 내기 시작했다.

초기의 생산 능력은 연간 5만~10만 킬로그램 SWU였으나, 계속적인 개량과 확장을 통해 1970년대 초반에는 연간 약 3백 킬로그램의 고농축 우라늄을 생산하게 되었다. 1978년의 시설 능력은 18만 킬로그램 SWU였으며, 1990년 중반에는 30만 킬로그램 SWU에 이르렀다. 이 공장의 원료 물질로 쓰이는 불화 우라늄은 주취안 원자력 센터 안에 건설된 대규모 우라늄 변환 공장에서 충분히 공급받을 수 있었다.

주취안 원자력 센터에서는 플루토늄 생산을 위한 원자로 건설이 진행되고 있었다. 소련 과학자들이 철수할 때까지, 중국과 소련 과학자들의 공동 설계로 1960년 초반에 원자로 설계가 60~70퍼센트 진행되고 있었다. 6월에 이르러 콘크리트 블록만 남긴 채 소련 과학자들이 철수하자 중국의 플루토늄 생산 계획은 상당 기간 중단될 수밖에 없었고, 결국 우선 고농축 우라늄 생산에 주력하게 되었다.

1966년에 시작된 문화 대혁명으로 인해 원자로의 건설은 더 지연되었다가 1967년에 플루토늄 생산 원자로가 겨우 완성되면서 본격적인 진행을 할 수 있었다. 플루토늄 생산 시설 건설로 1970년에 완성한 란저우의 대규모 재처리 시설과 더불어 대량의 플루토늄 생산이 가능하게 되었다. 뒤늦게 1967년에 플루토늄 생산용 원자로를 완성한 중국 과학자들과 기술자들은 3년 후인 1971년 9월 마침내 원자력 잠수함용 원자로의 개발도 성공했다.

원자로에서 생산된 플루토늄을 나머지 찌꺼기 우라늄과 기타 핵분열 물질에서 분리해 최종적으로 핵무기용 순수 플루토늄을 정제해 내는 재처리 기술 연구는 칭화 대학교에서 주도하고 있었다. 이미 알려진 퓨렉스Purex 공법을 대학 실험실에서 연구했으며, 개량된 파일럿 플랜트를 달리안Dalian 핵 기술 응용 연구원 내에 건설했다. 1966년 말에는 2백 그램의 플루토늄을 분리 추출하는 데 성공했다. 이어 대규모 군사용 재처리 시설을 란저우 원자력 센터 안에 건설해 1970년 4월 완공했다.

핵폭탄의 설계는 10여 개의 연구소로 구성된 CAEP(Chinese Academy of Engineering Physics)가 주도했다. 공산당 중앙 위원회의 명령인 〈코드 596〉에 의해 첫 번째 원자 핵무기가 제조되었다. 란저우 기체 확산 농축 공장에서 고농축 우라늄을 생산해 낸 지 9개월 만인 1964년 10월 16일, 고농축 우라늄을 이용한 내파 형식의 폭파 장치에 의한 핵무기 실험을 위구르 지역에 있는, 말라붙은 소금 호수인 롭루르 Lop Lur에서 실시했다. 1백 미터 높이의 실험대에 설치된 1.5톤 무게의 원자 핵폭탄은 22킬로톤 위력으로 폭발했다. 중국의 핵 실험은 대성공을 거두었다. 중국은 세계에서 다섯 번째로 핵무기를 보유한 국가가 되었고, 이제 명실상부한 강대국으로 진입했다. 1965년 5월 실시된 두 번째 핵 실험은 비행기에서 직접 투하하는 실험이었다.

수소 핵폭탄의 개발도 빠른 속도로 진척되었다. 최초의 원자 핵폭탄 성공 후 불과 2년 만에 텔러-울람 타입의 수소 핵폭탄이 개발되었다. 1967년 6월 17일, 중국은 전략 폭격기를 이용해 수소 핵폭탄을 투하했고 계획대로 3천 미터 상공에서 폭발시켰다. 이로써 3.3메가톤급 위력을 지닌 중국 최초의 수소 핵폭탄 폭발 실험도 성공을 거두었다. 이는 중국의 여섯 번째 핵 실험이었다. 중국은 세계에서 네 번째로 수소 핵폭탄을 보유한 국가가 되었다. 이는 원자 핵무기를 개발한 지 불과 32개월 만에 이루어진 성과로 프랑스가 원자 핵무기 개발 후 수소 핵폭탄을 개발하기까지 92개월이 걸린 것에 비교하면 무척 빠른 진전이었다. 뿐만 아니라 미국, 소련, 영국의 경우보다도 더 빠른 개발 속도였다.

기초적인 핵무기 개발에 성공하자, 이제는 중국의 방위 개념에 따라 내륙 깊숙한 곳에 자리 잡고 있는 제3전선의 핵 시설들이 빠르게 확장되기 시작했다. 대표적인 제3전선 핵 시설로 1970년대 중반에 건설을 시작한, 쓰촨 성(四川省) 관위안(廣元)에 설치된 대규모 플루토늄 생산 원자로와 재처리 시설, 그리고 역시 쓰촨 성의 헤이핑(黑坪)에 있는 기체 확산 농축 공장이 있다. 이 두 시설은 간쑤 성에 있는 시설들보다 규모가 훨씬 크지만 정확한 시설 규모는 잘 알려지지 않았다. 재처리 시설의 경우는 2배, 농축 시설의 경우는 5배 정도 규모가 크다고 가정한다면, 중국은 1970년대 말부터 연간 플루토늄을 3~4백 킬로그램, 고농축 우라늄을 1~2톤 정도의 규모로 생산해 내기 시작했을 것이다.

중국은 모두 45회의 핵 실험을 실시했다. 그중 23회는 대기권 핵폭발 실험이었으며, 나머지 22회는 지하 핵 실험이었다. 폭발 위력은 대부분 1킬로톤에서 4메가톤 정도였으며, 가장 위력적인 폭발은 1976년 11월 17일에 있었던 11.2메가톤급 실험이었다. 핵 실험에서 나오는 방사능은 편서풍을 따라 한국과 일본에까지 날아와 방사능 피해를 주기도 했다.

특히 핵폭발 실험장이 있었던 위구르 지역은 많은 유목민들이 살고 있었는데, 일본에 있는 위구르 협회에 따르면 지금까지 19만 명이 방사능 오염으로 죽었고, 130만 명 가까이 방사능 피해를 입었다고 한다.

중국은 1994년에 최대 434기의 핵무기를 보유하고 있었으나, 현재는 약 270기의 핵폭탄과 핵탄두를 가지고 있다고 여러 정보 소식통들이 전하고 있다. 중국은 프랑스와 비슷한 시기에 핵무기를 개발했고 보유 핵무기도 수도 프랑스와 비슷하지만, 과학 기술 수준이 상대적으로 떨어졌고 경제력도 약했기 때문에 프랑스의 핵개발 프로그램보다 훨씬 많은 시간과 노력을 들여야 했다.

중국은 최근 충칭시 푸링구에 있는 세계 최대의 지하 핵무기 제조 공장인 〈816 지하 핵 공장〉을 일반에 공개했다. 816 핵 공장은 1967년 저우언라이(周恩來) 총리의 지시로 착공되었으며, 공사 기간은 약 8년이 소요되었고 연인원 6만여 명이 투입되었다고 밝혔다. 이 핵무기 제조 공장은 1984년 국제 정세의 변화에 따라 문을 닫았다. 건물의 총면적은 1만 3천 평방미터에 달한다. 여기에 최고 높이 80미터의 9층 건물이 건설되었다. 총 길이가 20킬로미터가 넘는 130개의 도로와 18개의 대형 인조 동굴도 건설되어 핵무기 제조는 물론 핵무기 저장 및 다른 재래식 무기와 식량을 저장할 수 있도록 설계되었다. 또한 이 지하 핵공장은 유사시에 대비해 진도 8.0 규모의 지진이나 어떠한 핵무기 공격에도 견딜 수 있도록 설계되었다고 한다.

플루토늄 생산용 원자로와 고농축 우라늄 생산을 위해 쓰였던 기체 확산 공법에 따른 시설은 지금은 어느 나라에서도 사용하고 있지 않다. 그것은 냉전 시대의 유물이 되어 버렸다. 중국도 자체 기술로 효율이 높은 원심분리 기술에 바탕을 둔 우라늄 농축 시설을 1998년부터 산시에 건설하기 시작했으며 기술 개발을 위해 파키스탄과 협력하기도 했다.

소련의 몰락과 거의 동시에 시작된 중국의 경제 개발 정책은 핵무기 개발을 잠시 멈추고 경제 개발에 집중하도록 만들었다.

1988년 원자력의 민간 이용을 위해 중국 원자력 공사(CNNC)가 설립되었으며, 1994년에는 많은 군사용 시설들을 민영화함으로써 민간 수요에 대비하고, 민영화에 따른 잉여 인력이 민간용 원자력 발전소 건설 프로그램에 활용되었다. 중국은 최초의 원자력 발전소인 300MWe 급 퀸산Qinshan 1호기를 자체 설계해 1991년 12월에 완공했다. 또한 동급의 발전소를 이미 1993년부터 파키스탄에 공급해 차쉬마Chashma 원자력 발전소 1호기를 2000년에, 2호기를 2011년에 완공했다. 중국에는 현재 38기의 민수용 원자력 발전소가 총 21GWe의 전력을 생산하고 있으며, 2020년에는 58GWe의 전력 생산 규모에 이르게 된다.

중국은 급격히 증가하고 있는 민수용 원자력 프로그램을 위해 효율이 훨씬 좋은 민수용 원심분리 기술을 2002년 러시아에서 도입했다. 시설 능력 1백만 킬로그램 SWU가 현재 목표라고 한다.

중국은 마지막 핵 보유국으로서 충분한 핵무기와 핵 시설을 갖추었다고 판단하고, 원자력의 민간 이용을 본격적으로 계획하기 시작한 1984년에 국제 원자력 기구(IAEA)에 가입했으며, 소련이 와해된 이후인 1992년에는 프랑스와 같이 핵무기 비확산 조약(NPT)에 가입했다.

9   IAEA와 NPT

국제 원자력 기구(IAEA)

그리스 신화에 야누스Janus라는 두 얼굴을 가진 문지기 수호신이 있는데, 그는 두 얼굴로 동시에 선과 악 그리고 과거와 미래를 보는 존재이다. 과거의 원자력은 인류에게 무서운 재앙을 가져다주었고, 미래의 원자력은 깨끗한 에너지 공급, 농작물 개량, 병충해 방지, 식품 안전 보관 등 농업 분야와, 동위원소를 이용한 암의 검진과 치료를 비롯한 여러 의학 분야, 그리고 수질 개선 등 환경 분야에서 인류에게 큰 혜택을 가져다주는 평화적 모습으로 다가온다.

소련에 이어 영국이 핵 실험에 성공하고, 소련이 더 나아가서 수소 핵폭탄 실험에 성공하자, 미국은 이 가공할 핵무기가 여러 나라로 퍼져 나갈 것을 우려하여, 원자력의 군사적 이용보다는 평화적 이용이 절대적으로 필요하다고 느끼기 시작했다.

미국의 아이젠하워 대통령은 이러한 핵무기의 개발을 억제하고 평화적 목적의 원자력 이용과 연구를 권장하기 위하여, 1953년 12월 8일 유엔 총회에서 〈평화를 위한 원자력*Atoms for Peace*〉이라는 유명한 기조 연설을 하면서, 새로운 국제기구 창설을 제안했다. 그 결과 1955년 8월에 제네바에서 국제 원자력 기구International Atomic Energy Agency를 창설하기 위한 준비 회의가 열렸고, 이 회의에서 IAEA의 헌장이 기초되었다. 1956년 유엔 총회의 승인을 얻어, 1957년 10월 9일 IAEA가 정식으로 발족되었으며, 빈과 제네바, 코펜하겐, 리우데자네이루 등 여러 도시에서 사무국 본부 유치 경합을 벌인 결과 빈에 설치하도록 결정되었다.

1957년 10월 첫 번째 총회가 열린 장소는 현재 빈 〈콘체르트하우스〉로 사용되고 있는 건물이다. 처음에 사무국은 빈 시내의 여러 건물에 나누어 산재해 있다가 1970년대에 들어 빈 시 당국이 유엔 전용 건물이 있어야 할 필요성을 느끼고, 다뉴브 강가에 터를 마련하고 새로운 건물을 짓게 되었다. 가운데 원형의 회의장 건물과 여섯 개의 삼각형 사무실 건물이 서로 연결되도록 설계된 유엔 센터는 1979년에 완공되었으며 〈빈 인터내셔널 센터(VIC)〉라고 불린다. 건물의 A동과 B동에는 IAEA가, D동에는 유엔 공업 개발 기구(UNIDO)가, E동에는 유엔 빈 사무소와 포괄 핵 실험 방지 조약 기구(CTBTO)가 들어서 있다. 그리고 F동과 G동은 도서관, 식당, 직원 편의 시설, 그리고 작은 회의실들로 구성되어 있다.

통상적으로 다른 유엔 조직에서는 총회에서 주요 정책 결정, 예산과 사업 심의 등의 실질적인 권한을 가지고 있으나, IAEA에서는 1년에 여섯 번 열리는 이사회에 그 권한이 대부분 위임되어 있다. 총회는 회원

빈 인터내셔널 센터, 2010

국의 가입과 사무총장의 추후 승인, 이사국 선출, 헌장 개정 등을 결정할 권한을 가지고 있는 반면, 이사회에서는 예산과 사업 심의, 주요 정책 결정을 내린다. 이사회는 실질적인 상임 이사국인 이사회가 지명하는 13개의 이사국과 2년 임기의 22개의 이사국으로 구성되어 있다. 미국, 러시아, 영국, 프랑스, 중국, 일본, 독일, 캐나다, 인도, 브라질, 호주, 스위스, 남아프리카공화국이 항상 지명되고 있으며, 나머지 2년 임기의 이사국은 지역별로 나누어 대개 윤번제로 선출되고 있다.

사무국은 원자력 에너지부, 원자력 안전부, 연구 응용부, 기술 협력부, 안전조치부, 행정 관리부 등 여섯 개 부서로 구성되어 있으며, 약 9백 명의 전문 직원과 1천3백 명의 일반 직원이 있다. 한국에서도 1975년부터 전문 직원을 파견하기 시작했으며, 현재 20여 명의 전문 직원을 포함해 30명 정도의 한국인들이 자부심을 가지고 일하고 있다. 2017년 말 현재 IAEA 회원국은 169개국이다.

IAEA 사무국에는 사무총장과 고유 업무를 분담하여 책임지고 있는 여섯 명의 사무 차장이 있으며, 각 사무 차장은 행정 관리부, 원자력 에너지부, 원자력 안전부, 연구 응용부, 기술 협력부, 안전조치부를 각각 관장하고 있다. 각 사무 차장 밑에는 모두 36개의 국이 설치되어 있다. 직원들은 일반직과 전문직으로 나뉘고, 전문직은 다시 P-1에서 P-5까지 다섯 개의 등급으로 나누어진다. P-5는 과장급에 해당하며, 전문직은 해당 전문 분야의 경력에 따라 공개 채용되고 있다. 반면 국장급 인사는 정치적으로 결정되기 때문에, 국장급 이상의 자리를 차지하기 위해 여러 정부 간에 눈에 띄지 않는 치열한 각축전이 벌어지고 있다.

국장급 이상의 요직은 철저하게 안배되고 있다. 일본인 유키야 아마노 사무총장 밑에 미국, 러시아, 독일, 일본, 멕시코, 벨기에에서 각각 사무 차장을 맡고 있다. 국장 자리도 마찬가지다. 예를 들어 벨기에 출신인 낵카르츠Herman Nackaerts 안전조치 사무 차장 밑에는 여섯 개의 국이 있는데, 미국, 프랑스, 러시아, 브라질, 유엔, 일본 출신의 국장이 안배되어 있다.

한 나라에서 여러 개의 국장 자리를 차지할 수는 없다. 미국은 예외적이지만 대부분 각국은 하나나 두 개 정도의 국장 자리를 맡고 있다. 이것은 IAEA의 예산이 각 나라의 경제력에 따라 분담되고 있기 때문이기도 하다. 미국은 통상적으로 국제기구 총 예산의 25퍼센트를 분담하고 있다. 그다음으로 많이 분담하는 나라가 독일과 일본이다. 한국은 현재 열 번째로 분담금을 많이 내고 있는데, 이는 IAEA 정규 예산의 2퍼센트에 해당하는 액수이다.

2009년에 새로 선출된 일본 외교관 출신 유키야 아마노 사무총장은 이사회에서 여러 차례의 투표를 거쳐 이사국의 3분의 2 지지를 얻어 선출되었으며, 4년간 국제 원자력 기구의 수장으로 모든 임무를 이끌어 나가게 되었다. 초대 IAEA 사무총장은 미국 상원 의원이었던 스터링 콜Stering Cole이 1957년 12월부터 1961년 11월까지, 2대 사무총장은 스웨덴 과학자였던 시그바드 에크룬트Sigvard Eklund가 1961년부터 1981년까지, 3대 사무총장은 스웨덴 외무 장관이었던 한스 블릭스Hans Blix가 1981년부터 1997년까지, 그리고 4대 사무총장으로 이집트 외교관이었던 모하메드 엘바라데이Mohamed ElBaradei가 1997년부터 2009년 11월까지 역임했다.

IAEA의 헌장 제2조에 의하면 〈국제 원자력 기구는 인류의 평화와 건강과 번영을 위해 원자력의 기여가 증진되도록 노력하며, 또한 어떠한 군사적 목적으로든지 사용되지 않도록 보증하는 데 노력한다〉라고 되어 있다. 원자력 발전부와 원자력 안전부는 원래 한 개의 부서로 출발했으나 1987년 우크라이나(구소련)의 체르노빌 원자력 발전소에서 큰 사고가 일어난 이후 원자력 발전소의 안전성을 강조하기 위해 두 개의 부서로 나누어졌으며, 두 부서는 원자력 발전과 관계된 기술 증진과 협력, 안전에 관한 모든 것들을 다루고 있다.

연구 응용부는 원자력의 농작물 개량, 병충해 방지, 식품 안전 보관 등 농업 분야와, 동위원소를 이용한 암의 검진과 치료를 비롯한 여러 의학 분야, 그리고 수질 개선이나 환경 분야에서 회원국들의 연구 개발을 돕는 일을 담당하고 있다.

기술 협력부는 회원국이 제출한 원자력을 이용한 연구 개발 프로젝트를 심사해 기술 원조를 제공하고 있으며, 현재 담당하고 있는 프로젝트 수는 약 3천 건에 달하고 있다. 개발 도상국의 많은 학생들에게 선진국에서 공부할 수 있는 기회를 제공해서, 과거 한국도 많은 과학자들이 그러한 혜택을 받았고, 에너지, 농업, 의학 응용 분야에서도 소규모의 기술 원조를 받을 수 있었던 기회가 있었다. 한국은 그동안에 이룩한 경제 발전의 결과로 2009년부터 기술 제공국으로 완전히 탈바꿈했다.

안전조치부는 1970년 발효된 NPT의 책임지고 있으며, 조약에 가입한 나라들과 의무적인 안전조치 협정을 맺어 각 나라의 핵 물질과 핵 시설에 대한 사찰을 담당하고 있다. 이러한 사찰 결과와 기술 원조 지원 등의 노력으로 핵무기 보유의 야망을 가지고 있던 많은 나라들이 핵무기 개발 계획을 포기했으며, NPT에 따른 안전조치 협정을 준수하지 않았던 이라크, 북한, 이란 등은 유엔의 안전 보장 이사회에 보고되어 여러 가지 제재를 받았거나 현재 받고 있으며 또한 그 해결책을 찾고자 노력 중에 있다.

IAEA의 이러한 세계 평화를 위한 노력은 국제 사회에서 인정받아, 2005년도 노벨 평화상을 엘바라데이 사무총장과 함께 공동으로 수상했다. 노벨 평화상으로 받은 상금 약 130만 달러는 개발 도상국들을 위한 핵 의학 분야에 사용할 수 있도록 기증되었다.

IAEA에는 많은 부서들이 있지만, 실질적인 역할을 크게 나누어 보면 당근에 해당하는 원자력 에너지, 의학, 농업, 환경 분야에 대한 기술 협력 제공과, 채찍에 해당하는 핵 물질과 핵 시설에 대한 사찰로 구분될 수 있다. 현재 전 세계에 산재해 있는 크고 작은 1천여 개의 핵 시설이 IAEA의 사찰을 받고 있다. 2백여 명의 전문 핵 안전조치 사찰관들이 그러한 시설들을 정기적으로 방문해 모든 핵 시설과 핵 물질에 대해 검증을 실시하고 있다.

IAEA가 처음 창설되고 나서 핵 안전조치를 담당하던 인원은 불과 여덟 명이었다. 그러나 NPT가 발효되기 직전에는 56명, 필자가 처음 IAEA에서 일을 시작했던 1980년에는 285명, 그리고 현재는 370명으로 늘어났다. 이 중에서 사찰 업무만 전담하고 있는 핵 사찰관은 운영국에 있는 150명 정도이다. 핵 사찰관은 지역별로 나누어 일을 하고 있는데, 운영 A국이 관할하고 있는 지역에는 한국, 일본, 중국, 호주 등 태국의 동쪽에 놓여 있는 아시아의 모든 나라들이 속해 있으며, 운영 B국이 관할하고 있는 지역에는 인도, 방글라데시에서 시작해 중동의 모든 나라들, 그리고 아프리카, 남북아메리카의 모든 나라들이 속해 있다. 면적으로 보면 전 세계의 거의 절반 이상을 관장하고 있다고 해도 과언이 아니다. 운영 C국은 유럽의 국가들과 구소련권 국가들을 관장하고 있다.

이런 조직은 일의 양에 따라 지역적으로 분배된 것으로, 원자력 발전량이 많고 연구 활동이 많은 유럽 국가들과 일본, 한국, 캐나다, 브라질, 아르헨티나 등은 IAEA의 사찰을 비교적 많이 받고 있는 나라들이다. 미국, 러시아, 중국, 영국과 프랑스는 기존에 핵무기를 보유하고 있는 나라들로 인정을 받았기 때문에 이 나라에 대한 사찰은 모든 핵 시설에서 전부 실시하는 것이 아니라, IAEA의 예산 절감을 위해 서로 합의에 따라 꼭 필요한 시설만 사찰하고 있다.

사찰관들은 안전조치 협정에 의해 정해진 가이드라인safeguards criteria에 따라 각 시설을 정기적으로 또는 수시로 사전 통고 없이 방문해 사찰 활동을 벌이고 있으며, 모든 사찰 활동 결과는 1년에 한 번씩 종합 분석해 다음 해 유엔 총회에 최종적으로 보고하게 된다. 하지만 특별한 사건이 발생했을 경우에는 IAEA 이사회의 결의에 따라 유엔 안전 보장 이사회에 즉시 보고해 규제 조치를 취하도록 되어 있다.

IAEA의 이러한 노력의 결과로 1990년대 초에 남아프리카의 핵무기와 소비에트 연방에서 분리된 우크라이나, 벨라루스, 카자흐스탄이 자동적으로 보유하게 되었던 핵무기를 포기하도록 만들었으며, 뒤늦게 브라질과 아르헨티나를 동시에 NPT에 가입하도록 만들어 두 나라 간의 핵 개발 경쟁을 종식시켰다. 그러나 제1차 이라크-미국 전쟁 도중 이라크의 핵무기 야욕이 IAEA의 사찰 결과 드러났으며, 북한의 제1차 핵문제가 발생해 NPT의 탈퇴 선언과 번복, 그리고 IAEA 회원국 탈퇴 등 심각한 일련의 사태 등을 맞이하기도 했다.

이 때문에 기존의 NPT 체제에 의한 사찰 활동에 심각한 문제점이 있다는 것이 노출되었고, 당시의 안전조치 체제로는 핵 확산을 충분히 저지하기에는 부족하다는 국제적인 공감대가 형성되어, IAEA의 안전조치 체제를 재조명할 필요가 있었다. 그때까지의 안전조치 협정에 따른 IAEA의 사찰은 당사국에서 보고한 핵 물질과 핵 시설에만 국한되어 있었다. 보고되지 않는 사항들에 대해서는 사찰 활동을 수행할 수 없었으며, 비밀리에 행한 핵 활동을 미리 방지할 장치가 전혀 없었던 것이다.

핵 안전조치 활동은 1990년대 초에 기술 중심의 사찰에서 정보 중심의 사찰로 변화되어야 할 필요가 있었다. 그래서 안전조치 협정을 보강하는 추가 의정서*Additional Protocol*를 만들었으며, 이미 안전조치 협정을 맺고 있는 모든 당사국들이 추가 의정서에 서명하고 발효시키도록 국제적인 조치를 취했다. 추가 의정서는 사찰의 범위를 넓혀 핵 기술과 관련된 일반 민간 시설까지 IAEA의 의심을 받게 될 경우 IAEA에 접근을 허용해 사찰관들이 방문할 수 있도록 확대되었다. 그리고 각 나라의 향후 10년간의 원자력 개발에 관한 국가 계획을 보고해야 할 의무가 생겼으며, 핵심 핵 기술에 대한 연구 활동이나 부품 제조 활동, 이를 수출입하는 활동도 IAEA에 정기적으로 보고하도록 만들었다.

한편 이와 같이 긴장 속에 힘든 업무에 종사하는 국제기구 직원들에게 쉼터를 제공하는 것은 매우 중요하다. 그래서 각국은 국제기구에 미술품을 기증해 전시하기도 하며, 때로는 전통적인 문화 행사를 국제기구 직원들을 위해 열기도 한다. 각 나라에서는 자국의 문화 행사를 빈 인터내셔널 센터에서 종종 열어 정치적 협상이나 과학 기술적 토의뿐만 아니라, 국위를 선양하기 위한 여러 가지 봉사와 노력을 하기도 한다.

빈을 방문하는 합창단이나 무용단은 정규 공연장은 아니지만, 빈 인터내셔널 센터 안에 있는 로툰다에서 점심 시간을 이용해 자주 공연을 갖는다. 한국에서도 수년전 대덕 연구 단지 합창단이 다녀갔는가 하면, 최근에는 IAEA 무도회의 개회 행사에 참석하기 위해 특별 초청을 받은 중앙대학교 최종실 교수가 이끄는 〈중앙 타악단〉이 로툰다에서 1시간 동안 농악을 비롯한 북춤, 사물놀이, 터벌림 등 전통 무용을 선보였고, 이를 지켜본 수많은 유엔 직원들이 한국의 전통 무용에 대해 극찬을 아끼지 않았다.

IAEA에서 열리는 가장 큰 문화 행사는 직원 공제회가 기획해 매년 2월에 하는 IAEA 무도회이다. 리우데자네이루에 카니발이 있듯이, 빈에는 무도회가 있다. 빈에서만 1월부터 3월 사이에 크고 작은 무도회

IAEA 무도회, 2010

가 150개나 열린다고 한다. 이것은 음악가, 예술인, 의사, 법조인, 사냥꾼, 소방관, 그리고 커피 하우스 운영자들의 무도회 등 공식적인 무도회의 숫자이며, 알려지지 않은 소규모 무도회까지 합치면 3백 개는 될 것이라고 한다. 규모면에서 스무 번째 안에 든다는 IAEA 무도회는 옛 왕궁이었던 호프부르크 궁에서 열리며 2010년 IAEA 무도회에 참가한 인원은 약 4천 명이나 되었다.

　　빈이 무도회로 유명하게 된 계기는 1773년 당시 황제였던 요셉 2세가 호프부르크 궁전 내에 있는 무도회장을 일반 국민들에게 처음 공개한 일 때문이었다고 한다. 나폴레옹 전쟁 이후 당시 오스트리아 수상 메테르니히는 빈 회의를 주도하면서 더 이상 그러한 큰 전쟁이 유럽에서 일어나지 않도록 유럽 각국 간 힘의 재배치를 조정하는 외교를 빈에서 펼치고 있었는데 이때 수많은 외교관들이 빈에 모여들기 시작했으며, 그 결과 빈은 유럽 정치의 중심이 되어 갔다. 메테르니히는 그들과 함께 낮에는 공식적인 협상을 하고, 밤에는 무도회를 개최해 그들을 자신의 편으로 끌어들이는 데 활용했다고 한다. 그래서 정치는 밤에 이루어진다는 말이 나오게 될 정도가 되었다. 무도회에서 춤과 음악은 빼놓을 수 없는 기본 요소이다. 빈 왈츠 음악을 발전시킨 요한 슈트라우스 1세와 2세가 등장한 것도 이때다. 매년 빈에서 개최되는 신년 음악회에서는 빈 필하모니 교향악단이 왈츠 음악을 연주하는 것이 전통이 되었다.

핵무기 비확산 조약(NPT)

NPT가 초안되고 발효되기 직전의 국제 정치 상황은 강대국의 잇따른 핵무기 개발로 위기감이 조성되고 있었다. 1960년 프랑스가 핵 실험에 성공했고, 뒤이어 1964년 중국도 핵 실험에 성공했다. 냉전의 결과로 당시 미국은 벌써 3만여 기의 핵무기를 보유하고 있었으며, 10년 정도 뒤늦은 소련은 적어도 1970년까지 1만 기의 핵무기를 소유하고 있었다. 영국도 1백 기 이상의 핵무기를 보유하고 있었다. 이런 와중에 프랑스와 중국이 핵무기 클럽에 들어온 것이다. 프랑스와 중국에 이어, 독일, 이탈리아, 벨기에, 노르웨이, 스웨덴, 스위스 등 유럽의 많은 기술 선진국들이 핵무기를 수년 내에 만들어 낼 수 있는 잠재력을 충분히 가지고 있었다.

1960년대에 들어 앞으로 수십 년 내에 핵무기를 보유할 수 있는 나라는 적어도 20개국에서 30개국이 될 수 있다는 예측이 점점 현실로 나타났다. 그래서 더 많은 나라가 핵무기를 보유함으로써, 국가 간에 잘못된 계산에 의해서, 혹은 사고나 독단에 의해서, 아니면 작은 분쟁이 크게 번져서 결국에는 핵무기를 사용하는 계기가 된다면 세계의 안전 보장에 크게 위협이 될 것이라는 국제적 공감대가 널리 인식되기 시작했다.

NPT는 1958년 아일랜드의 외무장관 에이켄Frank Aiken이 처음으로 핵무기로 인한 불안을 해소하기 위해 국제 사회에 제도적 장치를 만들 것을 유엔 총회에서 촉구한 것에서 시작되었다. 2년 동안 유엔 내에서 많은 토론을 거쳤고, 1961년 유엔 총회에서 핵무기를 보유하고 있는 나라는 핵무기가 확산되지 않도록 노력하고, 핵무기를 보유하지 않은 나라는 핵무기 보유를 추구하지 않는다는 결의안을 채택했다. 이 결의안을 바탕으로 1962년 미국이 작성한 NPT 초안이 제네바에서 열린 18개국 군축 회담에 처음으로 제출되어 국제 사회에서 논의되기 시작했다.

당시 미국은 나토와 비밀리에 핵무기를 공유하는 협약을 맺고 있었으며, 나토 회원국 영토 내에 핵무기를 배치해 소련을 위협하고 있었다. 제네바 군축 회담에서 소련은 먼저 미국과 나토의 비밀 협약은 명백한 NPT 정신의 위반임을 주장했고, 소련은 이미 서독 등 나토 회원국에 배치되어 있는 핵무기의 철수와 함께, 나토 사령관이 핵무기 발사 결정권을 가지는 다국적 군대에 의한 핵무기의 사용도 금지할 것을 주장했다. NPT와 나토 문제를 별개로 다루어야 한다는 서방 측의 주장은 소련의 주장과 팽팽하게 맞서고 있었고 초기에는 별 진척을 보지 못했다.

계속되는 핵 실험으로 인한 막대한 방사능 노출이 점점 심각해지고, 이로 인한 반핵 운동이 활기차게 일어나자, 1963년 마침내 부분 핵 실험 금지 조약(PTBT, Partial Test Ban Treaty)이 먼저 맺어졌다. 이로부터 양측이 조금씩 양보하면서 1968년에 가서야 합의점에 도달할 수 있었다. 이 합의에 따라 미국은 다국적 군대에 의한 핵무기 사용을 철회하는 양보를 했으며, 소련은 서독 등 나토 회원국에 핵무기 배치를 인정하는 선에서 양보했다.

전문과 11개 조항으로 된 NPT(부록 II 참조)는 각 나라의 서명을 받기 위해 1968년 국제 사회에 공개되었으며, 1970년 유엔에 의해 발효되었다. NPT에 처음 서명한 나라는 아일랜드와 핀란드 등 유럽 국가들이었다. 그러나 NPT가 처음부터 국제 사회에서 환영을 받은 것은 아니다. NPT 안에 들어 있는 몇몇 조항들은 객관적인 잣대로 볼 때 명백하게 불평등하다는 거센 비판을 받았으며, 핵무기를 개발 중이거나 개발하려는 계획이 있는 많은 나라들이 이에 반대했다. 핵무기 보유국으로 분류된 프랑스와 중국조차 서명을 거부했으며, 인도, 파키스탄, 이스라엘, 브라질, 아르헨티나 등이 핵무기 보유국과 비보유국 사이에 균형이 이루어지지 않은 불평등 조약임을 내세워 반대했다.

그러나 그러한 균형을 맞추어야 하는 객관적 잣대보다는 국제 사회의 평화와 안전 보장의 차원에서 서명하는 나라가 늘어 갔으며, 1975년까지 NPT에 가입한 나라는 94개국이 되었다. 한국도 1968년에 NPT에 서명을 했고, 1975년 3월 국회의 비준을 얻었다. NPT는 1980년대 말부터 냉전이 종식되고 소련이 와해되고, 1992년 프랑스와 중국이 가입하면서 154개국에 이르렀고, 핵무기를 보유한 다섯 나라 모두 NPT 가입국이 되었다. 2009년 현재 NPT 가입국 수는 189개국이다.

NPT는 세 개의 기본 골자로 되어 있다. 첫 번째 골자는 핵 확산에 관한 것이다. 이미 핵무기를 보유한 나라로 미국, 러시아(구소련), 영국, 프랑스, 중국을 인정하고 있으며, 이 나라들은 유엔 안전 보장 이사회의 상임 이사국이기도 하다. 이 나라들은 핵무기를 보유하지 않은 나라에 핵무기를 획득하게 하거나 제조할 수 있도록 도와주거나 관여해서는 안된다(1조). 그리고 핵무기를 보유하고 있지 않은 나라는 핵무기를 획득하거나 제조하기 위해 노력하거나 도움을 받으려고 해서도 안된다(2조). IAEA는 이러한 일에 대한 검증과 사찰을 책임지게 되어 있다(3조). 이러한 첫 번째 요소는 이라크와 이란과 북한의 경우를 제외하고 지금까지 잘 시행되어 왔다고 말할 수 있다.

두 번째 골자는 핵무기에 대한 군비 축소 조항들이다. NPT 전문에 〈가능한 한 조속한 시일 내에 핵무기 경쟁을 중지하고… 국제 감시하의 군축에 관한 조약에 따라 핵무기의 제조 중지…〉라고 명시되어 있고, 또 제6조에 조속한 시일 내에 핵무기 경쟁 중지 및 핵 군비 축소를 위한 효과적 조치를 취하기 위한 협상과 국제 통제하의 군축에 관한 조약 체결을 성실히 추구하기로 약속한다고 명시되어 있다. 그러나 이 조항들은 매우 모호하여 당사국 사이에 많은 논란의 대상이 되었다. 특히 효과적인 조치를 취해야 한다는 문장의 해석에서 핵무기 보유 국가들의 핵 군축에 관한 불성실한 이행에 이의를 제기하는 국가들에 대해서, 핵무기 보유 강대국들은 자신들은 최선을 다하고 있다고 변명을 계속해 왔다.

상당한 시일이 지나고 난 후에야 군축 협상은 서서히 실효를 거두기 시작했으며, 현재 핵무기 수가 최고로 많이 존재하던 시기에 비하면 3분의 1 이하의 수준으로 감축된 것은 사실이다. 그러나 핵무기 보유국은 어느 정도의 핵무기 보유는 핵전쟁을 억제하는 데 효과가 있다는 주장을 공공연하게 계속하고 있다.

마지막 세 번째 골자는 원자력의 평화적 이용이다. 제4조에 명시된 대로 평화적 목적을 위한 원자력의 연구, 생산 및 사용할 수 있는 권리와 함께, 평화적 이용을 위한 핵 장비, 핵 물질, 그리고 과학 기술 정보에 대해 최대한 협조를 보장하도록 약속되어 있다. 그리고 국제기구는 그러한 이용을 촉진하도록 협력하게 되어 있다. 이에 따라 많은 기술과 장비가 개발 도상국에 무상 혹은 유상으로 이전되었으나, 북한과 이라크, 이란과 같은 몇몇 나라는 평화적 목적만으로 사용하지 않았다. 실제 핵연료 주기 안에 있는 여러 가지 기술 중에서 우라늄의 농축 기술과 재처리 기술이 엄격한 통제 아래 놓여 있지 않는다면, 상용 목적과 군사적 목적 사이에 모호한 구별만 남게 된다(부록 II 참조). 과거 IAEA 엘바라데이 사무총장은 2004년 현재 적어도 35개국에서 40개국이 핵무기를 개발할 수 있는 능력을 이미 가지고 있다고 말한 바 있다. 2010년 현재 핵무기 보유국 다섯 개국 외에, 10개국 정도가 우라늄 농축에 관한 시설과 핵연료 재처리에 관한 시설을 보유하고 있으며, 이러한 나라들은 정치적 의도만 있다면 필요에 따라 우라늄 농축 시설과 재처리 시설을 군사적 목적으로 얼마든지 전용해 핵무기의 원료인 고농축 우라늄과 플루토늄을 생산해 낼 수 있다고 할 수 있다.

NPT는 5년마다 NPT 자체의 실행과 성과에 대해 평가 회의를 열도록 되어 있다. 2010년에 평가 회의가 유엔을 중심으로 열린 것을 포함해 지금까지 여덟 차례의 평가 회의가 열렸다. 평가 회의에서는 위에서 말한 세 가지 골자가 충실히 이행되고 있는지에 대해 핵무기 보유국과 비보유국 사이에 격렬한 토론이 항상 벌어진다. 특별히 1990년에 냉전이 완화되면서 군축 문제가 크게 대두했으며, 1995년에는 이라크와 북한 문제가 다루어졌고, 또한 제10조 2항에 열거된 NPT의 무기한 발효에 대한 결정이 있었다.

2005년 평가 회의는 이란 문제로 서방 진영과 아랍 진영 사이에 커다란 공방전이 벌어졌다. 이란 문제만 비난하는 서방 진영과 이란 문제보다는 실효를 거두지 못하고 있는 군축 문제를 더 중요시하는 아랍 진영 사이의 주장이 견해차를 좁히지 못했고 결국 합의점에 도달하지 못해 보고서를 작성하지 못하고 막을 내리기도 했다.

2010년 5월에 열린 제8차 NPT 평가 회의에서는 북한에서 2006년과 2009년에 실시한 두 차례의 핵 실험에 대해 강력한 비난을 표명했다. 그러나 핵 비보유국과 핵 보유국 사이의 견해 차이를 크게 좁힐 수는 없었다. 핵 비보유국은 핵 보유국을 향해 핵 군축 시한을 정해(한 예로 2025년까지) 모든 핵무기를 제거할 것이라는 약속을 핵 보유국이 제시하도록 요구했으나, 미국과 러시아, 중국 등 핵 보유국은 구체적인 시한이 없는 핵 감축에만 동의할 수 있다는 입장을 표명했다. 또한 이란의 우라늄 농축 프로그램에 의한 핵 확산 문제는 중동 평화와 맞물려 철저하게 다루지 못했다. 이집트와 이란 등 아랍 국가들은 이스라엘이 즉시 NPT에 가입하고 모든 핵 시설에 대해 IAEA의 사찰을 받도록 요구하는 아랍 측의 중동 비핵화 입장을 주장하는 반면, 중동 지역에 평화가 보장되기 전에는 중동 지역의 비핵화에 반대한다는 이스라엘의 주장이 팽팽히 맞서기만 했다. 그러나 189개국의 NPT 당사국들은 핵무기를 궁극적으로 금지하자는 기본 정신에는 동의했다.

NPT는 조약이 발효되고 25년이 지난 후에 무기한적인 조약이 될 것인지 아니면 일정 기간을 연장할 것인지를 결정하도록 되어 있었다. 1995년 평가 회의에서는 1993년 북한의 1차 NPT 탈퇴 시도를 저지한 여파로 우여곡절 끝에 NPT의 무기한 존속이 결정되었다. 그러나 핵무기 보유국 간의 핵 군축 계획에서 큰 진전이 보이지 않자, 2000년도 평가 회의에서는 핵무기 군축을 더 강력하게 추진해 나갈 수 있도록 브라질과 이집트, 아일랜드, 멕시코, 뉴질랜드, 슬로베니아, 남아프리카공화국, 스웨덴이 주도해 기초한 좀 더 구체적인 13단계 핵 군축 촉구 결의안이 통과되기도 했다.

NPT는 출발 당시부터 균형을 잃은 불평등성 때문에 NPT 초안을 작성한 18개국 군축 회의 당사자들이었던 프랑스, 인도, 브라질과 같은 나라들은 처음부터 가입을 거부하거나 보류한 상태로 20년간이나 지내 왔다. 특히 1960년대 아랍 연맹의 맹주였던 가말 나세르Gamal Abdel Nasser 이집트 대통령은 NPT가 국제 사회에 모습을 드러내자, 〈핵무기 보유국들은 NPT를 만들기 전에 그들이 하고 싶었던 일을 다 했으면서, 그들이 전에 했던 일을 다른 나라들이 하지 못하도록 방지하려는 장치이다〉라고 NPT를 직설적으로 비판했다. 그것은 특히 그동안 핵무기 보유 강대국들이 제6조에 명시된 핵 군축에 대해 적극적인 태도를 보이지 않았다는 점에서 더욱 명백해졌다.

현재는 NPT가 영구적인 조약으로 자리 잡았지만, 이는 국제 정치 상황에 여러 가지 변화가 있었기 때문에 가능한 것이었다. 첫 번째는 1980년에 들어 미국 레이건 대통령의 독자적인 핵무기 감축 정책과 이에 따른 미소 간의 군축 회담이 성공한 것이었고, 두 번째는 1990년대 초에 소련의 붕괴로 냉전이 종식되고, 국제적으로 브라질과 아르헨티나, 남아프리카공화국, 프랑스와 중국이 NPT에 가입하기로 결정한 것이었다. 세 번째는 1993년 북한이 NPT를 탈퇴하겠다고 선언했다가 막판에 번복한 사건이 결정적인 역할을 했다.

그러나 아직도 포괄 핵 실험 금지 조약(CTBT)은 발효되지 않았고, 많은 나라들이 강대국이 되고자 하는 욕구를 버리지 않고 있다. NPT 가입을 아직도 거부하고 있는 인도, 파키스탄, 그리고 이스라엘 문제와 NPT를 탈퇴한 북한의 문제는 앞으로 해결해야 할 커다란 숙제로 남았다.

또 하나 당면한 문제는 국가에 의한 핵 확산이 아닌, 폭력 단체나 테러 단체가 핵무기를 불법적으로 소유하려는 욕망이 커지고 있다는 점이다. 이러한 국제적 이슈는 이미 NPT 평가 회의에서 다루기 시작했으며, IAEA에서도 불법적인 핵 물질 거래에 관한 모든 정보를 세계 각국 정부로부터 제도적으로 보고를 받고 이에 대한 대책을 마련하는 데 고심하고 있다.

최근 들어 유가 상승과 함께 오일을 과다하게 사용하는 데에서 생기는 이산화탄소 배출과 지구 환경 문제가 국제 사회에서 큰 이슈가 되어 가고 있다. 그 대안으로 가장 크게 부각되는 것이 체르노빌 사고 이후 그동안 건설이 중단되었던 원자력 발전소를 더 많이 건설하자는 이야기가 나오고 있다. 원자력 발전소를 대신 건설하는 것은 분명히 지구 환경 면에서 바람직한 것이지만, 원자력 발전소가 대거 세워질 경우 필연적으로 핵 확산의 문제를 고려하지 않을 수 없다. 모든 나라들이 진정으로 NPT 정신에 입각해 원자력을 평화적 목적으로만 사용하고자 할 때 핵 확산 문제는 자연적으로 해결될 것이지만, 현재의 정치적 입장과 기술로는 쉽지가 않다. 무엇보다 핵 확산이 쉽게 이루어지지 않는 기술에 입각한 핵연료 주기가 완성되어야 한다(부록 I 참조). 이를 위해 IAEA를 중심으로 한 혁신 핵 주기 국제 프로젝트인 INPRO(International Project on Innovative Nuclear Reactors and Fuel Cycles) 등 국제 협의체가 활발하게 활동 중에 있다.

수평적 핵 확산 방지

NPT는 핵 확산 방지를 위한 중심 역할을 하고 있다. 그러나 NPT만으로 모든 것이 해결되는 것은 아니다. 처음부터 그다지 환영을 받지 못했던 NPT의 출발을 비웃듯, 1974년 인도는 민간 이용이라는 명분으로 핵실험을 감행했다. 그러자 미국은 앞으로 핵무기 비보유국이 핵무기를 제조하는 것이 쉽지 않도록, 핵 기술 선진국에 의한 핵 기술의 수출 통제가 적극적으로 수행되어야 할 필요가 있다고 주장했다.

1975년 런던에서 미국, 소련, 영국, 프랑스, 서독, 캐나다, 일본이 모여서 NPT 제2조의 정신을 이루기 위한 협의를 시작하자 벨기에, 체코슬로바키아, 이탈리아, 스위스, 네덜란드, 스웨덴, 동독, 폴란드가 회의에 합세했다. 핵심 핵 기술의 수출을 IAEA를 중심으로 보다 적극적으로 통제할 필요가 있다는 것에 합의했고, 핵 확산 방지를 위한 핵심 기술 리스트를 만들고 그러한 핵심 기술이 해당 국가로부터 수출되면 IAEA에 자동으로 보고하는 장치를 마련했다. 일단 IAEA에 보고되면 자동적으로 IAEA의 안전조치 사찰 대상이 될 수 있도록 만든 일종의 제동 장치*trigger*인 것이다.

이 모임을 초기에는 〈런던 클럽〉이라는 별칭으로 불렀으나 나중에는 〈핵 기술 수출국 그룹(NSG, Nuclear Supply Group)〉으로 부르게 되었다. 그리고 그들은 〈트리거 리스트〉를 만들어 규제 대상이 되는 핵심 기술을 나열했다. 초기에는 비정기적인 모임이었지만, 1991년 헤이그 모임부터는 매년 정기적으로 열리게 되었고, 이 모임에 브라질, 한국, 우크라이나 등이 새로이 가입해 회원국은 모두 34개국이 되었다가 현재는 모두 46개국으로 늘어났다. NSG 회의는 매년 트리거 리스트에 대한 재고와 더불어, 핵심 핵 기술의 전수가 평화적인 목적으로만 이루어지도록 점검하는 논의를 하기 위해 개최되고 있다.

NSG와는 별도로, 1971부터 1975년 사이에 핵 기술 선진국들의 비공식적인 모임이 빈에서 열렸다. 이 회의의 목적은 과다한 핵 기술의 수출입 통제로 인해 국제 무역과 상업적인 거래에 나쁜 영향이 발생하지 않도록 상업적인 측면을 고려하기 위한 것이었다. 이 회의는 스위스의 대학교수 출신 클라우드 장거Claude Zangger 의장의 이름을 따라서, NSG와 구분하기 위해 〈장거 커미티Zangger Committee〉로 불리게 되었다. 이 회의는 비공식적이며 회원국을 대상으로 법적인 구속력을 발휘하지는 못한다는 것이 특징이다. 장거 커미티는 현재 37개 회원국으로 구성되어 있다.

NSG에서 만들어진 트리거 리스트는 1997년 NPT 안전조치 협정의 부족한 부분을 보강하기 위해 마련된 추가 의정서(AP, Additional Protocol)를 발효할 때, 별첨 부록으로 들어가게 되었다. 추가 의정서는 안전조치 협정을 맺고 있는 당사국에 대해 추가적으로 받아야 할 여러 가지 조치들을 규정하고 있으며, 1997년 IAEA 이사회에서 결정되었다. 2009년 말 현재 추가 의정서를 발효한 나라는 모두 89개국이다.

기존의 안전조치 협정은 당사국에서 신고한 핵 물질과 시설에만 국한해 핵 사찰을 실시했고, 본질적으로 사찰은 계수 중심의 정량적인 성격을 띠고 있었다. 그리고 핵 물질과 핵 시설의 사찰 범위도 구체적으로 명시했다. 예를 들어 우라늄 정련 시설에서 우라늄 원광을 정련해 생산한 불순도가 높은 산화 우라늄인 옐로케이크*yellowcake*가 정련 시설에 있을 때는 사찰 대상이 아니지만, 가공하기 위해 다음 단계인 변환 시설로 옮겨 순수한 산화 우라늄(UO2)이나 불화 우라늄(UF6)을 만들려고 할 때에 사찰 대상이 되었다. 그리고 사용 후 핵연료를 재처리 시설에서 우라늄과 플루토늄을 추출하고 남은 폐기물은 미량의 핵 물질 흔적이 남아 있긴 하지만 통상적으로 사찰 대상에서 제외되었다.

하지만 추가 의정서가 발효될 경우, 이러한 사찰 대상의 범위가 넓어진다. 핵 물질 사찰 대상은 광산에서 바로 채취된 원광에서부터 소량의 우라늄과 플루토늄을 포함하고 있는 폐기물에 이르기까지 넓어지고, 매년 정기적으로 IAEA에 보고해야 할 의무가 생긴다. 그리고 건설 중이거나 계획 중인 핵 시설도 계획이 수립되는 순간부터 IAEA에 보고하도록 만들었다. 또한 당사국에서 수립한 원자력 장기 개발 계획이 있다면, 향후 10년간의 계획에 대해 보고해야 할 의무가 있으며, 핵 물질을 이용하는 핵 기술 연구 프로젝트도 IAEA에 보고해야 한다.

이외에도 핵 시설이 아닐지라도 의심이 나는 민간 시설에 대해 당사국 정부의 동의를 얻어 사찰이 아닌 방문 형식의 수시 접근*complemen-*

*tary access*이 가능하다. 수시 접근은 정량적(定量的)인 사찰 활동이 아니라, 정보 수집 차원의 정성적(定性的)인 활동으로 이루어진다. 그리고 의심을 받고 있는 핵 시설이 아닌 지역에서도 핵 활동 여부를 분석할 수 있는 환경 시료를 채취할 수 있는 권한을 IAEA가 갖게 되었다.

또 하나의 중요한 사항이 바로 트리거 리스트에 수록된 모든 핵심 핵 기술과 핵심 기자재들에 대한 수출입 그리고 자국 내에서의 제조 현황을 정기적으로 보고하도록 추가 의정서의 별첨 리스트에 열거했다. 여기에는 이중 목적으로 사용될 수 있는 모든 핵심 핵 기술과 핵심 기자재들이 포함되어 있다.

이렇게 강화된 추가 의정서의 모든 조치들을 환영할 나라는 별로 없다. 그러나 그것은 세계 평화를 위한 초석으로 IAEA 안전조치 협정을 체결한 모든 당사국들은 NPT 정신에 입각해 반드시 받아들이도록 IAEA 이사회에서 강력하게 권고하고 있는 사항이다. 그러나 아직도 이집트나 시리아, 이란 등 중동권의 여러 나라와 브라질과 아르헨티나, 멕시코 등 남미권의 여러 나라는 이를 받아들이지 않고 있다. 그들은 그 표면적 이유로 국가의 통제가 쉽지 않은 민간 산업 시설에까지 IAEA의 수시 접근이 허용되어야 하기 때문에 국내법이 개정되어야 하는데, 그것이 정치적 상황 때문에 쉽지 않다는 점을 들고 있다.

한국은 국내법의 개정을 거쳐 2004년 추가 의정서를 발효했다. 추가 의정서는 NPT에 가입하기 전에 있었던 과거의 핵 활동에 대해 추궁하거나, 과거에 일어났던 미신고 핵 활동에 대해 보고해야 하는 의무 조항은 없다. 그러나 해당 국가의 현재와 미래의 모든 핵에 관한 정보를 제공해야 하기 때문에 IAEA는 이를 분석 평가하는 과정에서 그 나라에서 과거에 행한 모든 핵 활동에 대해서도 간접적으로 분석 평가하게 된다. 이러한 분석 과정에서 의심이 나는 부분이 있다면 IAEA는 이에 대한 납득할 만한 설명을 당사국에 요구할 수 있다.

당시 IAEA에서는 이미 한국 원자력 연구소에서 채취한 환경 시료로부터 여러 가지 의문점을 발견하고 이에 대한 충분한 설명을 한국 정부에 요구하고 있었다. 그리고 한국 정부는 당시 6자 회담에서 북한의 제2차 핵 문제를 정치적으로 풀어 나가기 위해 다른 서방 세계의 지지를 얻어 내야만 하는 중대한 시기에 처해 있었다. 결국 한국 정부는 추가 의정서에 의한 한국의 모든 핵 활동을 보고하는 첫 보고서를 IAEA에 제출하면서, 과거 한국에서 행해진 미신고 핵 활동에 대해 IAEA에 구두로 보고하기로 결정했다. 이것이 지난 2004년도에 일어났던 한국 핵 문제의 시작이었다.

한국에서 IAEA에 신고하지 않았던 네 가지 중요한 핵 활동이 과거에 있었다. 첫 번째는 1981년과 1982년 사이에 원자력 연구소에서 비밀 연구 과제로 수행한 소량의 플루토늄 생산이었다. 당시 원자력 연구소는 TRIGA-III 원자로에서 작은 우라늄 시편을 원자로 속에 넣어 우라늄을 플루토늄으로 변환해 약 1그램을 생산했다. 두 번째는 1980년대에 IAEA에 신고하지 않은 우라늄 전환 시설을 통해 인광석에서 천연 우라늄 154킬로그램을 생산해 냈고, 이 중에서 133킬로그램을 IAEA에 보고하지 않은 채 원자력 연구소에서 보관하고 있었다. 세 번째는 1979년에서 1981년 사이에 당시 새로운 농축 방법으로 관심을 모았던 화학적 농축 방법에 대해 IAEA에 신고하지 않고 연구를 수행한 사실이었다. 이 방법으로는 고농축 우라늄을 생산해 낼 수 없다고 이미 판명된 기술이었으며, 원자력 연구소도 별다른 성과를 거두지 못했다. 네 번째는 1994년에서 1996년 사이에 러시아에서 도입한 레이저 발생 장치를 이용해 레이저 분리 방법에 의한 우라늄 농축 연구 실험을 IAEA에 신고하지 않고 수행한 사실이었다. 이들 실험에 사용된 시료 핵 물질은 인광석에서 추출해 IAEA에 신고하지 않고 원자력 연구소에서 보관하고 있었던 천연 우라늄 3.5킬로그램이었다. 원자력 연구소는 이 실험에서 농축도가 10퍼센트에서 77퍼센트에 이르는 농축 우라늄 0.2그램을 생산했다고 보고했다.

IAEA 사무국은 이러한 사실을 11월 IAEA 이사회에 보고했으며, 이사회에서 과거의 중대한 핵 활동에 대해 신고하지 않은 한국 정부에 대해 비난의 화살을 퍼부었지만, 한편 더 이상 이러한 사실을 숨기지 않고 국제 사회에 공개한 한국 정부의 솔직성을 높이 평가했다. IAEA 이사회는 IAEA 사무국의 심각한 우려 표명에 대해 동감하면서도, 한국의 자발적인 교정 조치와 국제 사회에 최대한 협조하고 있는 한국 정부의 노력에 대해서도 격려한다는 임시 결정을 내렸다. 그리고 한국 정부의 계속적인 협조와 더불어, 앞으로 IAEA 사무국 안전조치부에서 철저하게 조사해 결과 보고서를 IAEA 이사회에 제출할 것을 이사회 의장 성명서를 통해 발표함으로써 일단락지었다.

이사회가 열리기 전, 일부에서는 한국 정부의 이러한 과거의 행적을 보다 강도 있게 규제해야 한다는 의견과 유엔 안전 보장 이사회에서 이 문제를 논의해야 한다고 주장한 일부 국가의 의견도 있었다. 하지만 당시 과학 기술부 장관이었던 오명 부총리가 IAEA 이사회에 나와서 성실하게 모든 사실에 대해 답변을 하고, 다각적인 외교 노력으로 한국 정부에 큰 영향을 미치는 어떠한 결의안 채택이나 유엔 안전 보장 이사회 논의 없이 문제를 해결했다. 2005년 IAEA 정기 총회에서 IAEA 사무총장은 한국에서 과거 IAEA의 규정대로 신고하지 않은 몇 가지 중대한 잘못이 있었으나, 자발적인 공개와 적극적인 협조로 이 문제가 대부분 종결되었다고 보고함으로써 이 문제는 거의 종결 상태에 이르렀고, 한국은 2008년 IAEA에 신고된 핵 시설 외에 한국 영토 내에 보고되지 않은 핵 시설이나 핵 활동은 더 이상 존재하지 않으며, 또 IAEA의 제반 규정을 성실히 준수하고 있다는 긍정적인 결론positive conclusion을 IAEA로부터 얻어내는 데 성공했다.

2008년에 이러한 긍정적 결론을 얻어 낸 나라는 한국을 비롯한 18개국이었으며, IAEA로부터 추가 의정서의 발효 이후 51개국이 IAEA의 모든 사찰 검증 활동에서 긍정적 결론을 얻어 냈다. 2016년 말까지 그러한 결론에 도달한 나라는 69개국이 되었으며, 이때까지 이미 통합 안전조치Integrated Safeguards를 실시하고 있는 나라들은 한국을 위시한 49개국에 이르렀다.

하지만 아직까지 한국처럼 추가 의정서에 따른 결론을 얻어 내지 못한 나라들은 남아프리카공화국, 스위스 등 37개국이 남아 있으며, 추가 의정서에 가입하지 않았거나, 가입했으나 발효시키지 않는 나라들이 73개국에 이른다. 이러한 나라들 가운데 멕시코, 브라질, 아르헨티나 등 주요 중남미 국가들과 이집트, 시리아, 이란, 말레이시아 등 아랍권의 많은 국가들이 여기에 포함되어 있다. 이러한 나라들은 핵무기를 완전히 포기하지 않았거나, 서방 세계로부터 많은 대가를 받아 내려고 노력하고 있는 나라들이다.

NPT에 의한 수평적 핵 확산 방지의 노력에 실패한 나라는 오직 북한밖에 없다. 북한은 1985년 NPT에 가입했지만, IAEA와의 사찰 결과에 대한 분쟁으로 1994년 3월 NPT를 탈퇴한다고 선언했다가 철회했으며, 2002년에 있었던 농축 우라늄 핵 시설에 대한 미국과의 분쟁으로 2003년 1월 NPT 탈퇴를 재차 선언하고 4월에 NPT에서 완전히 탈퇴하기에 이르렀다. 북한의 경우에 대해서는 12장에서 자세히 설명하겠다.

수직적 핵무기 감축

미국과 소련은 새로 개발된 핵무기에 대한 핵 실험 빈도수를 점차적으로 증가시켰으며, 1952년부터는 영국이 그리고 1960년부터는 프랑스가 핵 실험을 남태평양과 사하라 사막에서 추가적으로 실시하기 시작했다. 1945년 이후 미소의 핵무기 경쟁으로 수많은 핵 실험이 이미 행해졌고 뒤늦게 가세한 프랑스의 핵 실험으로 1962년 한 해 동안 지구상에 일어난 핵 실험 수는 140회에 이르렀다.

핵 실험으로 인한 방사능 노출이 심각해지자 1963년 유엔을 통해 이 문제가 논의되기 시작했으며 그 결과 부분 핵 실험 금지 조약이 맺어졌으며, 2008년 현재 123개국이 이 조약에 가입하고 발효시켰다. 이 조약에 따라 대기권 내 핵 실험은 물론, 대기권 밖 우주에서의 핵 실험과 수중 핵 실험이 전면 금지되었다. 핵 실험을 행한 나라 가운데 프랑스, 중국, 북한 등은 이 조약에 가입하지 않았다.

이것이 핵 군축 협상의 효시가 되었다. 그러나 미소의 핵 실험은

1960년대 지하에서 계속되었으며, 대기권 핵 실험 금지 조약에 가입하지 않은 프랑스와 중국은 대기권에서의 핵 실험을 부분적으로 강행하고 있었다. 미국, 소련, 영국, 프랑스, 그리고 중국에서 감행한 핵 실험은 한 해에 거의 1백여 차례 정도 실시되고 있었다. 1960년대 시작된 미소 간의 인공위성 경쟁과 먼저 달나라에 도착하기 위한 경쟁의 와중에서 대기권 밖과 달나라에 핵무기를 설치하지 말자는 OST(Outer Space Treaty)에 1967년 미소가 동의했다. 그리고 더 나아가 1971년에는 바다 밑에 핵무기 기지를 설치하지 말자는 데에도 동의했다.

1968년 NPT가 세계 각국에 제안되자 미소는 NPT 발효를 위해 핵무기 감축 문제를 본격적으로 논의해야 했다. 1969년부터 3년 동안 미소 간 논의가 시작되어 1972년 리처드 닉슨 미국 대통령과 브레즈네프 Leonid Il'ich Brezhnev 소련 공산당 서기장 사이에 마침내 SALT-I(Strategic Arms Limitation Talks-I) 협상이 타결되었다. 이로써 미소는 본격적인 핵무기 감축에 들어가게 되었다. 그러나 그것은 실질적인 핵무기 감축이라기보다는 대륙간 탄도 미사일(ICBM)과 잠수함 발사 탄도 미사일(SLBM)의 발사대 수를 당시 수준으로 동결하자는 내용이었다. 핵탄두 수에 대한 어떠한 제약도 포함하고 있지 않았다.

1967년부터 미국은 ICBM 발사대를 1,054기, 그리고 SLBM 발사대를 656기 보유하고 있었다. 당시 미국은 1967년부터 보유하고 있던 핵무기 3만 기를 점차적으로 줄여 가고 있었던 반면, 8천 기의 핵무기를 보유하고 있던 소련은 열세를 극복하기 위해 계속해서 핵무기를 생산해 내고 있었다. 미국은 1966년을 정점으로 핵무기 수를 감축하기 시작해, 1990년에는 약 2만 기, 그리고 2000년에는 약 1만 기로 축소했다.

1970년대에 들어서도 미국에 비해 핵무기가 훨씬 부족했던 소련은 SALT-I의 협정에도 불구하고 핵무기의 수를 계속 늘리고 있었다. 그 결과 1978년에 양국은 거의 비슷한 약 2만 5천 기 정도의 핵무기를 보유하게 되었다. 이때부터 미소 간 보유 핵무기 수는 반전되기 시작했다. 10년 후인 1987년에 미국은 2만 2천 기를 보유한 반면, 소련은 4만 기로 늘어났다.

1972년에는 당시에 건설 중인 방어용 탄도 요격 미사일(ABM) 망에 대한 제한 조약을 체결했다. ABM 기지의 수를 두 곳으로 제한해 하나는 양국의 수도에 두고 또 하나는 ICBM 발사대 옆에 두기로 한 것이다. 그러나 기지 설치에 드는 많은 비용과 비효율성으로 인해 1974년에도 양국은 각각 하나의 ABM 기지밖에 건설하지 못했고, 결국 ABM 기지 수를 하나로 하기로 합의 조정했다. 그러나 30년간 지켜 오던 ABM 조약은 2002년 조지 W. 부시 미국 대통령이 일방적으로 ABM 조약을 파기한다고 선언함으로써 무용지물이 되고 말았다.

미소 간의 핵무기 감축 협상은 부진한 가운데에도 계속되어, 1974년에는 150킬로톤 이상의 지하 핵 실험을 금지하는 협약을 체결했다. 미소 간의 핵무기 수가 비슷해진 1979년에 SALT-II 협정이 SALT-I 협정으로 대체되어 카터 미국 대통령과 브레즈네프 소련 공산당 서기장 사이에 체결되었는데, 그 내용은 미소 간에 ICBM 발사대의 수와 SLBM 발사 잠수함의 수, 그리고 전략 폭격기의 수를 동일 수로 제한하자는 내용이었다. 즉 전략 핵무기에 필요한 ICBM과 SLBM 발사대, 그리고 전략 폭격기 수를 합하여 모두 2,250기로 제한하는 내용이었다.

그러나 미소 간의 실질적인 핵무기 감축은 1991년부터 이루어지기 시작했다. 1982년 로널드 레이건 미국 대통령은 실질적인 핵무기 감축을 위한 양국 간 노력이 필요하다고 제안했으며, 1983년 양국의 합의 없이 미국 스스로 전략 핵무기의 수를 감축하겠다고 발표했다. 미국은 이것을 SDI(Strategic Defence Initiative)라고 부르고 있다.

미국의 이러한 노력으로 결국 거의 10년간 협상을 거쳐 1991년 양국 간에 START(STrategic Arms Reduction Treaty) 조약이 레이건 대통령과 고르바초프 공산당 서기장 사이에 체결되었고, 1994년 12월 4일 발효되었다. 이 조약은 미소가 그때까지 벌였던 가장 큰 규모의 복잡하고 어려웠던 핵무기 감축 협상이었으며, 2001년에 가서야 조약에서 합의한 내용의 80퍼센트 이상의 핵무기를 감축하게 되었다. 양국은 궁극적으로 실전에 배치된 ICBM과 SLBM 발사대, 그리고 전략 폭격기의 수를 모두 합하여 1천6백 대로 제한하고, 여기에 사용될 실전 배치용 핵무기의 수를 6천 기 이하로 유지하기로 합의했다.

START 조약의 협상 가운데 미국과 소련은 중거리 요격 핵무기 제한(INF, Intermediate-range Nuclear Forces) 협상을 1987년 체결하고 1988년 5월에 발효시켰다. 이 조약의 내용은 사정 거리가 5백 킬로미터에서 5천5백 킬로미터 사이에 있는 모든 중거리 요격 미사일을 폐기하는 것이었다. 감축 시한인 1991년 6월까지 미국은 846기, 소련은 1,846기를 폐기해 모두 2,692기의 핵무기가 폐기되었다.

START 조약이 어느 정도 실효를 거두자 양국은 좀 더 구체적인 핵무기 감축 협상을 벌이게 되었다. 그래서 처음에 맺은 START 조약을 START-I으로 부르기로 하고, START-II에 대한 협상을 계속해, 1993년 1월 조지 H. W. 부시 미국 대통령과 옐친 러시아 대통령 사이에 대륙간 탄도 미사일용 다핵탄두 미사일 요격체인 MIRV의 사용 금지와 핵무기 수를 2007년까지 3천 기에서 3천5백 기 사이로 더욱 감소하자는 조약에 서명을 했지만, 양국 의회에서 비준을 얻지 못하고 발효되지 못했다.

START-II는 결국 실현되지 못했지만, 대신 2003년 공격용 전략 핵무기 감축 조약(SORT, Strategic Offensive Reductions Treaty)이 양국 간에 발효되었다. 이 조약은 2012년까지 배치된 전략 핵무기 수를 1천 7백~2천2백 기 사이로 줄인다는 게 골자인데, 조약문 일부의 해석이 모호해서 실효를 거둘 수 있을 것인지에 대해 종종 비판의 대상이 되어 왔다.

핵무기에 관한 여러 보고서를 종합해 보면, 2009년 현재 러시아는 실전에 배치된 핵무기 수가 약 4천6백 기, 폐기하기 위해 대기 중이거나 유보하고 있는 핵무기의 수가 4천 기 정도이며, 미국은 실전에 배치된 핵무기의 수가 약 5천2백 기, 폐기하기 위해 대기 중이거나 유보하고 있는 핵무기 수가 4천2백 기 정도라고 알려져 있다.

양국 간의 핵무기 감축 협상이 진행되고 있던 1994년, 미국 클린턴 대통령은 미국의 핵무기 감축 프로그램에 의해 더 이상 비축이 필요하지 않은 잉여 군사용 핵 물질 일부를 IAEA의 통제 아래 두겠다고 발표했다. 1996년부터 미국 오크리지와 핸포드 기지에 저장되어 있던 잉여 군사용 핵 물질이 IAEA의 사찰 대상이 된 것이다. 그 핵 물질은 핵무기를 5백 기 이상 만들 수 있는 상당한 양이었다.

양국 간의 핵무기 감축 협상 외에 국제 간의 노력도 있었다. 1975년부터 5년마다 개최된 NPT 평가 회의에서 조약에 명시된 수직적인 핵무기의 감축이 매우 더디게 진행되고 있다는 지적이 여러 나라로부터 늘

제기되었다. 핵무기 감축에 대한 실질적인 효력을 거두기 위해서는 즉 각적인 포괄 핵 실험 금지 조약이 필요하다는 인식이 국제 사회에 제기 되고, 1993년부터 부분 핵 실험 금지 조약(PTBT) 당사국들이 협의를 시작해, 1996년 유엔 총회에 조약안을 제출해 총회에서 통과시켰다. 1996년 9월부터는 세계 각국의 서명을 위해 이 조약을 공개했으며, 71개국이 즉시 서명에 참가했다. 2009년 말 현재 151개국이 이 조약을 발효시켰으며, 31개국은 서명에만 참가하고 아직 발효시키지 못하고 있 다. 이렇게 많은 나라들이 포괄 핵 실험금지 조약을 발효시켰지만, 이 조 약은 아직 국제적으로 효력을 발효하지 못하고 있는 상태다.

그 이유는 이 조약이 핵무기를 보유하고 있거나 보유할 능력이 있 다고 보는, 조약의 부록 II에 열거된 44개의 주요 국가들이 모두 이 조약 을 발효시켜야만 효력이 발생한다는 조항 때문이다. 부록 II에 열거된 나라들 중에 아직 이 조약에 서명하지 않은 나라는 인도, 파키스탄, 북 한 등 NPT에 가입하지 않은 나라들과 탈퇴한 나라가 포함되어 있다. 그 리고 서명은 했으나 국내 정치적 이유로 발효시키지 못하고 있는 나라 중에 미국, 이스라엘, 이집트, 이란, 인도네시아가 포함되어 있다.

이 조약을 관장하기 위해 1997년 빈에 설립된 포괄 핵 실험 금지 조약 기구(CTBTO, Comprehensive Nuclear-Test Ban Treaty Organi- zation)는 조약이 아직 발효되지 못했기 때문에 유엔 산하의 정식 국제 기구로 대우를 받지 못하고 준국제기구 역할을 하고 있다. 하지만 CTBTO는 세계 여러 곳에 핵 실험 탐지 장비를 설치했고, 이러한 탐지 장비를 통해 데이터를 계속 모으는 등, 세계 어느 곳에서 핵 실험을 행 하고 있는지 감시할 수 있는 준비가 완료된 상태에 있다. 현재 사무총장은 헝가리 대사 출신인 티보 토드Tibor Tóth이다.

CTBTO는 지금까지 전 세계 55개의 중요한 장소에 핵 실험 탐지 장비를 설치했으며, 가장 최근에는 2006년 10월에 있었던 북한의 첫 번째 핵 실험과 2009년 5월에 있었던 두 번째 핵 실험을 모두 탐지해 냈다. CBTBO에 의하면 지금까지 지구상에서 이루어졌던 모든 핵 실험의 수는 모두 2천 회가 넘었고, 미국과 영국, 소련의 핵 실험은 1992년 전에 이미 종결되었지만, 프랑스와 중국은 CTBTO에 서명하기 전인 1996년에 마지막 핵 실험을 실시했다고 한다. 그러나 전혀 예측치 않았던 인도와 파키스탄이 1998년도에 11차례의 핵 실험을 감행했고, 북한이 마지막으로 2006년과 2009년도에 두 차례 핵 실험을 감행했다.

CTBTO가 정식 출범하지 못한 것에서 알 수 있듯, 많은 국가들은 아직까지 완전한 핵 실험 금지에 동의하지 않고 있으며, 핵무기 보유국은 안보라는 이유로 핵무기의 감축에 큰 관심을 가지고 있지 않는 것 같다. 지금까지 지구상에서 핵무기를 완전하게 제거한 나라는 남아프리카공화국밖에 없었으며, 벨라루스와 카자흐스탄, 우크라이나도 구소련으로부터 넘겨받은 핵무기를 자국 영토 내에서 완전히 제거하는 데 협조했다.

2010년 4월 8일, 오바마 미국 대통령과 메드베데프Dmitry Anatoly-evich Medvedev 러시아 대통령은 2009년 12월에 만료된 START 조약을 대신하는 새로운 군축 조약(New START)에 서명하고 실전용 발사대에 배치된 핵무기 수를 1,550기로 제한하고, ICBM과 SLBM의 발사대 수도 1천6백 대에서 8백 대로 감축하기로 합의했다. 2003년에 발효된 공격용 전략 핵무기 감축 조약과 비교하면 배치 핵무기 수가 30퍼센트 정도 더 감축되었으며, 발사대는 50퍼센트가 감축된 것이다.

이러한 괄목할 만한 핵무기 감축 노력은 오바마 미국 대통령이 2009년 4월 프라하에서 한, 지구상에서 영원히 핵무기를 제거하고 〈핵무기 없는 세상〉을 만들어 보자는 위대한 연설에 대한 첫 번째 노력으로 해석되고 있다.

미국 정부는 2010년 5월 4일, NPT 평가 회의에서 현재 보유하고 있는 실전에 배치된 핵무기의 수가 5,113기라고 처음으로 공개적으로 밝힌 바 있으며, 현재는 1,750기로 더욱 감축되었다.

미션 임파서블

이라크는 이집트와 아랍 연맹의 맹주를 다투는 사이였다. 아울러 강력한 무기로 무장하고 있는 소수 정예의 이스라엘에 대항하기 위해 군사력의 증강은 필수였고, 핵무기 보유 욕구도 어느 국가보다 앞섰다.

이라크의 원자력 계획은 1960년대 초부터 시작되었다. 이라크의 수도 바그다드에서 남쪽으로 15킬로미터 떨어진 알투와이다Al Tuwaitha에 소련에서 도입한 2MW급 IRT-2000 원자로를 1968년부터 운전하고 있었으며, 두 번째 원자로인 800KWt급 이스시Isis를 프랑스에서 도입해 1980년부터 운전했다. 이러한 원자로는 출력이 낮아서 군사적 목적으로 사용한다는 것이 거의 불가능했다.

그러나 프랑스에서 도입한 세 번째 원자로는 오시라크Osiraq로 불리는 40MWt급으로 핵무기용 플루토늄을 생산해 낼 수 있는 강력한 파위를 가진 원자로였으며, 1981년 말 완공을 목표로 건설 중에 있었다. 오시라크는 고대 이집트의 남신이며 이시스 여신의 남편인 오시리스 Osiris와 이라크의 합성어이다. 이라크의 최고 원자로를 뜻한다고 할 수 있다.

이라크는 플루토늄을 분리할 수 있는 소규모 재처리 시설을 이미 확보하고 있었다. 오시라크 원자로는 1960년대 초에 이스라엘에 건설된 디모나 원자로와 규모가 거의 비슷하다고 할 수 있다. 1970년대 후반에 들어서도 오시라크 원자로와 같은 대형 원자로를 프랑스가 공급할 수 있었던 이유는 프랑스가 NPT에 가입하고 있지 않았기 때문이다.

이러한 규모의 원자로에서는 1년에 원자 핵폭탄 2~3기를 만들 수 있는 플루토늄을 생산해 낼 수 있다. 또한 이라크는 1979년부터 1982년 사이에 이탈리아, 포르투갈, 니제르, 브라질 등지에서 상당한 양의 우라늄 정련 제품인 옐로케이크를 구입 확보해 언제든지 플루토늄을 생산해 낼 수 있는 준비를 하고 있었다. 그리고 소련과 프랑스에서 약 50킬로그램의 고농축 우라늄을 수입했으며, 서독의 뉴켐NUKEM 핵연료 회사를 통해서 오시라크 원자로에 사용한다는 명목으로 1만 1천 킬로그램의 천연 우라늄 핵연료를 구입하려고 했지만, 미국과 캐나다의 반대로 거래가 성립되지 못한 사례도 있었다. 만약 이 핵연료가 공급되었다면, 적어도 1년에 두 기 정도의 핵폭탄을 충분히 만들 수 있는 12킬로그램의 플루토늄을 매년 생산해 낼 수 있었을 것이다.

오시라크 원자로는 주변 국가들에 위협적인 존재였다. 1980년 9월 이란과의 종교 전쟁이 일어나자마자 오시라크 원자로는 이란 공군의 첫 번째 공격 대상이 되었다. 이란 공군기가 여러 개의 폭탄을 알투와이

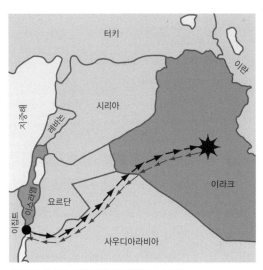

오시라크 원자로 파괴를 위한 이스라엘의 기습 작전

다 원자력 연구 센터에 떨어뜨렸지만, 오시라크 원자로를 명중시키지는 못했다. 오랜 시간을 끈 이란과의 전쟁으로 대부분의 프랑스 건설 기술자들은 철수했으며, 원자로의 건설은 지연되고 있었다.

1981년 6월 7일, 이란과의 전쟁으로 서쪽에 눈을 돌릴 겨를도 없었던 오시라크 원자로가 이스라엘 공군기들의 기습을 받아 완전 파괴되었다. 오시라크 원자로의 위험성을 너무나 잘 알고 있었던 이스라엘은 각각 2천 킬로그램의 폭약을 장착한 F-16 팰콘 전폭기 여섯 대와 이를 호위하는 F-15 이글 전투기 여섯 대를 출격시켰고, 비행 편대는 오시라크 원자로를 향해 빠른 속도로 저공비행 하면서 폭탄을 투하해 원자로를 완전 파괴시켰다.

이러한 기습 작전은 전폭기들이 사우디아라비아 영공을 통과해야 했기 때문에 미국에서 제공하는 조기 공중 감시 체제(AWACS)를 갖춘 사우디아라비아의 눈을 속이기 위해, 이스라엘은 대형 화물기가 사우디아라비아 영공을 통과할 것이라고 미리 통고했다. 그리고 마치 대형 화물기처럼 감시 레이더에 한 점으로만 표시되기 위해 열두 대의 전투기들이 서로 바짝 붙은 상태로 비행해 사우디아라비아 영공을 통과했다. 그렇게 해서 사우디아라비아 공군의 눈을 감쪽같이 속일 수 있었던 것이다.

이러한 대형 원자로는 사고가 발생했을 경우 방사능의 누출을 막기 위해, 그리고 외부 공격으로 인한 파괴로부터 방사능 누출을 방지하기 위해 상당히 두꺼운 강화 콘크리트 벽으로 격납고를 만들어 그 안에 설치한다. 그래서 이스라엘 공군기의 폭격만으로 오시라크 원자로가 완전 파괴되었다는 것에 의문을 나타내는 전문가들도 있었다. 그들은 이스라엘과 내통하고 있는 프랑스 기술자들이 이미 원자로 내부에 폭약을 설치하여, 폭격과 동시에 원격 조정으로 원자로가 폭파되도록 협조했을 것이라는 주장을 내세우기도 했다.

이스라엘은 이 폭격의 결과로 국제 사회의 강력한 비난을 감수해야 하는 혹독한 시련을 겪었다. IAEA 총회 참석을 위한 이스라엘의 신임장은 1981년부터 3년간이나 받아들여지지 않았으며, 이스라엘을 지지하는 미국의 입장도 국제 사회에서 비난을 면치 못했다. 이스라엘은 다시는 평화적 목적으로 건설되는 어떤 나라의 원자로에 대해서도 폭격을 하지 않겠다고 국제 사회에 약속하고서야 1984년에 IAEA 회원국 자격에 복권될 수 있었다.

1991년 걸프 전쟁이 한창일 때, 이스라엘은 전쟁의 당사자는 아니었지만 이라크의 스커드 미사일 공격을 35번이나 받았다. 미국과의 전쟁을 아랍권 전역의 전쟁으로 확대시키기 위한 이라크의 계략이었으며, 10년 전 오시라크 원자로 폭격에 대한 보복이기도 했다. 이란과의 전쟁, 그리고 연이은 걸프 전쟁 중에도 이라크의 사담 후세인 대통령은 핵무기 보유의 야망을 키워 가고 있었다. 서방 세계에 의존하지 않고 자력으로 핵무기를 만드는 것이 더 안전하다고 생각한 것 같다. 사담 후세인은 이슬람권의 도움을 받고자 했다. 그래서 파키스탄, 이집트와 원자력 협력을 맺기로 합의했고, 소형 연구용 원자로를 그들과 같이 건설하기로 했으며, 인도, 중국과의 협력도 강화해 나가고 있었다.

이라크는 이미 1987년부터 카로추크Karochooq 산 아래 알제시라Al Jesira에 우라늄 변환 공장을 설치하고 이미 확보한 우라늄 옐로케이크로 핵연료를 만들기 위한 산화 우라늄이나 또 농축 공정의 원료로 사용될 불화 우라늄을 생산해 내기 시작했다. 그것은 그들이 이미 핵무기를 만들 여러 핵심 기술 개발에 착수했고, 상당한 진척을 이루고 있었다는 증거이기도 했다. 이라크는 오시라크 원자로를 통한 플루토늄 확보가 수포로 돌아가자 방향을 바꾸어 우라늄을 농축하는 경로를 통해 핵무기를 만들기로 결정한 것이다. 그들은 자체적으로 여러 가지 농축 기술을 개발하는 한편, 파키스탄으로부터 원심분리기에 관한 기술을 비밀리에 도입하기도 했다. 그들은 원심분리기의 일부 도면과 부품을 불법 거래를 통해 파키스탄에서 확보할 수 있었다.

이라크가 이란과 전쟁을 하는 동안, 우라늄 농축 시설들은 전자기 동위원소 분리 방법, 기체 확산에 의한 농축 방법, 원심분리에 의한 농축 방법에 주력하고 있었으며, 새로운 기술인 화학적인 농축 방법과 레이저를 이용한 농축 방법도 연구 개발하고 있었다.

이란과의 전쟁이 1988년 8월 종결되자 후세인은 2년 후인 1990년 8월 2일 쿠웨이트를 침공했고, 쿠웨이트를 이라크의 속국으로 합병한다고 국제 사회에 선포했다. 유엔은 곧 안전 보장 이사회를 열어 이라크의 이러한 행위를 비난하고 즉시 쿠웨이트에서 철수할 것을 결의했으며 군사 경제 제재 조치를 취했다. 이라크가 이러한 국제 사회의 여론을 무시하자 미국, 영국, 프랑스, 이집트, 사우디아라비아 등 34개국의 연합군은 1991년 1월 17일 쿠웨이트에서 이라크군을 추방하는 〈사막의 폭풍Desert Storm〉 작전을 개시해 40여 일 만인 1991년 2월 28일 쿠웨이트를 이라크로부터 해방시켰음은 물론, 종국적으로 이라크의 항복을 받아 냈다.

걸프 전쟁 이후, 유엔 안전 보장 이사회는 이라크를 제재하기 위한 여러 가지 결의 사항을 통과시켰다. 그중 하나가 결의안 687호인데 이 결의안에 의하면 이라크는 무조건 당시 개발하고 있는 모든 핵무기 개발 프로그램을 중지하고, 그동안 진행했던 핵무기 개발에 관한 보고서를 IAEA에 제출하도록 했으며, IAEA는 이라크가 제출한 보고서가 성실하게 작성되었는지를 검토하고, 특별 사찰을 통해 이라크의 핵 개발 프로그램을 완전히 제거할 수 있는 모든 권한을 유엔 안전 보장 이사회로부터 위임받았다. 또한 유엔은 핵무기 외의 이라크의 대량 살상 무기 제거를 위한 UNSCOM(UN Special Commission)을 조직하여 IAEA의 사찰 팀과 같이 이라크의 대량 살상 무기 특별 사찰을 담당하게 했다.

1991년 4월 18일 IAEA에 제출된 이라크의 핵무기 개발에 관한 첫 번째 보고서에서 그들은 핵무기 개발에 대해 적극적으로 부인하는 내용만 포함하고 있었다. IAEA는 여러 가지 증거를 내세워 그러한 거짓 보고서를 인정할 수 없다고 거부했으며, 성실한 보고서를 작성해 제출하도록 촉구해 4월 27일 이라크로부터 두 번째 보고서를 받아 냈다. 이 보고서를 토대로 두 번의 특별 사찰이 이루어졌으며, 사찰 결과에서 더 많은 의혹을 밝혀 내고 더 상세한 보고서를 제출하도록 요구했다. 세 번째 보고서에서 이라크는 자신들이 NPT와 IAEA 안전조치 협정을 그동안 준수했다고 하면서도 그동안 비밀리에 진행하고 있었던 우라늄 농축 연구 개발에 대한 좀 더 상세한 보고서를 제출했다.

이어 있는 IAEA의 세 번째와 네 번째 특별 사찰 결과, IAEA 사찰 팀은 이라크의 핵무기 개발에 대한 확실한 많은 증거를 발견했으며, 이를 토대로 안전 보장 이사회 결의안 707호가 채택되어, 이라크는 향후 의료용, 농업용, 산업용 동위원소 이용을 제외한 모든 원자력 활동을 중지하도록 조치했다. 또한 IAEA 사찰 팀은 핵무기 개발에 관련된 과학자들과 인터뷰를 요청할 수 있고, 관련 문서와 자료들에 대해서도 조사할 수 있는 권한을 부여받았다. 9월 23일부터 30일까지 있었던 여섯 번째 특별 사찰 도중, 사찰 팀이 확보한 증거 자료와 비디오테이프 등을 가지고 나오려 하자 이라크군이 사찰 팀을 4일 동안이나 호텔에 연금하는 사건까지 발생했다.

IAEA의 보고를 받은 안전 보장 이사회는 결의안 715호를 채택했으며, 향후에도 이라크의 핵무기 개발 프로그램을 감시할 수 있도록 제재 조치를 계속 강화했다. 이라크는 마침내 10월 21일 알아티어Al Atheer에 핵무기 개발 연구소가 있다는 사실을 공개하기에 이르렀고, 1992년 말까지 이라크 내의 거의 모든 핵무기 개발 프로그램이 중지되었다. 또한 IAEA 사찰 팀에 의해 모든 핵 시설이 파기되었으며, 더 이상 연구조차 수행할 수 없도록 완전 해체되었다.

수차례에 걸친 IAEA의 특별 사찰 결과에 의하면, 이라크는 핵무기 개발에 상당히 접근하고 있었음이 밝혀졌다. 적어도 2~3년의 시간만 더 있었다면 그들은 우라늄 농축 기술을 이용해 핵무기를 보유할 수 있었을 것이다. 이라크가 제일 먼저 성공한 농축 기술은 전자기 동위원소 분리 방법으로 7.2퍼센트의 농축 우라늄 640그램을 생산해 냈다. 그리고 원심분리기 기술도 상당히 진전되어 탄소 섬유를 이용한 원심분리기 원통 제작에도 성공한 것으로 확인되었다. 핵무기 설계면에서도 상당한 내파 장치 개발에 성공했으며, 32포인트의 기폭 장치와 내파 렌즈를 개발해 알콰콰Al Qa Qa에서 폭발 실험을 수행한 것을 확인했다. IAEA의 특별 사찰은 거의 완벽하게 이루어졌으며, 이라크에 더 이상 비밀 핵 시설이 존재할 가능성은 희박하다는 결론에 접근하고 있었다.

오사마 빈 라덴Osama bin Laden이 이끄는 알카에다Al-Qaeda가 일으킨 9·11 테러가 일어난 후, 이 사건의 배후로 이라크를 의심하고 있었던 미국은 이라크 내에 대량 살상 무기가 완전히 제거되지 않았다는 이유로 2003년 3월 19일 유엔의 동의를 얻어 내 이라크에 두 번째 공격을 감행했고 유엔 특별 사찰 팀과 IAEA 특별 사찰 팀이 심도 깊은 사찰 활동을 벌였지만 더 이상의 핵무기 개발 시설을 발견할 수 없었다.

2003년 사담 후세인의 몰락을 지켜본 리비아의 카다피 대통령은 더 이상의 핵무기 비밀 개발이 어렵다는 판단 아래, 그해 12월 스스로 그동안 리비아에서 진행되어 왔던 핵무기 비밀 개발 계획을 IAEA에 통보하고, 핵무기 개발 시설을 모두 파기 처분하는 데 동의하겠다고 밝혔다. 리비아는 그동안 파키스탄과의 비밀 거래를 통해 고농축 우라늄 제조를 위한 우라늄 원심분리기 1만 기를 장차 공급받기로 하고, 그 일부를 이미 보유하고 있었다.

12월 27일 IAEA 사무총장 엘바라데이는 카다피 대통령의 초청으로 리비아를 방문하고 리비아의 핵무기 개발 계획의 전모를 보고 받았다. 2004년 1월부터 리비아에서 파키스탄으로부터 공급받은 핵심 기술인 원심분리기와 모든 부품이 제거되었으며, 그해 4월에는 1980년대 구소련에서 공급한 원자로에 사용되고 있었던 15킬로그램의 고농축 우라늄으로 만든 핵연료도 러시아로 반환하는 등 모든 핵심 핵 시설과 핵무기 개발에 사용 가능한 모든 핵 물질이 리비아에서 제거되었다.

이와 같이 IAEA 사찰 팀은 핵무기 확산을 꿈꾸는 여러 나라에서 핵무기가 제조되는 것을 방지하는 중대한 임무를 수행하고 있다. IAEA 사찰 팀의 노력으로 국제 사회가 수평적 핵 확산 방지를 이룩할 수 있었던 것은 고도로 훈련받은 IAEA의 사찰 팀들의 끈질긴 노력과, 사방에서 제공되는 정보와, 그러한 정보를 인공위성 사진을 통해 확인하고, 미세한 먼지에서도 우라늄과 플루토늄의 존재를 알 수 있게 해주는 환경 시료의 분석 결과 같은 최첨단 기술에서 나온 것이다. 인공위성은 현재 1미터 크기의 물체를 식별할 수 있을 정도의 정밀도가 높은 사진을 IAEA에 제공하고 있으며, 환경 시료 채취를 통해 사방 1킬로미터 정도의 범위 안에 떠돌아다니는 우라늄과 플루토늄 원자로부터 과거에 있었던 핵 활동을 추적할 수 있도록 세밀하고 정밀한 과학적 자료를 분석하고 있다.

IAEA 사찰관들은 대개 핵 시설에서 근무한 경험이 있는 전문가들

중 매년 10~20명 정도 공개 채용되어 3개월간의 특별 훈련을 기본적으로 받으며, 매년 정기적으로 여러 핵 시설에 대한 각종 훈련을 받도록 되어 있다. 그들은 또한 정보를 습득하고 그것을 분석할 수 있는 다양한 능력을 갖추고, 논리적인 사고와 깊은 통찰력을 지니도록 특별 훈련을 받기도 한다. 필자도 IAEA 선임 사찰관으로 30년 동안 근무하면서 이러한 훈련 프로그램에 참여했으며, 여러 나라를 방문해 핵 시설을 사찰하고 또 많은 사찰관들을 지휘한 경험을 했다.

그중에 가장 인상적이었던 것은 북한 출신 사찰관인 K 박사와 3년 가까이 함께 일한 경험이다. 그와 함께 사찰 여행을 같이 간 적도 있었으며, 여행 중 그가 신분증과 항공권을 분실했을 때 다행히 주재국 대한민국 대사관을 통해서 수일 내 찾을 수 있게 도와주기도 했다. 나이가 들었음에도 불구하고 여행 중에도 영어책을 읽으며 노력하는 그는 북한이 IAEA의 회원국에서 탈퇴했음에도 불구하고 정년 때까지 자신의 임기를 IAEA에서 마칠 수 있었다.

1980년대 초에 만난 북한 출신 사찰관 C 교수는 필자보다 나이가 훨씬 많았다. 그가 당시에 이미 남한이 북한보다 훨씬 잘 살고 있다는 것을 인정한다면서 나에게 여러 가지 도움을 청했던 것도 이제는 즐거운 추억으로 남았다. 그가 빈에 도착한 지 얼마 안 되어 오스트리아 내에 있는 잘츠부르크에 여행하고 싶은데 어떻게 여행 허가증을 받아야 하는지 물어 왔을 때, 당시의 폐쇄된 북한 사회를 연상할 수 있었으며, 그러한 사회에서 서방 사회로 진출한 그에게 모든 것이 낯설 수밖에 없었다는 것을 느낄 수 있었다.

사찰 업무를 담당하고 있는 IAEA 안전조치부는 매년 각 나라에 대한 사찰 결과를 종합해 SIR(Safeguards Implementation Report)를 만든다. 6월에 있는 IAEA 이사회의 승인을 거쳐 유엔 총회에 보고되는 이 보고서에는 1년 동안 세계 모든 나라를 사찰하면서 NPT 당사국이 조약을 충실히 지키고 있는지 검증하고 분석 요약한 것이다. 발표된 통계 자료에 따르면 현재 IAEA에서 사찰하고 있는 핵 시설의 수는 전 세계에 1,300개 정도 있으며, 이곳에서 약 2천 회 정도의 핵 사찰을 수행했다고 한다. 사찰관들의 총 출장 일수는 연 1만 4천 일에 달해 2백 명의 사찰관이 일을 수행할 경우 한 사람이 1년에 70일 정도 핵 시설에 나가서 사찰 활동을 하고 있는 셈이다.

현재 IAEA에서 철저하게 관리하고 있는 핵 물질로 핵폭탄을 만들 경우 약 20만 기 이상의 핵폭탄을 만들 수 있다고 한다. NPT에 의해 핵 시설이 통제되지 않았다면, 지구상의 수많은 나라들이 크고 작은 여러 핵전쟁을 이곳저곳에서 일으켰을 수도 있다. 그것은 인류의 생존을 위협하고도 남을 심각하고 끔찍한 일이다.

이라크와 리비아의 핵 야망을 꺾는 등 그동안 세계 각국에서 국제 평화를 위해 사찰을 벌인 IAEA는 노벨 평화상 위원회의 인정을 받아 2005년 노벨 평화상을 수상했다.

10 강대국이 되기 위해

이스라엘

이스라엘의 초대 대통령 바이츠만Chaim Weizmann은 과학자이다. 그는 벨라루스에서 태어나 프라이부르크 대학에서 화학을 공부했다. 그 후 스위스와 영국의 대학에서 화학을 가르치기도 했다. 그는 일찍부터 시온주의에 참여했으며, 이스라엘의 건국을 위해 이스라엘 초대 총리였던 벤 구리온Ben Gurion과 함께 노력했다. 이스라엘이 독립을 성취한 후 그는 이스라엘에 바이츠만 과학 연구소를 설립해 인재들을 양성하고 과학 두뇌들이 연구할 수 있는 길을 열어 주었다. 바이츠만 과학 연구소는 미국을 제외하고 현재 세계에서 두 번째로 우수하다는 평가를 받고 있다. 그는 과학자이지만 이스라엘의 초대 대통령으로 추대되어 2년간 조국을 위해 일했다.

오토 한이 핵분열 실험에 성공한 후, 1939년 헝가리 출신 과학자 실라르드가 영국에서 바이츠만을 만났다. 실라르드는 바이츠만과 핵분열에 관한 많은 대화를 나누었으며 직접 그러한 실험을 해보도록 설득하기도 했다. 그러나 실라르드가 기대했던 핵분열의 연쇄 반응은 바이츠만의 실험에서 얻어 내지 못했다.

1948년 이스라엘이 아랍과의 독립 전쟁에서 승리하고 독립을 성취했을 때, 이러한 배경을 가진 바이츠만이 핵무기의 꿈을 가졌다는 것은 당시 이스라엘의 실정으로 볼 때 너무나 당연한 일이었다. 이스라엘은 독립 후 주변 아랍국과 여러 차례 전쟁을 치렀다. 1973년 10월 이스라엘은 주변 아랍 국가들과 네 번째 전쟁을 치러야 했다. 20일 동안 계속된 〈욤 키프르Yom Kippur〉 전쟁 중에 이스라엘에서 핵무기를 사용할지도 모른다는 국제적인 우려의 목소리가 나오긴 했지만, 전쟁은 핵무기의 사용 없이 국제 사회의 중재로 막을 내렸다. 이스라엘이 핵무기를 보유하고 있을 것이라는 정보를 세계 여러 나라에서 이미 받아들이고 있었던 것이다.

이스라엘이 핵무기를 개발하게 된 결정적 계기는 독립 후 1955년에 있었던 수에즈 운하 분쟁에서 시작된 이집트와의 첫 번째 전쟁이라고 할 수 있다. 이스라엘은 고대로부터 주변의 아랍 국가들과 끊임없이 영토 분쟁을 벌였고, 지금도 적대적인 아랍 국가들에 둘러싸여 있어 국가의 안보가 다른 모든 것에 앞서 있다. 더구나 거의 2천 년 만에 나라를 되찾은 이스라엘이 겨우 4백 만 명의 인구로 거대한 아랍권에 대항해 영토를 지키기 위해서는 핵무기 개발이 필수적이라고 생각한 것 같다.

1973년 전쟁 후 골다 메이어Golda Meir 이스라엘 수상은 〈이스라엘은 핵무기를 이 지역에서 사용하는 첫 번째 국가가 되고 싶지 않다〉라고 국제 사회에 천명했다. 그러나 덧붙여 〈우리는 두 번째 국가가 되고 싶지도 않다〉라고 말했다. 이는 이스라엘의 핵무기 보유에 관한 공식적인 입장을 대변하는 말이다.

1967년 5월에 있었던 6일 전쟁이 끝나고 난 몇 달 후, 이스라엘 정부는 이스라엘이 플루토늄을 생산할 수 있는 원자로를 보유하고 있으며, 또한 핵무기를 만들 수 있는 기술을 가지고 있다고 공개적으로 언급했다. 이스라엘 지도자들은 핵무기를 보유하고 있다고 공식적으로 시인하거나 부인하지도 않는 식으로 늘 언급해 왔다. 1980년 6월 국방 장관을 지냈던 모세 다얀Moshe Dayan 장군은 〈우리는 원자 핵폭탄을 사용하지 않는다고 말한 적이 없다. 단지 우리는 그러한 무기를 사용하는 첫 번째 국가가 되지 않을 것이라고 말했을 뿐이다〉라고 말했다. 1981년 이스라엘은 국제 사회의 비난을 감수하며, 이라크의 오시라크 원자로를 기습 폭격해 완파했다. 중동 지역에서 핵무기를 사용하지 않는 두 번째 국가가 되지 않기 위해 그들은 주변 국가의 핵무기 개발 동태를 항상 예의 주시하고 있는 것이다.

1986년 10월 5일, 영국의 『선데이 타임스』가 이스라엘의 핵무기 개발에 관한 기사를 톱기사로 실은 사건이 발생했다. 사건의 전모는 이스라엘의 비밀 핵 개발 센터인, 네게브 사막에 있는 디모나 핵 센터에서 1977년부터 1985년까지 일했던 원자력 기술자인 모르데카이 베누누 Mordechai Venunu의 발언에서 비롯되었다. 그는 가족과 함께 오스트레일리아를 거쳐 영국으로 건너온 뒤 선데이 타임스 신문사와의 인터뷰를 통해 디모나 핵 센터에 핵무기 제조를 위한 플루토늄 생산용 대형 원자로 시설과 플루토늄 분리 추출 재처리 시설이 있으며, 자신은 거기에서 핵무기 제조를 위한 부품을 제작했다고 폭로했다. 그는 40킬로그램의 핵무기용 플루토늄이 매년 그곳에서 생산되고 있다고 덧붙였다. 그가 제시한 여러 장의 사진과 그의 말을 토대로 많은 전문가들은 이스라엘이 100~150개 정도의 핵무기를 만들 수 있는 플루토늄을 이미 확보하고 있을 것이라는 결론을 내렸다.

베누누는 이스라엘 정보 기관 모사드의 공작으로 1988년 로마에서 연인과 함께 휴가를 보내던 중 납치되었고, 이스라엘로 이송되어 18년간 형을 살다가 2006년 4월에 석방되었다. 그는 이스라엘의 지도자들이 핵무기 개발에 대해 거짓말을 하고 있고, 또 이스라엘의 핵무기 개발은 중동의 평화에 큰 위협이 되고 있다고 주장했다. 그는 형무소 생활을 하면서부터 히브리어 사용을 거부하고 영어를 사용했으며 BBC 방송만 청취했다고 한다.

석방 후 그는 노르웨이 등 여러 나라에 망명 신청을 했으나 받아들여지지 않았고, 현재까지 이스라엘에서 생활하고 있다. 그는 1988년부터 2004년까지 매년 노벨 평화상 후보에 올랐지만, 자신을 후보에서 제외해 줄 것을 간곡히 요청하기도 했다.

독립 후 이스라엘은 핵무기를 만들기 위해 우선 원료 물질인 우라늄광을 이스라엘 내에서 찾기 시작했으며, 네게브 사막에 우라늄이 매장되어 있다는 것을 발견하고 개발에 착수했다. 우라늄을 생산함과 동시에 중수 공장의 설계에도 착수해 1954년 소규모 중수 공장을 바이츠만 연구소 안에 세웠다. 그리고 미국의 핵무기 개발에 관련된 많은 유대인 과학자들을 통해서 핵무기에 관한 정보를 수집하면서 때를 기다리고 있었다.

1955년 아이젠하워 대통령의 핵의 평화적 이용을 위한 국제적인 원자로 공급의 일환으로 5MWt급 원자로 IRR-1을 미국으로부터 공급받게 되었다. (거의 같은 시기에 한국은 미국으로부터 100KWt급의 TRIGA Mark-II 원자로를 공급받았다.) 이 원자로는 텔아비브 대학에 속한 나할 소렉Nahal-Soreq 연구소에 건설되어 1960년 완공되었다.

이에 앞서 1953년 이스라엘은 프랑스와 상호 간 원자력 협력을 긴밀히 한다는 합의를 비밀리에 했고, 1956년부터 프랑스 과학자들과 함께 새로운 원자로 설계를 시작하고 있었다. 이 비밀 원자로는 처음에는 중수로형 18MWt 출력으로 합의했으나, 곧 프랑스 최초의 핵무기급 플루토늄 생산용 마르쿨의 G-1 원자로와 같은 성능인 24MWt의 출력을 갖추도록 설계가 변경되었다.

1955년 이집트 정부가 수에즈 운하의 국유화를 선언하면서 이스라엘 선박의 수에즈 운하 통과를 금지하는 한편 이스라엘의 홍해 출입 해안선을 봉쇄한 것으로부터 발단된 이집트와의 전쟁 후에, 이스라엘과 프랑스는 상호 핵무기 개발을 위해 긴밀히 협력하기로 한 것 같다. 철저히 보안을 유지한 채 이스라엘 내에 디모나 원자로가 건설되기 시작했으나, 미국의 U-2 정찰기에 의해 건설 현장이 목격되었다. 이스라엘은 그것이 섬유 공장이라고 강력히 부인했다. 24MWt급 디모나 원자로는 1962년 완성되었고, 이때부터 이스라엘은 핵무기용 플루토늄을 소량 생산한 것으로 보인다.

이스라엘 과학자가 설계에 참여한 이 원자로는 설계 당시부터 원자로의 출력을 쉽게 증강할 수 있도록 설계되었다고 한다. 후일 이 원자로를 시찰한 미국 전문가들은 이 원자로가 처음부터 40MWt 출력을 가지고 운전되었을 것이며, 1977년 전에 70MWt로 증강되었을 것이라 언급한 적이 있다. 이러한 규모의 원자로를 계속 운전하기 위해서는 많은 우라늄과 중수가 있어야 하는데, 이스라엘이 초기에 도입한 그것의 양보다 훨씬 많은 양이 필요했다. 그동안 이스라엘은 여러 경로를 통해서 이러한 우라늄과 중수를 확보했다고 한다.

원자로를 운전하기 위해 필요한 초기의 대량의 중수는 미국과 프랑스로부터 공급을 받았으나, 후일 필요 이상의 많은 중수를 노르웨이에서 비밀리에 수입했다. 1980년대 이스라엘에 너무 많은 중수가 공급된 것을 알게 된 노르웨이 정부는 중수의 반환을 요구해 양국 간에 중수 분쟁이 일어났으며, 결국 1990년 4월 양국은 10톤의 중수를 반환하기로 합의했다.

충분한 우라늄의 확보도 큰 문제였다. 당시 국제 우라늄 시장은 남아프리카공화국을 비롯한 여러 나라와 콩고를 지배하고 있던 벨기에가 주도하고 있었다. 이스라엘은 남아공과 벨기에, 그리고 프랑스가 영향력을 발휘하고 있던 중앙아프리카공화국, 가봉, 니제르 등에서 수년 동안 수십 톤의 우라늄 원광을 공개적으로 수입해 갔다.

1968년 특별한 우라늄 구매 사건이 유럽에서 일어났다. 사건은 뒤늦게 지상에 공개되었으며 누구도 진실을 확인할 수 없었다. 1968년 벨기에 안트베르펜에서 이탈리아 제노바로 운송 중이던 천연 우라늄 2백 톤이 선박과 함께 사라진 사건이 발생했다. 나중에 빈 수송선은 터키에서 발견되었으며, 우라늄의 행적은 알 수가 없었다. 후일 이 우라늄은 이스라엘의 비밀 거래 중 하나였을 것이라고 추측되었다. 이 사건은 이스라엘 모사드의 공작에 의해 지중해 한가운데서 이스라엘로 빼돌려졌다고 알려지게 되었다. 물론 이스라엘은 전혀 모르는 일이라고 주장했다. 이스라엘은 또한 남아공에서 많은 양의 우라늄을 비밀 거래한 흔적도 남겼다.

1991년 범아프리카 회의Pan Africa Congress는 이스라엘과의 핵무기 개발에 관한 협력을 즉시 중단하도록 남아공에 촉구했다. 당시 남아공 대통령인 데클레르크Frederik de Clerk는 양국의 핵무기 개발 협력을 강력히 부인했다. 1994년 흑인에게 정권을 넘겨준 남아공은 백인 정권 시절인 1970년대부터 핵무기 개발을 하고 있었다는 것이 알려지게 되었다. 이스라엘은 남아공의 핵무기 개발을 도왔고, 그 대가로 상당량의 우라늄을 공급받은 것으로 알려졌다.

1979년 9월 22일 미국 정찰 위성은 남아공의 남쪽 대양에서 2~3킬로톤 규모의 핵 실험 흔적을 발견했다. 오스트레일리아와 뉴질랜드에서는 방사능 낙진이 검출되는 사건이 있었다. 미국은 여러 가지 정황으로 보아 이스라엘의 핵 실험으로 의심하고 있었으나 단정할 수는 없었다. 결국 이스라엘 단독의 핵 실험이었거나, 혹은 남아공과의 핵 개발 협력에 의한 공동 실험이었을 것이라는 추측만 했을 뿐이다. 이스라엘은 그 후에도 남아공의 칼라하리 사막에서 대규모 폭파 실험을 수행했다는 의심을 받았다. 실제 남아공은 1980년대에 고농축 우라늄을 생산할 수 있는 시설을 가지고 있었으며, 남아공에서 이스라엘로 상당량의 고농축 우라늄이 흘러들어 갔을 것이라는 의심을 받고 있다.

이스라엘은 일찍부터 고농축 우라늄에 대해서 미국 CIA의 의심을 받고 있었다. 1962년부터 1965년 사이에 펜실베이니아 주 아폴로에 있는 NUMEC 회사에서 미국 핵 잠수함의 연료를 만들기 위해 가지고 있던 약 1백 킬로그램의 고농축 우라늄을 도난당하는 사건이 발생했다.

이 우라늄은 다섯 기의 핵무기를 만들 수 있는 양이었다. 많은 사람들이 NUMEC 사장이 이스라엘과 은밀한 관계를 가졌을 거라고 주장했으며, 1968년 CIA는 이스라엘이 이 고농축 우라늄으로 이미 핵무기를 만들었을 것이라고 결론을 내렸다고 한다.

베누누 사건이 터지고 나서 며칠 후, 1986년 10월 12일 『선데이 타임스』에는 1951년부터 1970년까지 프랑스 원자력 위원 중 한 사람이었던 페랭 교수를 인터뷰한 기사가 실렸다. 그는 과거에 프랑스가 이스라엘의 핵무기 개발을 비밀리에 도왔다고 시인했다. 비밀 협력은 미국이 모르게 진행되었으며, 프랑스는 캐나다에서 미국의 핵무기 개발을 도운 과학자들을 프랑스로 불러들여 핵무기를 개발하는 한편 이스라엘의 핵 개발을 도왔다는 것이다. 이스라엘과 프랑스는 핵무기 개발에 서로의 연구 결과를 공유하면서 협력했다고 시인했다. 프랑스는 사하라 사막에서 있었던 핵 실험에 이스라엘 과학자의 참관을 허용했다고 말했다.

1995년 당시 시몬 페레스Simon Peres 이스라엘 외무 장관은 이스라엘은 NPT에 서명하지 않을 것이라고 재천명했으며, 이스라엘이 NPT에 가입하는 시기는 중동에 평화가 온 후가 될 것이라고 말했다. 그리고 덧붙여서 그는 이스라엘은 중동 지방에서 핵무기를 사용하는 첫 번째 국가가 되지 않을 것이라고 다시 한 번 말했다.

이스라엘은 현재 약 2백 기 정도의 핵무기를 보유했을 것으로 여러 보고서들이 추측하고 있다.

인도

간디의 무저항주의 독립 운동에 힘입어 제2차 세계 대전 후인 1947년 8월 15일 인도는 이슬람교 국가인 파키스탄과 숙명적이고 재난에 가까운 분리를 인정한 채 영국으로부터 독립했다. 여러 민족이 뒤섞여 있는 인도는 힌두교와 이슬람교로 양분된 채 오랫동안 영국의 식민지 상태로 있다가 마침내 파키스탄과 분리, 독립한 것이다. 하지만 인도 서북쪽에는 여전히 파키스탄과 카시미르 지역에 대한 영토 분쟁이 그대로 남아 있었고, 동북쪽으로는 중국과의 영토 분쟁이 완전히 해결되지 않은 채, 1950년 1월 28개 주로 구성된 의회 중심의 정부를 구성했다.

파키스탄과의 영토 분쟁은 결국 1947년, 1965년, 1971년 세 차례의 전쟁을 낳았고, 중국과도 1962년 영토 분쟁으로 인한 한 차례의 소규모 전쟁을 치렀다. 강대국인 소련과 미국의 개입으로 전쟁은 오래 끌지 않았지만, 카시미르 지역에 인접한 아크사이친 지역을 지금도 중국이 강점하고 있는 데 대해 큰 불만을 품고 있다. 이러한 배경을 가진 인도는 중국과 거의 맞먹는 크기의 영토와 인구를 가졌음에도 불구하고, 독립 후 중국처럼 국제 사회에서 강대국 대접을 받고 있지 못하는 것에 대해 만족하지 못했다.

독립을 성취하기 3년 전인 1944년, 인도에 원자력의 필요성을 강조한 과학자가 있었다. 호미 제항기르 바바Homi Jehangir Bhabha 박사였다. 바바 박사는 당시 인도의 유력한 재력가인 타타 그룹에 민간 원자력 연구소를 세워 줄 것을 간청했다. 그 결과 1945년 12월 타타 기초 연구소Tata Institute of Fundamental Research가 설립되었고, 바바 박사는 그 연구소의 초대 소장으로 취임했다. 새로운 정부는 독립 후 1년 뒤 이미 원자력법을 만들었으며, 법의 시행에 맞추어 네루Jawaharlal Nehru 수상은 〈우리는 전쟁과는 거리가 먼 원자력 에너지를 개발해야 한다. 진정으로 나는 평화적 목적에 이용할 원자력을 개발해야 한다고 생각한다. 그러나 만약 그것이 다른 목적에 쓰이도록 인도가 강요를 받게 된다면, 어느 누구도 그것을 막을 수 있는 권한은 없을 것이다〉라고 말했다.

이와 같은 네루의 모호한 성명은 인도의 다음 20년 동안의 원자력 개발에 중요한 정책으로 등장하게 되었다. 네루 수상은 비동맹 세계를 이끌면서 핵무기 감축과 제거를 위해 지대한 노력을 기울이는 한편, 인도의 원자력 개발에 대해 결코 어떠한 제한도 하지 않았고, 잠재적인 핵무기 개발에 대해 지지하는 입장을 취하고 있었다.

1954년 8월 수상 직속의 원자력국이 만들어졌으며 바바 박사가 초대 국장으로 임명되었고, 뭄바이 부근 트롬베이에 인도의 로스앨러모스라 불리는 연구소가 세워졌다. 1959년에 이르러 그곳에 근무하는 과학자와 기술자는 이미 1천 명을 넘고 있었다.

1955년 인도 최초의 원자로인 1MW급의 압사라Apsara 연구용 원자로가 영국의 도움으로 건설되기 시작했으며, 1년여의 협상 끝에 캐나다로부터 40MWt급의 강력한 캐나다-인도 원자로(Canadian India Reactor, CIR)를 공급받기로 합의했다. 1956년 미국은 이 원자로에 쓰일 21톤의 중수를 공급해 주기로 결정했다. 이 때문에 원자로는 그 명칭에 US가 포함돼 CIRUS로 불렸다. 원자로의 공급은 다만 평화적인 목적에 사용한다는 조건하에 이루어졌지만, 이를 어길 경우 기술적인 제약을 받도록 한 어떠한 조항도 없었다. 인도는 어떠한 국제적 제한을 받지 않으려고 노력했기 때문에 캐나다로부터 연료를 공급받는 것조차 거부하고, 자체적으로 핵연료를 공급하기로 했다. 그래서 이 원자로에서 생산되는 플루토늄에 대해 아무런 국제적 제약을 받지 않고 독자적인 사용 결정을 내릴 수 있도록 하는 정책을 펼쳐 나갔다.

CIRUS 원자로는 핵무기급 플루토늄을 생산할 수 있도록 설계되었고, 이 원자로에서 생산되는 플루토늄의 양은 1년에 2~3기의 원자 핵폭탄을 제조할 수 있는 양이었다. 이 원자로를 모델로 인도는 후일 더 강력한 드루바Dhruva 원자로를 설계 제작할 수 있었다.

영국으로부터 핵연료를 공급받은 압사라 원자로는 1957년 8월 4일 아시아 지역에서 최초로 가동되기 시작했으며, 시루스 원자로는 1960년 가동되었다. 인도는 경제적으로 부강하지 않을지라도 자급자족할 수 있는 정책을 처음부터 펼쳐 나가기 시작했다. 인도에는 우라늄 자원은 부족하지만 풍부한 토륨 자원이 있었기 때문에, 토륨을 이용한 증식 원자로를 개발해야 한다는 점을 강조해 왔다. 이를 위해 인도는 자연적으로 플루토늄을 재처리할 수 있는 시설을 확보하려고 했으며, 1958년 네루 수상은 〈피닉스 프로젝트〉라 불리는 플루토늄 재처리 시설을 트롬베이 연구소 내에 건설하도록 허용해 1964년 완공시켰다.

인도의 핵 개발 계획은 이때에 이미 확립되었으며, 민간 원자력 이용을 위해서 1960년부터 타라푸르에 원자력 발전소를 건설하려고 미국과 협상하기 시작했다.

인도가 이와 같이 핵 개발에 공을 들이고 있을 때인 1964년 10월 중국이 핵 실험에 성공했다. 이때 바바는 〈적당한 수의 원자 핵폭탄을 보유한다는 것은 더 강한 나라로부터 공격을 당할 때 공격에 대한 억제력을 가질 수 있다〉고 말하면서 인도의 핵 개발에 대한 강한 의지를 표명했다. 당시 인도 수상은 샤스트리Shastri였는데, 그는 핵무기 개발에 호의적은 아니었으나 결국은 바바의 핵무기 개발에 동의하지 않을 수 없었다. 샤스트리 수상은 네루가 주창한 평화적 핵폭발(PNE, Peaceful Nuclear Explosive)을 1965년 4월 승인했다. 인도의 평화적 핵폭발이라는 정치적 개념은 1998년 제2차 핵 실험 때까지 계속되었다.

바바는 핵무기 연구 팀을 구성하고 라만나Raja Ramanna에게 그 임무를 맡겼다. 이러한 사실을 알게 된 파키스탄 부토 수상은 〈인도가 핵무기를 가질 경우, 우리는 나무 풀로 연명하는 한이 있더라도 우리 자신의 것을 하나 만들거나 아니면 사들여야 한다〉고 강한 적대적 반응을 내비쳤다. 이러한 양국의 정치적 대립은 전쟁으로 발전되었고 미국과 소련, 중국의 개입으로 1966년 1월 11일 타시켄트 조약을 맺고 적대 관계를 종결지었다.

그러나 샤스트리 수상은 조약의 서명을 마치고 몇 시간 후에 심장마비로 사망하고 그의 뒤를 이어 인디라 간디Indira Gandhi 수상이 등장하게 된다. 그리고 거의 같은 시기에 바바는 유럽을 여행하는 도중 비행기 사고로 뜻하지 않은 죽음을 맞이하게 되었다. 인도의 핵 개발은 갑자기 구심점을 잃고 공백기를 맞이하게 되었다. 인디라 간디 수상의 비핵 외교 정책으로 핵무기 개발 팀은 지원을 받지 못하게 되었고, 1968년 NPT가 발족했을 때도 인도의 비핵 정책은 비동맹 노선을 걸었으며, 불평등 핵 정책이라는 이유로 NPT 자체를 반대하게 되었다.

바바의 뒤를 이은 라만나는 핵 개발 팀을 조용히 이끌고 갈 수밖에 없었다. 그는 이엔가Hyengar 팀을 소련으로 보내 최신 플루토늄 펄스 원자로를 둘러보게 했고, 플루토늄의 특성을 연구할 수 있는, 같은 모델의 원자로인 푸르니마Purnima의 설계와 건설을 시작했다. 푸르니마는 연필 굵기만 한 플루토늄 177개를 사용했는데, 이때 사용된 플루토늄의 총량은 18킬로그램이나 되었다. 이는 미국이 최초로 만든 플루토늄 원자 핵폭탄에 사용한 양의 거의 세 배나 되는 것이다. 푸르니마 원자로는 1972년 5월에 완공되었다.

1971년 선거 분쟁에서 시작된 서파키스탄의 동파키스탄에 대한 무자비한 탄압은 동파키스탄의 수많은 난민들이 인도로 흘러들어 가는 사태로 발전되었고, 결국 인도는 파키스탄과 또 한 차례의 전쟁을 치르지 않을 수 없게 되었다. 수개월 동안 계속된 전쟁에서 인도군이 동파키스탄의 수도인 다카를 점령함으로써 막을 내리게 되었고, 동파키스탄은 독립해 새 국가인 방글라데시로 거듭났다. 전쟁 중에 미국과 중국은 파키스탄을, 소련은 인도를 지지했다. 그래서 전쟁 후 자연히 파키스탄은 미국과 중국에 더 가깝게 되었고, 인도는 소련과 공조를 취하는 외교 정책을 펼쳐 나가게 되었다.

전쟁 후 인도는 소련과 중국과 같은 강대국이 되기 위해서 그리고 중국과 맞서기 위해서는 반드시 핵무기가 필요하다는 것을 다시 한 번 확인했다. 인도의 본격적인 핵무기 개발 프로그램은 1972년부터 재가동되었으며, 1972년 7월 인디라 간디 수상의 핵무기 개발 승인을 얻을 수 있었다. 라만나 팀은 다시 〈평화적 핵폭발〉 계획을 즉시 가동했으며, 핵 실험에 필요한 플루토늄을 확보하기 위해 푸르니마 원자로의 가동을 중지시키고 원자로에 연료로 사용된 플루토늄을 꺼내어 핵무기 모형으로 변조하기 시작했다.

핵폭발 연구 팀은 내파 실험을 이미 5백 차례 이상 실시했다. 플루토늄을 내파시키기 위한 렌즈의 설계도 미국의 트리니티보다 간단하게 만들어, 32개의 내파 렌즈 대신 16개의 내파 렌즈만으로 설계를 마쳤다. 핵무기 개발 팀에 속한 과학자와 기술자의 수는 75명이 넘지 않았다고 한다.

열악한 조건에서 핵 실험을 성공하기는 쉽지 않았던 것 같았다. 폭파 실험을 준비하기 위해 포크란에서 지하 깊숙이 파내려 가던 수직 갱도에서 지하수를 만나 포기하고 다른 갱도를 다시 파야 했는가 하면, 핵 실험 준비 막바지 단계에 내파 렌즈 하나가 떨어져 나가 한 개밖에 없는 여분의 렌즈로 대체하기도 했다. 핵폭발 장치의 크기는 1.25미터였고, 무게는 1,400킬로그램에 달했다.

1974년 5월 15일 지하 갱도에 모든 폭파 장치의 설치가 완료되었고, 디데이인 5월 18일 연구 팀은 폭파 장소에서 5킬로미터 떨어진 벙커로 철수했다. 핵무기 실험은 극비리에 실시되었기 때문에 핵무기 연구 팀과 간디 수상과 측근 몇 사람만이 알고 있었다. 국방 장관에게도 수일 전 통보했고, 외무 장관에게는 이틀 전에야 통보했다. 아침 8시 5분 마침내 폭파 스위치가 눌러졌으며 지구상에 있는 또 하나의 나라에서 〈평화적 핵폭발〉이라는 미명 아래 핵 실험이 자행되었다. 인도와 같은 열악한 조건 아래에서도 핵폭발은 성공적이었다. 폭발 위력에 대해서는 작게는 2킬로톤, 크게는 13킬로톤이었다고 주장하는 논란이 있었지만, 여러 분석 결과 8킬로톤의 위력이었다고 최종적으로 수정되었다. 누군가 인도의 첫 핵 실험에 대해 〈미소 짓는 부처〉라는 별칭을 붙였다.

아마 부처 탄신 축제일이 그 기간에 있었기 때문이었을 것이다. 인도에서는 5월 15일을 석가탄신일로 기념하고 있다.

평화적 핵폭발이 성공한 뒤, 미국과 캐나다는 인도의 모든 원자로에 대한 핵연료 공급과 모든 기술 협력을 중단시켰다. 인도는 국제 사회에서 보내는 비난과 함께 곧 경제적 위기를 맞이하게 되었고, 그로 인해 인디라 간디 수상의 인기는 추락하게 되었다. 다음해 열린 선거에 선거 부정이 나타나고 후유증으로 인디라 간디 수상이 계엄령을 선포하는가 하면, 정치적 탄압이 가중되어 수많은 정당이 문을 닫게 되었고, 정치적 이유로 10만 명 이상이 구금되기도 했다. 세계에서 가장 크다고 자랑하던 인도의 의회 민주주의에 큰 후퇴가 핵 실험의 여파로 나타난 것이다. 결국 1977년 선거에서 대패한 인디라 간디는 수상직을 내놓게 되었다.

하지만 이때 파키스탄에서 A. Q. 칸이 원심분리기 방법으로 우라늄을 농축하는 데 성공했다는 정보가 감지되었다. 2년 후 인디라 간디의 인기는 다시 65퍼센트로 상승했다. 재집권에 성공한 간디 수상은 핵 개발 정책을 옹호했고, 1982년 다시 핵 실험을 계획했지만, 미국의 압력으로 끝내 핵 실험을 승인하지 않았다. 이때부터 인도는 핵무기 개발보다는 장거리 미사일 개발에 주력하게 되었다.

다민족 다문화 국가인 인도는 1980년대 푼잡 지역에 칼리스탄 Khalistan이라는 새로운 나라를 건설하려는 시크교도와 충돌하게 되었다. 1982년부터 1984년까지 암릿사르에 있는 시크교도의 성스러운 사원 골든 템플을 중심으로 시크교도의 저항이 시작되자, 간디 수상은 군대에 강제 진압 명령을 내려 시크교도 493명이 죽는 유혈 사태를 빚게 되었다. 푼잡 지역의 시크교도에 의한 저항은 평정되었지만, 1984년

10월 31일 간디 수상은 자신의 호위병이었던 시크교도에 의해 암살되고 말았다.

어머니인 인디라 간디 수상의 유업을 계승하게 된 라지브 간디Rajiv Gandhi 수상도 핵 개발에 그렇게 적극적이진 않았다. 이런 상황에서 트롬베이에 있는 바바 연구소의 플루토늄 생산용 원자로 드루바는 1985년 8월 완성되어 가동되기 시작했다. 이때 인도는 플루토늄의 확보에 주력했고, 반면 파키스탄은 핵무기급 고농축 우라늄 확보를 위한 원심분리기 기술이 충분한 수준에 도달하기 시작했다. 두 나라는 핵 실험에 대한 국제적 압력과 양국 간의 관계에 따라 어느 때나 핵 실험을 감행할 준비가 되어 있었다.

이러한 정치 상황에서 1985년 12월 인도와 파키스탄은 상호 핵 시설을 공격하지 않는다는 조약에 서명했다. 그러나 조약의 발효는 1993년까지 미루어졌고, 그 와중에 1988년 8월 17일 파키스탄의 군부 출신 대통령인 지아울하크Zia-ul-Haq가 탄 비행기가 사고로 추락하는 사건이 발생했다. 어떠한 유혈 사태도 두려워하지 않는 파키스탄의 정치 상황으로 볼 때, 비행기 추락은 누군가 의도적으로 계획한 사건일 가능성도 충분히 있었지만, 어쨌든 정권이 교체되어 베나지르 부토Benazir Bhutto 여수상이 정권을 잡게 되었다. 부토 수상은, 지아 장군의 쿠데타로 인해 파직되고 처형되었던 알리 부토Ali Bhutto 수상의 딸이었다.

1990년에 들어 카시미르 지역의 분쟁으로 인도와 파키스탄이 또다시 적대 관계로 돌아섰고, 전쟁도 불사한다는 각오를 하게 되었다. 양국에 대한 미국의 유화 정책과 1990년 이라크의 쿠웨이트 침공으로 빚어진 걸프 전쟁의 여파로 두 나라는 국내 정치의 안정에 더 주력하게 되었다. 두 나라는 국내적으로 모두 불안정한 정국이 계속되고 있었다.

인도가 지지하지 않는 NPT는 1995년 제5차 평가 회의를 거쳐 유엔에서 영구적인 조약으로 확정 변경되었고, 중국에서는 계속적인 핵 실험이 실시되고 있었다. 인도는 더 이상 기다릴 수 없었다. 1995년 다음 핵 실험을 준비하고 있는 인도에 클린턴 정부가 압력을 가하기 시작했고, 핵 실험은 인도의 라오Narasimha Rao 수상에 의해 결국 승인되지 않았다. 1996년에 들어 그동안 대외적으로 지지한다고 표명했던 포괄 핵 실험 금지 조약(CTBT)이 결실을 맺어 가고 있었기 때문에 인도는 핵 실험을 서두를 필요가 있었다. 1996년 13개 정당으로 구성된 BJP 연합은 고우다Deve Gowda를 수상에 지명했다. 그는 인도의 핵무장을 지지하는 정책을 펴고 있었다. 고우다 수상은 1997년 봄 마침내 준비된 핵 실험을 재가했으며, 인도 건국 50주년에 맞추어 핵 실험을 실시할 예정이었다. 그러나 불안정한 정국으로 결국 해를 넘기고 말았다.

이듬해 인도의 총선은 2월 16일부터 3월 7일 사이에 있었다. BJP 연합은 다시 정권을 잡게 되었고, 두 번째로 인도 수상에 지명된 밧파예Vajpajee는 3월 18일 수상에 취임하기 전날, 〈인도의 국가 안보는 무엇과도 바꿀 수 없다. 우리는 국가 안보와 영토를 지키기 위해 핵무기를 포함한 모든 옵션을 행사할 것이다〉고 말했다. 그는 그동안 미루어 오던 핵 실험에 대해 총 책임자인 압둘 칼람Abdul Kalam과 치담바람Chidambaram의 브리핑을 듣고, 일련의 핵 실험을 실시하기로 결정을 내렸다. 포크란 사이트는 다시 분주해지기 시작했다.

인도는 5월 11일과 13일 사이에 다섯 차례의 핵 실험을 감행했다. 11일에 행해진 첫 번째 실험(Sakti I)의 위력은 30킬로톤이었고, 두 번째 실험(Sakti II)의 위력은 12킬로톤이었으며, 세 번째 실험의 위력은 0.3킬로톤이었다. 13일에도 0.5킬로톤과 0.2킬로톤 규모의 네 번째와 다섯 번째 시험용 폭파 실험이 있었다. 인도는 국제 사회의 비난과 압력을 감수하고 명실상부한 핵 보유 국가가 되었다. 이때의 핵 실험도 부처 탄신 축제 기간 중에 이루어졌다. 이때부터 인도는 그들이 주장하던 〈평화적 핵폭발〉이라는 용어를 더 이상 사용하지 않고 있다.

인도는 지금도 NPT와 CTBT의 가입을 거부하면서 독자적인 노선을 걷고 있다. 이러한 인도에 반가운 소식이 들려오게 되었다. 경제 대국이 되어 가는 중국을 바라보는 미국의 시선에는 두려움이 있었다. 2004년 7월부터 물밑 작업이 시작된 인도와 미국 간의 원자력 협력 협정은 인도에 〈준핵무기 보유 국가〉 대접을 해주는 선물이 되었다. 핵 개발로 인해 그동안 받아온 미국의 모든 경제 제재 조치가 철회되었으며, 국제 사회에서 인도의 지위도 올라가게 되었다. 2008년 8월 IAEA도 인도-미국 협력 협정을 승인했으며, 2008년 협력 협정은 미국 상원을 통과해 10월 10일 발효되었다. 인도는 프랑스와도 유사한 원자력 협력 협정을 연이어 맺었다.

파키스탄

1971년 동서로 나뉘어 있던 파키스탄은 반쪽을 잃었다. 동파키스탄과 분쟁 중이던 서파키스탄은 인도 정부의 군사 개입으로 전쟁에서 패하고 동파키스탄을 잃었으며, 동파키스탄은 방글라데시로 완전 독립하게 되었다. 인도와의 전쟁에서 패배한 것은 치욕적이었으며, 제2차 세계 대전 후 종교적인 이유로 나뉜 두 나라 사이에 골은 더 깊어만 갔다. 파키스탄 정부는 인도 정부가 핵무기 개발에 깊숙이 관여하고 있다고 믿고 있었다. 그러한 두려움은 1974년 5월 인도의 핵폭발 실험으로 사실이 되었다.

또한 이슬람권의 선두 주자 역할을 하던 파키스탄과 이란은 이스라엘이 핵무기를 사실상 보유하고 있다는 점을 들어 〈이슬람의 핵무기〉를 반드시 만들어야 한다고 생각하고 있었다. 1960년대 두 나라는 이슬람권에서 원자력 개발 계획을 가장 활발하게 진행시키고 있었다. 1968년 당시 인도와 적대 관계에 있었던 파키스탄의 외무 장관 부토는 파키스탄 국민들이 풀을 먹는 한이 있더라도 인도의 핵 개발 프로그램에 걸맞는 프로그램을 파키스탄도 가져야 한다고 주장했다. 파키스탄은 이미 1956년 파키스탄 원자력 위원회(PAEC)를 구성하고 있었다.

파키스탄은 미국에서 공급받은 5MWt 출력을 가진 연구용 원자로 (PARR-1)를 1965년부터 운전했고, 1990년에는 출력을 배가해 10MWt 출력으로 만들었다. 그리고 연구생 훈련용 원자로인 30KWt 풀 타입 원자로(PARR-2)도 미국에서 공급받아 1989년부터 운전하기 시작했다. 또한 캐나다로부터 125MWe 출력의 발전용 원자로인 KAN-UPP을 도입해 1972년부터 운전했다. 1976년까지 캐나다는 이 발전소를 위해 핵연료를 공급하고 있었으나, 파키스탄이 NPT 가입을 거부하자 핵연료 공급을 중단시켰다. 그 후 파키스탄은 자체 우라늄광 개발과 함께 니제르에서 우라늄 원광을 수입해 원자력 발전소의 핵연료를 공급할 수 있었다.

반면 이란은 미국에서 5MWt 출력의 연구용 원자로를 공급받아 1967년부터 운전하기 시작했다. 1970년에는 NPT에 가입했고, 1970년 대 중반에 서독에서 1,200MWe 출력의 원자력 발전소를 도입해 건설을 시작했다. 그러나 이란은 1979년 모로코에서 말레이시아까지 있었던 이슬람 근본주의자들에 의한 이슬람교 혁명으로 세계 최초의 이슬람 국가가 되었다. 종교 지도자 호메이니Khomeini는 서방 세계의 도움으로 원자력 발전소를 건설하는 것을 거부하고, 파키스탄의 도움을 받고자 했다. 그러나 이슬람교 혁명 직후 일어난 이라크와의 전쟁으로 이란은 핵무기를 개발하는 데 충분한 시간적 여유를 갖고 있지 못하고 훗날로 미룰 수밖에 없었다.

이러한 정치적 상황에서 파키스탄 출신 압둘 콰디르 칸Abdul Qadeer Khan이 1975년 12월 말 자신이 일하던 유럽의 URENCO 국제 우라늄 농축 회사의 자회사인 한 네덜란드 회사에서 갑자기 자취를 감추는 사건이 발생했다. URENCO는 1971년 영국과 네덜란드, 서독 세 나라가 합작해, 당시 새로운 농축 기술인 지피 원심분리기Zippe centrifuge를 바탕으로 세운 다국적 회사로, 영국의 카펜허스트, 독일의 그로나우, 네덜란드의 알메로에 세 개의 농축 공장을 가지고 있다. 독일과 네덜란드에 각각 유학한 칸 박사는 두 나라 말을 유창하게 했기 때문에 네덜란드에 있는 URENCO의 자회사인 FDO에서 농축 공장 설계를 돕는 일을 하기 위해 1972년부터 고용된 상태였다. 그 당시 독일과 네덜란드는 서로 다른 원심분리기를 설계해 실험하고 있었는데, 네덜란드에서는 CNOR 타입을, 독일에서는 G-1, G-2 타입을 개발했다. 그러나 성능 면에서 독일의 G-2 모델이 더 우수함이 입증되어, 네덜란드 URENCO

는 알메로에 CNOR 모델 대신 독일의 G-2 모델을 설치하기로 1974년 결정했다. 이에 따라 G-2 설계도가 FDO로 넘어왔고, A. Q. 칸은 CNOR와 G-2 설계도에 접근할 수 있는 기회가 생겼다.

인도의 핵폭발 실험이 1974년 5월 성공하자, 칸은 파키스탄의 알리 부토 수상에게 자신이 파키스탄을 위한 핵무기 개발에 공헌하고 싶다는 편지를 썼다. 칸은 이때부터 파키스탄 정부와 비밀 접촉을 가졌던 것 같다. 칸의 정보를 이용해 파키스탄은 이미 1975년부터 원심분리기 핵심 부품을 해외 시장에서 구입하기 시작했다. 칸의 행동을 수상히 여긴 FDO가 독일어로 된 G-2 설계도를 네덜란드어로 번역시키는 작업에서 칸을 제외시키자, 그는 1975년 말 크리스마스 휴가를 이용해 CNOR와 G-2 설계 도면과 그동안 몰래 수집한 자료들을 가지고 가족과 함께 비밀리에 파키스탄으로 돌아갔다.

A. Q. 칸과 이미 내통하고 있었던 파키스탄은 1975년부터 1979년 사이에 원심분리기에 사용될 핵심 부품을 주로 영국, 서독, 네덜란드, 스위스 등지에서 구입하기 시작했다. 부토 수상은 핵무기 개발 비밀 프로젝트인 〈프로젝트 706〉을 승인하고 공군 소속의 ERL(Engineering Research Laboratories)을 1976년에 설립했다. ERL은 후일 KRL(Khan Research Laboratories)로 이름을 바꾸었다가 칸에 의한 핵 확산이 전 세계에 알려지자 2004년 카후타 연구소Kahuta Research Laboratories로 다시 바꾸었다.

파키스탄은 처음에는 부품 구입이 용이했던 CNOR 타입의 원심분리기를 복사해 P-1 모델이라는 이름으로 1981년부터 1985년 사이에 설치했다. 카후타 연구소는 1986년부터 고농축 우라늄 생산을 시작했으나 효율이 그렇게 높지 않았다. 첫 농축 결과는 90퍼센트 이상의 기대 치에 훨씬 못 미친 40퍼센트에 불과했다고 한다. 그동안 카후타 연구소 는 G-2 모델의 재질로 사용되었던 머레이징 강철의 생산에 성공할 수 있었다. 이때부터 파키스탄은 효율이 2.5배나 높은 P-2 모델이라는 이 름으로 독일의 G-2 원심분리기 모델을 복사했고, 1985년부터 P-1 모 델은 점차 P-2 모델로 대체되기 시작했다.

1990년까지 P-1 모델은 P-2 모델로 완전 대체되었다. 정확한 원 심분리기 설치 대수는 알려지지 않았지만, 당시에는 약 3천 기 이상, 현 재는 1만 기에서 2만 기 정도가 설치된 것으로 추측되고 있다. 1989년 부터 생산하기 시작한 고농축 우라늄은 현재까지 적어도 75기의 핵무 기를 만들기에 충분한 양으로 추정되고 있다.

A. Q. 칸은 파키스탄이 핵무기를 보유할 수 있도록 만든 최고의 공 로자로 인정돼 최고 훈장을 두 번이나 받고 국가 최고의 예우를 받고 있 었다.

그러나 2000년 이후 그의 핵심 핵 기술에 대한 국제적인 비밀 거래 가 세상에 알려지기 시작하면서 그는 전 세계의 지탄의 대상이 되었다. 2004년 국제 밀거래에 대한 자백과 동시에 그는 자택 연금에 처하게 되 었으나, 무샤라프Musharraf 파키스탄 대통령이 그를 즉시 사면한다고 발표했고, 파키스탄 의회도 그의 사면을 전폭적으로 지지했다. 2009년 2월 그는 자택 연금에서 해제되었으며, 파키스탄 내에서 자유로운 신분 이 되었다.

핵무기 설계는 쿠레시Hafeez Qureshi가 이끄는 파키스탄 원자력 위 원회 산하의 기술 부서에서 담당했다. 파키스탄은 1980년대 후반부터

파키스탄 최고 훈장을 받은 A. Q. 칸

핵무기를 만들 수 있는 충분한 준비가 되어 있다고 국제 사회에 언급하기 시작했다. 파키스탄 원자력 위원회는 1983년부터 1990년 사이에 여러 종류의 핵무기 설계를 실험하기 위해 핵 물질을 사용하지 않은 폭파 실험을 적어도 24회 실시했다. 핵 실험을 위한 만반의 준비는 갖추어졌으나 정치적 결단은 쉽지 않았다. 1985년에 모처럼 인도와의 평화 협상이 이루어져 상호 핵 시설을 공격하지 않는다는 합의가 이루어졌기 때문에 핵 실험을 감행할 명분이 더더욱 없었다.

그리고 여러 정보원들에 의해 1983년 3월까지 PINSTECH 연구소의 PARR-1 원자로에서 10킬로그램의 플루토늄이 생산되었을 것이라는 주장이 있었으나, 이 원자로는 IAEA의 사찰을 받고 있어 계속해서 대량의 플루토늄을 생산해 내기는 어렵다. 그래서 쿠샵Khushab 핵 연구 센터에 핵무기를 만들기에 충분한 플루토늄을 생산할 수 있는 대형 플루토늄 생산용 비밀 원자로가 건설됐을지도 모른다는 의심을 받고 있다.

1990년대에 들어 걸프 전쟁이 발발하고, 아프가니스탄에서는 내란이 한창이었으며, 내부적으로는 카시미르에서 분쟁이 자주 일어났다. 그때 인도의 두 번째 핵 실험이 임박했다는 정보가 포착되었다. 미국이 아프가니스탄에서 벌인 작전으로 미국과 비교적 좋은 관계를 유지하고 있었던 파키스탄은 미국의 눈치를 보아야 했다. 그러나 1998년 5월 인도가 다섯 차례의 핵 실험을 연이어 성공시키자 파키스탄은 이 기회를 놓칠 수 없었다. 인도의 두 번째 핵 실험에 대한 즉각적인 반응으로 파키스탄은 같은 달 28일과 30일에 여섯 차례의 핵 실험을 감행해 성공했다. 그것은 파키스탄의 공식적인 첫 핵 실험이었으며, 인도가 1974년 핵 실험을 포함해 모두 여섯 차례의 핵 실험을 실시한 것에 맞서기 위해 감행한 것이다. 인도가 핵 실험을 감행한 후 불과 2주일 만에 파키스탄이 핵 실험을 할 수 있었던 것은 그동안 파키스탄이 얼마나 철저하게 핵 실험 준비를 하고 있었는지를 명백하게 보여 준다. 파키스탄은 그들의 첫 핵 실험에 폭파 지역의 이름을 따서 〈차가이-1〉이라는 이름을 붙였다.

여러 보고서에서는 파키스탄이 현재 100기 정도의 핵무기를 보유하고 있을 것이라고 추측하고 있다.

파키스탄의 핵무기 개발 성공은 중국의 도움이 많이 작용했다. 중국은 남아시아에서 인도의 핵무기 독점을 허용하는 것보다 경쟁 관계에 있는 파키스탄이 장차 핵무기를 보유하는 것이 힘의 균형에서 나쁠 것이 없다고 생각했을 것이다. 중국은 자신들의 농축 기술이 시대에 뒤진 기체 확산법을 기반으로 하고 있기 때문에, 원심분리기에 의한 농축 방법에 대해 큰 관심을 가지고 있었다. 양국의 협력 결과, 파키스탄에서 확보한 새로운 농축 기술이 중국에 전해지고, 파키스탄은 중국으로부터 핵무기 설계에 대한 자문을 받았을 가능성이 크다. 그리고 해외에서 구하기 힘든 핵심 부품도 중국을 통해서 구입할 수 있었을 것이다. 양국의 협력 관계는 더 발전해서, 중국은 파키스탄에 300MWt급 차스마 Chashma 원자력 발전소를 1993년부터 건설하기 시작해 2000년에 완성시켰으며, 차스마 2호기가 2011년에 완공되었다.

야망을 포기한 나라들

NPT에 가입하지 않은 나라는 인도, 파키스탄, 그리고 이스라엘뿐만이 아니었다. 1990년까지 불평등 조약이라는 이유로 자국의 안보를 위해 NPT에 가입하지 않은 나라들이 많았다. 핵무기 보유국인 프랑스와 중국조차도 1992년에 가서야 NPT에 가입했다. 뒤늦게 가입한 명분으로 냉전 시대의 종식을 내세웠지만, 그동안 NPT 가입을 거부하던 남아프리카공화국과 브라질, 아르헨티나 등 주요 국가들이 1991년 NPT에 가입하기로 결정한 것도 큰 요인으로 작용했다.

브라질과 아르헨티나는 남미에서의 패권을 다투는 경쟁 관계에 있었기 때문에, 두 나라는 남미와 카리브 연안국에 적용되는 핵무기 반입과 제조를 금지하는 지역 협약인 트라텔롤코 조약Treaty of Tlatelolco에 1967년에 이미 가입했다는 이유로 NPT의 가입을 거부해 오다가 1991년에 가서야 동시에 가입하기로 합의했다. 양국은 IAEA에 의한 직접적인 사찰 체제 대신, 양국이 서로 협력하고 감시할 수 있는 기구를 만들어 IAEA의 간접적인 사찰을 받기로 합의했다.

브라질과 아르헨티나는 1970년대까지 군부가 정치에 많이 개입하고 있었다. 군부의 영향을 받고 있는 정부는 핵무기 개발에 관심을 가지고 있을 수밖에 없다. 그래서 브라질과 아르헨티나는 1970년대 말부터 핵무기 제조에 필요한 농축 공장을 비밀리에 운영하고 있었다. 아르헨티나는 기체 확산법에 의한 농축 공장을 리오네그로 지방의 필카니예우Pilcanyeu에 1978년부터 건설해 왔으며, 브라질은 독일에서 공급받은 소형 제트-노즐jet-nozzle 방식의 농축 공장을 가지고 있었고 또 자체적으로 개발했다고 주장하는 원심분리기에 의한 농축 시험 공장을 상파울루의 아라마Aramar에 1980년대 초부터 건설하기 시작했다.

1983년에 아르헨티나 정부는 필카니예우 농축 공장을 그동안 비밀리에 건설해 왔다고 발표해 세상을 놀라게 했다. 필카니예우 농축 공장의 규모는 처음 공개되었을 때 20퍼센트 농축 우라늄을 연간 5백 킬로그램 정도 생산할 수 있는 능력을 가지고 있다고 예측됐다. 그러나 자금과 기술 부족으로 1991년 NPT에 가입하면서 농축 공장을 완전히 포기하게 되었다. 아르헨티나는 그 밖에 중수 생산 공장을 건설했고, 플루토늄 재처리 시설의 연구 개발에도 상당한 진척을 보이고 있었다.

브라질의 아라마 농축 시험 공장은 해군에서 주도하고 있었으며, 장차 기존의 원자력 발전소와 연구용 원자로, 그리고 앞으로 만들 핵 추진 잠수함에 사용될 저농축 우라늄을 생산할 계획이었다고 1988년 개통식에서 브라질 국가 원자력 위원회 의장인 알베스Alves 장군이 발표했다. 브라질은 그동안 아라마 시설을 이용해 20퍼센트까지의 농축 우라늄을 생산했고 이것을 자국 내의 연구용 원자로의 핵연료를 만드는 데 공급해 왔다.

1990년 9월 브라질의 페르난도 멜로Fernando de Mello 대통령은 개발 단계에 있는 아마존 핵 실험장을 폐쇄하고, 그동안 비밀리에 추진 중이던 모든 핵무기 개발 계획을 취소한다고 발표했다. 이에 상응하여 아르헨티나 카를로스 메넴Carlos Menem 대통령도 아르헨티나의 모든 핵무기 개발 계획을 포기하겠다고 발표했다. 양국은 신뢰와 원자력에 관한 협력과 검증 절차를 담당할 두 나라 간의 미니 국제기구 ABAC-C(Argentine-Brazilian Agency for Accounting and Control of Nuclear Material)를 1991년 6월에 창설했다. 두 나라는 동시에 NPT에 가입하고, IAEA와 브라질, 아르헨티나, 그리고 ABACC 간의 4자 안전조치 협정을 1991년 12월 13일에 체결했다.

남아프리카공화국은 1991년 7월 냉전 종식의 이유를 들어 NPT에 가입했다. 그러나 사실은 그동안 유지하고 있었던 흑백 차별 정책을 더 이상 유지하기가 어렵다는 백인 정권의 판단 아래, 지금까지 개발해 왔던 핵무기를 흑인 정부에 넘기기보다는 차라리 포기하는 길을 택했다. NPT에 가입하면서 외무 장관인 보타R. F. Botha는 남아프리카공화국이 그동안 프레토리아 부근의 발린다바에 비밀 농축 공장을 건설하고 핵무기급 고농축 우라늄을 생산해 왔으며, 핵폭발 장치를 만들 수 있는 능력과 잠재력을 키워 왔다고 공식적으로 발표했다.

남아공 정부는 풍부한 우라늄 자원의 활용 가치를 높이기 위해 1970년부터 펠린다바 원자력 연구소 부근에 있는 발린다바에 공기 역학 공정helicon cascade에 의한 우라늄 농축 실험 공장을 건설하기 시작했으며, 1981년에 이르러 45퍼센트 농축 우라늄을 생산하는 데 성공했다고 발표했다. 또한 공기 역학 공정의 높은 에너지 비용 때문에, 뒤늦게 원심분리기에 의한 분리 방법과 분자 레이저 분리 공법도 연구 개발하고 있었다고 밝혔다. 레이저 공법은 크게 성공하지 못했지만, 원심분리기에 의한 방법이 성공을 거두어 1980년대 후반 상당량의 고농축 우라늄을 생산해 낼 수 있었다.

남아공은 독자적으로 혹은 이스라엘과 협력하여 핵무기 개발을 거의 성공했던 것으로 알려졌다. 1993년 백인 정부의 마지막 대통령이었던 데클레르크는 남아공이 핵무기를 제조할 수 있는 제한적인 기술을 가지고 있었다고 국제 사회에 공식적으로 발표했다. 남아공은 NPT에 가입하기 직전에 그동안 추진했던 모든 핵무기 프로그램을 완전히 포기했다. 그러한 결정을 기념해 핵무기에 사용했던 원자재로 평화의 상징인 쟁기 모형을 만들어 IAEA에 기증한 바 있다.

대만의 경우는 1969년 캐나다가 인도에 공급했던 CIRUS와 동급 원자로인 40MWt 출력의 TRR(Taiwan Research Reactor)의 건설을 놓고 캐나다와 합의했으며, 한국의 원자력 발전소 건설과 거의 같은 시기에 2기의 상용 원자로를 도입하기로 해 1978년부터 전력 생산에 들어갔다. 대만은 이러한 원자력 개발 계획에 따라 1970년 NPT를 발효한 바 있다.

중국 본토와 대립 관계에 있는 대만이 캐나다가 공급한 연구용 원자로를 이용해 생산한 플루토늄을 재처리할 수 있는 시설을 비밀리에 건설하고 있다는 사실이 점차적으로 국제 사회에 노출되기 시작했다. 이에 따라 미국과 캐나다는 정치적 압력을 가해 TRR를 본래의 목적대로만 사용할 것을 강조했으며, 결국 대만 정부는 지난 14년 동안 TRR 원자로를 가동한 결과 얻은 플루토늄이 함유된 1천6백 개의 사용후 핵연료봉 전부를 미국으로 이송하기로 합의했다. 이송 작업은 1985년부터 시작해 1990년대 초까지 완료했다. 핵연료봉 속에 포함된 플루토늄의 총량은 약 110킬로그램에 달했는데, 이것은 20기 정도의 핵폭탄을 만들기에 충분한 양이었다.

대만은 불행하게도 1992년 중국이 NPT에 가입하면서, 중국이 가입 조건으로 내세웠던 중화인민공화국만이 유일하게 중국을 대표한다는 조건에 의해 국제 사회에서 국가의 지위를 상실해 NPT 회원국이면서도 국가로서 대접을 받지 못하는 특별한 위치에 놓이게 되었다.

1991년 12월 26일 구소련의 와해로 러시아를 비롯한 13개의 독립국으로 나누어진 구소련권은 CIS(Commonwealth of Independent States) 연합을 구성하게 되었다. 구소련권에서 독립한 벨라루스, 우크라이나, 카자흐스탄 삼국은 구소련으로부터 자동적으로 그들의 영토에 보관하고 있던 핵무기를 물려받게 되었다.

1992년 5월 러시아의 옐친 대통령과 미국의 부시 대통령은 리스본에서 첫 정상 회담을 갖고 핵무기에 대한 추가 감축뿐만 아니라, 벨라루스, 우크라이나, 카자흐스탄에 보관 중이던 모든 핵무기를 그 나라에서 제거한다는 데 합의했다. 이들 국가에는 당시 3천 기 정도의 핵무기가 보관되어 있었다. 카자흐스탄과 우크라이나는 처음에 상당한 저항을 보였으나 결국 미국과 러시아의 정치적 압력으로 1995년까지 카자흐스탄에 있던 모든 핵무기가 러시아로 이송되었고, 1996년에 마지막으로 우크라이나에 있던 모든 핵무기가 러시아로 이송 완료되었다.

또한 미국은 우크라이나와 카자흐스탄에 있던 장차 핵무기로 사용될 수도 있는 고농축 우라늄을 구매해 상용의 저농축 우라늄으로 전환하는 작업도 진행해 왔다. 벨라루스, 우크라이나, 카자흐스탄은 모두 NPT에 가입했으며, 현재 핵무기를 보유하고 있지 않다. 이 중 카자흐스탄은 중앙아시아 국가들 사이에 체결된 중앙아시아 핵무기 금지 조약 Treaty of Central Asian Nuclear-Weapon-Free Zone에 2006년 9월 가입해, 자국 영토 내에 핵무기 반입을 금지하고 있다.

이상으로 열거한 나라들은 한때 자국 영토에 핵무기를 가지고 있었거나 핵무기 개발 계획을 가지고 있었던 나라들로, 냉전이 종식되고 또 주변의 정치적 상황이 변화됨에 따라 스스로 핵무기 개발이나 보유를 포기한 나라들이다. 평화로운 국제 사회를 만들기 위해서는 NPT 정신을 준수해야 한다는 인식이 있었기 때문에 가능한 일이었다. 국가 안보만을 생각하고 핵무기 개발을 강행한다면 언제든지 국제 사회에서의 고립과 제재 등 여러 가지 어려움을 감수해야 하기 때문에, 자국의 경제 발전에 막대한 지장을 초래하게 되고 국제 사회에서는 환영받지 못하는 국가가 되고 만다.

한국

한국 전쟁 이후 한국은 국가 재건에 여념이 없었다. 미국 아이젠하워 대통령의 〈평화를 위한 원자력Atoms for Peace〉 정책에 따라 한국 과학자들이 미국 내 원자력 시설을 견학할 수 있는 기회를 주겠다는 미국 정부의 공식 편지가 이승만 대통령에게 전달되었고, 유엔으로부터 1955년 8월 제네바에서 개최되는 국제 원자력 평화 회의에 참석해 달라는 초청장이 한국 정부에 도착하면서 한국 정부는 원자력에 대해 관심을 갖기 시작했다.

특별히 이승만 대통령은 원자력에 대해 지대한 관심을 표명했으며, 전후의 어려운 사정이 있었지만 국제적 원자력 교류에 대해 전폭적으로 지지하고 있었다. 미국과의 원자력에 대한 교류가 본격적으로 시작되자, 1955년 7월 워싱턴에서 한국과 미국 정부는 〈원자력의 비군사적 사용에 관한 대한민국 정부와 미합중국 정부 간의 협력을 위한 협정〉에 가조인했다. 협정에는 원자력 수혜국에 대한 많은 의무와 제약이 포함되어 있었으나 미국의 원조가 절실한 한국 정부는 수동적으로 받아들일 수밖에 없었다. 많은 제약이 따르는 협정의 체결에 대해 정치인들과 과학자들 사이에 논란이 있었던 것도 사실이지만, 전후의 한국으로서는 세계 여러 나라들과 동일한 협정을 체결하고 있다는 미국의 주장 앞에 다른 대안을 내놓을 수 있는 처지도 아니었다.

제네바 국제 회의에는 문교부 소속 박철재 기술 교육 국장과 서울대학교 이상억, 윤동석 교수가 참석했다. 박철재 국장은 제네바 회의 참석 후에 한 달 동안 미국의 원자력 시설들을 방문하고 많은 원자력 자료를 모아서 한국에 돌아왔다. 그는 서울대학교 물리학과 윤세원 교수에게 제네바 회의 내용과 미국의 원자력 연구 활동 등을 알리고 한국에서도 이러한 활동이 시작될 수 있도록 요청했다. 이것을 계기로 윤세원 교수를 중심으로 국내에서 처음으로 비공식 원자력 세미나 그룹이 만들어졌다. 이 비공식 모임에 참석한 사람들은 대부분 서울대학교 문리대와 공대를 졸업한 10여 명의 젊은이들이었다. 그들은 자신들의 모임을 〈스터디 그룹〉이라 불렀으며, 선진국의 원자력 연구 개발 현황과 제도, 규제 조치 등 기초 자료를 수집해 서로 돌려 보고 자주 모여서 열띤 토론을 벌였다고 한다.

미국 대사관 주최로 한미 간에 원자력 협력 협정이 체결된 것을 계기로 1956년 9월부터 덕수궁에서 원자력의 평화 이용에 대한 홍보 전시회가 처음 열렸다. 이 전시회에는 관심 있는 학자들 외에 1백만 명 이상의 인파가 다녀감으로써 원자력에 대한 높은 관심을 나타냈다.

1956년에는 문교부 기술 교육국 안에 〈원자력과〉를 신설했고, 미국에서 연구 훈련을 마친 윤세원 교수가 1957년에 과장으로 부임함으로써 한국에 본격적인 원자력 시대가 열리게 되었다. 거의 같은 시기인 1956년 9월 창설이 결정된 국제 원자력 기구의 설립을 계기로 한국에서도 원자력의 평화적 이용에 대한 정부의 관심이 높아지기 시작했으며, 1957년 10월 IAEA의 정식 발족과 동시에 한국 정부가 회원국으로 가입할 수 있게 되었다.

다음 해에는 원자력법이 만들어졌고, 1959년에는 원자력원이 설립되었다. 원자력원 산하에 원자력 연구소가 설립되어 초대 소장에 박철재 국장이 임명되었다. 새로 설립된 원자력 연구소의 첫 번째 과제는 연구 실험용 원자로의 도입이었다. 이미 1958년 8월 정부는 연구용 원자로 구매단을 구성했고, 이들을 미국에 파견해 여러 종류의 연구용 원자로를 둘러보게 했다. 그리고 안전성이 뛰어나고 정부 예산으로 구매가 가능한 GE사의 TRIGA Mark-II형의 연구용 원자로를 구매하기로 결정했다. 원자로 계약금은 약 33만 달러로, 1958년 미국 정부로부터 받은 무상 원조 35만 달러의 대부분을 사용해야 했다. 원자로에 필요한 핵연료는 미국 정책에 따라 구매 대상이 아니었기에 임차 형식으로 미국으로부터 공급받았다.

그러나 최초의 원자로 도입 과정은 그렇게 순조롭지 못했다. 1959년에 원자력 연구소에 대한 예산과 부지가 확정되었으며, 7월 14일 이승만 대통령이 임석한 가운데 원자로 건물에 대한 기공식을 가질 수 있었다. 하지만 연이은 4·19 혁명과 5·16 쿠데타로 1년 정도 예상한 공사 기간은 훨씬 초과되어 1962년 3월 19일에 가서야 원자로가 임계에 도달할 수 있었으며 3월 30일 마침내 열 출력 100KWt를 유지하며 정상 가동할 수 있었다.

TRIGA 원자로의 도입을 계기로 한국에서는 1959년 7월 원자력원 주최로 〈원자력 학술 회의〉가 열렸다. 원자력 학술 회의는 초창기의 원자력에 관한 학술 정보를 교류하는 데 그친 것이 아니라, 한국의 전반적인 과학 기술 활동을 활성화하는 데 큰 기여를 했다. 서울대학교 대강당에서 열린 제1차 원자력 학술 회의에는 국회 의장과 외무부 장관, 문교부 장관, 서울시장 등이 참석할 정도로 많은 사람들이 원자력에 큰 관심을 보였으며, 물리학, 화학, 생물학, 농학, 그리고 의학 분야의 많은 논문이 발표되었다.

학술 회의를 통해서 원자력 사업 5개년 계획이 세워졌으며, 원자력뿐만 아니라 과학 기술 모든 분야의 진흥을 위한 과학 기술 진흥법의 제정과 연구 보조금을 대폭 늘이는 등 과학 기술 분야의 예산을 점차적으로 확대해 줄 것을 건의했다. 거의 같은 시기인 1959년 6월 IAEA의 사절단이 처음으로 한국을 방문해 원자력 연구소와 국방 과학 연구소, 중앙 공업 연구소 등을 둘러보고, 평화적인 원자력 활동과 이용에 많은 지원을 해주기로 했다. 연구에 필요한 많은 기자재뿐만 아니라, 원자력 인력 양성을 위해 많은 젊은이들이 IAEA를 통해서 해외에 1년 이상 연구 훈련을 받을 수 있는 기회가 생겼다. 실제 IAEA를 통해서 훈련을 받은 연구원의 수는 국비 유학생의 숫자보다 훨씬 많았다고 한다.

박정희 대통령의 경제 개발 5개년 계획과 한국의 공업화 추진은 국민들을 기아에서 해방시켰고 기간 산업을 발전시켰다. 그러나 급속도의 경제 발전 뒤에는 많은 에너지가 필요했다. 제2차 경제 개발 5개년 계획에서 에너지 분야에 중점적인 투자가 이루어졌으며, 원자력 분야도 상당한 예산을 배정받게 되었다. 그래서 제2차 경제 개발 계획 아래 2MWt급의 연구용 원자로 TRIGA Mark-III가 도입되었다.

열 출력 100KWt의 작은 용량으로는 국내에서 필요한 방사성 동위원소의 수요량과 연구원들의 기초 연구 의욕을 충족시킬 수 없었다. 그래서 원자력 연구소는 1964년부터 TRIGA Mark-II 원자로의 출력을 100KWt에서 250KWt로 증강하는 노력을 해왔으며 1969년 원자력 연구소 자력으로 출력 증강을 완수했다.

1968년부터 추진된 두 번째 원자로의 도입은 제너럴 애텀General Atomic사의 2MWt급 TRIGA Mark-III와 록히드사의 5MWt급 펄스타형이 검토되었지만, 결국 TRIGA Mark-III로 결정되었다. 그러나 많은 연구원들은 10MWt까지 출력 증강이 가능하고 새로운 경험을 얻을 수 있다는 점에서, 안정성과 신뢰성을 강조한 TRIGA 원자로보다 록히드사의 펄스타 원자로를 선호하고 있었다. TRIGA Mark-III 원자로는 1972년 5월 준공되었다.

1967년부터 시작된 전원 개발 10개년 계획 아래 2기의 상용 원자력 발전소 건설을 우선 추진하기로 했으며, 마침내 1971년 한국 최초의 595MWe(60만KWe)급 원자력 발전소 기공식이 경남 고리에서 있었다. 연이어 1973년 7월에 650MWe급 고리 2호기 건설 계획이 결정되었고, 같은 해 11월에 에너지 공급의 다변화를 위해 캐나다에서 680MWe급 CANDU형 원자력 발전소 도입을 결정했다. 캐나다에서 세 번째 상용 원자력 발전소를 도입하기로 결정한 이면에는 원자력 발전소와 함께 40MWt 출력의 캐나다 NRX형 연구용 원자로를 도입하려는 계획이 있었다.

1970년 주한 미군의 감축 결정과 1973년 제1차 석유 파동은 한국의 원자력 정책에 큰 변화를 가져왔다. 베트남전에서 큰 상처를 입은 미국은 아시아의 안보는 아시아인들의 손에 맡긴다는 1969년 닉슨 대통령의 독트린에 따라 1970년부터 1971년 6월까지 1만 8천 명의 주한 미군의 감축을 단행했다.

이에 대응하여 박정희 대통령은 북한의 무력 위협에 대처하기 위해 자립 경제와 함께 자주 국방을 주창하면서 핵무기 보유의 꿈을 꾸기 시작했다. 박정희 대통령은 미국이 약속한 한국에 대한 안보 정책에 강한 불신을 나타냈고, 〈비오는 날을 위해 반드시 우산을 준비해야 한다〉면서 핵 개발에 대한 강한 의지를 표명했다. 미사일 개발 등에서 미국의 협력을 얻지 못할 경우 제3국의 도움이라도 얻겠다는 입장을 밝히기도 했다. 1970년 우선 국방 과학 연구소가 이러한 목적으로 설립되어 국산무기 개발, 특히 미사일 연구 개발을 중점적으로 추진하기 시작했다.

핵무기 개발은 조금 늦은 1973년에 구체화돼 가고 있었다. 중앙일

보 연재물 〈실록 박정희 시대〉를 통해, 당시 핵무기 프로젝트 책임자였던 A씨는 〈20장 분량의 차트 형식으로 만들어진 계획서에는 핵무기의 기본 개념에서부터 소요 예산(약 15억~20억 달러)과 개발 완료 예상 기간(6~10년) 등이 적혀 있었다. 박 대통령은 이 보고서에 대해 매우 만족해하고 이 차트 위에 기분 좋게 사인을 해주셨다〉고 회상했다.

원자력 연구소와 국방 과학 연구소 내의 특수 그룹에 의해 프로젝트는 비밀리에 진행되었으며, 1973년 원자력 발전소의 국산화 필요성 연구라는 이름 아래 캐나다로부터 열 출력 40MWt급 NRX형 연구용 원자로의 도입을 CANDU형 상용 원자력 발전소의 도입과 함께 추진했다. 이는 중수를 감속재로 사용하고 천연 우라늄을 원료로 하고 있어 플루토늄의 생산이 용이한 원자로였다.

이에 앞서 1971년 초 원자력 연구소는 핵연료 재처리 사업 계획서를 마련했다. 하루에 우라늄 1톤을 재처리할 수 있는 시설을 1974~1980년 사이에 경남 온산 지역에 건설한다는 계획이었다. 이와는 별도로 영남 화학이 주축이 되어 미국이나 일본 회사와 합작해 1978년 가동 목표로 고리 원자력 발전소 인근 지역에 연 9백 톤 규모의 처리 능력을 갖춘 재처리 공장을 설립하겠다는 핵연료 재처리 합작 사업 계획서가 1972년 정부에 제출되었다.

이렇게 성급한 초기 재처리 사업 계획은 미국의 반대로 실패로 돌아갈 수밖에 없었다. 한국 정부는 프랑스로 눈을 돌렸다. 1973년부터 프랑스 원자력청 산하의 재처리 용역 회사인 SGN(Saint Gobin Techniques Nouvelles)사와 협의를 진행해 1975년 4월 원자력 연구소와 SGN사 사이에 재처리 시설을 위한 기술 용역 및 공급 계약을 체결했다.

이에 앞서 1975년 1월에는 프랑스 CERCA사에서 핵연료 가공 시설을 도입한다는 계약이 체결되었다.

아울러 제2의 핵연료 가공 시설인 플루토늄을 상용 원자력 발전소에 사용할 수 있도록 혼합 핵연료 가공 시험 시설을 벨기에의 핵연료 주기 기술 용역 회사인 BN(Belgonucleaire)사와 교섭해 1974년 11월 기술 협력 협정을 체결했다. 이러한 일련의 일을 추진하기 위해 핵연료 개발 공단이 원자력 연구소에서 분리되어 1976년 12월 발족되었다.

그러나 1974년 5월 인도의 핵 실험으로 국제 사회의 여론은 완전히 달라졌다. 박정희 대통령의 꿈을 이루기에 당시 한국의 힘은 역부족이었다. 우선 캐나다는 NRX형 원자로가 바로 인도에서 핵 실험을 위한 플루토늄 생산에 사용되었다는 이유로, 앞으로는 NRX형과 같은 대형 연구용 원자로를 세계 시장에 절대 공급하지 않겠다고 결정했다. 그리고 미국은 한국과 프랑스에 압력을 가해 재처리 시설 건설 계약을 포기하도록 종용했다.

미국은 한국이 이러한 핵무장을 위한 모든 계획을 철회하고, 1968년에 이미 서명한 NPT를 조속히 발효하고 IAEA와 핵 안전조치 협정을 맺어, 모든 핵 시설과 핵 물질에 대해 IAEA의 감시를 받도록 모든 압력을 행사하기 시작했다. 심지어는 NPT를 발효하지 않을 경우, 당시 협상 중이던 고리 제2호기 원자력 발전소의 차관 중지 압력과 함께 건설 중인 고리 원자력 발전소의 핵연료 공급 중단까지 암시하기 시작했다.

한국 정부는 이러한 미국의 압력을 피해 나가기 위해, 일단 그동안 국내에서 추진하고 있는 핵 프로그램이 평화적인 목적이라는 것을 국제 사회에 알릴 필요가 있었다. 한국 정부는 그동안 미루어 왔던 NPT의 발효를 국회 비준을 거쳐 1975년 4월 23일 국제 사회에 발효시켰다. 그래도 미국은 물러서지 않았다. 이제 NPT에 가입한 이상 모든 것을 포기하라는 입장이었다.

1973년 3월 미군이 베트남에서 철수하고, 1975년 4월 30일 베트남이 베트콩에 패하여 무조건 항복한 후, 박정희 대통령은 6월 25일 자 『워싱턴 포스트』에서 〈한국은 만약 미국의 핵 우산 보호가 철수되면 생존을 위해서 핵무기 개발을 포함한 필요한 모든 조치를 단행하겠다〉고 밝혔다. 박정희 대통령의 의지도 강했지만, 미국의 입장 또한 강경했다. 미국은 한국의 핵 개발이 인접 국가, 특히 북한과 일본에 지대한 영향을 미치고, 또한 소련과 중국이 북한에 대해 유사시 핵무기 지원을 보장해 주는 결과를 초래할 것이며, 한국이 핵무기를 갖게 되면 한미 안보 관계에 불가피하게 큰 영향을 미칠 것이라는 점 등을 강조했다.

20년이 지난 후 공개된 미국의 비밀 외교 문서에 따르면, 당시 미국무성은 〈한국이 10년 이내에 핵 개발에 성공할 것〉이라고 기본적으로 평가하고 있었으며, 그래서 한국의 핵무장을 필사적으로 막으려고 노력했다. 1974년 말부터 1976년 초까지 주한 미국 대사관과 미국의 국무성, 백악관 사이에 비밀리에 오고 간 총 15건의 비밀 외교 문서는 한국의 핵 개발과 미국의 압력을 보여 주는 극적인 장면들을 담고 있다.

사실상 자주 국방보다는 자립 경제가 더 우선적이었기 때문에 박정희 대통령은 실리를 추구하지 않을 수 없었다. 한국이 핵 개발 프로그램을 포기하면 미국은 대신 단거리 미사일에 관한 정보와 재래식 무기 개발을 허용하는 등 더 큰 경제 협력을 보장해 주겠다고 제의했다.

미국의 압력을 더 이상 견디지 못한 한국 정부는 1976년 1월 프랑스의 SGN사와 맺었던 재처리 시험 공장 건설 계약을 취소하고, 그 대신 핵무기 개발과는 전혀 무관한 핵 물질 변환 시험 공장으로 대체하기로 결정했다. 그리고 재처리 시설에서 나오는 플루토늄을 이용하려던 벨기에 BN사와의 혼합 핵연료 가공 시험 시설도 1977년 11월 취소하고 말았다.

핵무기를 만들기 위해 캐나다에서 도입하기로 했던 40MWt급의 플루토늄 생산용 원자로와 여기에서 생산된 플루토늄을 재처리하기 위해 프랑스에서 도입하기로 했던 재처리 시험 공장은 핵무기 개발 프로젝트의 필수 사항이었다. 결국 한국 정부는 핵무기 개발에 대한 모든 계획을 포기한 셈이었다.

비록 핵무기의 꿈은 포기했지만 과학자들의 입장은 달랐다. 한국이 NPT에 가입하고 핵무기 개발 프로그램을 모두 포기했다고 하더라도, 평화적 이용을 위한 원자력 응용 프로그램은 절실하다고 느꼈다. 미국의 압력으로 세계 시장에서 더 큰 연구용 원자로의 도입이 불가능하다면, 국내에서 원자로를 설계 제작하는 방법을 택하기로 했다. 이에 따라 원자력 연구소는 1976년 40MWt급의 연구용 원자로를 국내에서 자체 제작하는 프로그램을 추진했다. 앞으로 많이 건설하게 될 원자력 발전소의 국산화를 추진하기 위해서 원자력 발전소의 안정성 분석, 원자로 설계, 핵연료 설계 등 여러 분야의 연구에 필요한 재료 실험로인 TFTF(Thermal Flux Test Facility)를 1984년부터 건설한다는 목표였다.

TFTF의 건설은 박정희 대통령의 서거 이후 좌절되었지만, 1983년부터 다시 타오른 과학자들의 꿈은 30MWt급의 HANARO(High flux Advanced Neutron Application ReactOr) 프로젝트로 이어졌고, 이 원자로는 1995년 4월 완성되었다.

한국이 1975년 NPT를 발효하면서 박정희 대통령의 핵무기 개발의 꿈이 완전히 좌절되었는지 누구도 정확히 알 수 없다. 1974년 한국에 한 번 다녀간 일이 있었던 시카고 대학교 페르미 연구소의 이휘소 박사가 1977년 6월 교통사고를 당해 숨지는 일까지 벌어졌다. 그의 죽음을 한국의 핵무기 개발과 연관시키려는 사람들이 많았다. 그러나 그는 핵물리학자가 아니라 소립자 이론 물리학자였다. 핵무기하고는 거리가 먼 분야에서 연구하던 저명한 학자였을 뿐이다. 그리고 핵무기 개발이 과학자 한 사람의 힘만으로 되는 것은 더더욱 아니다. 아무튼 1979년 박정희 대통령의 죽음과 함께 한국의 핵무기 개발의 꿈은 완전히 끝났다고 보아야 할 것이다.

1980년에 들어선 전두환 신군부 정권은 우선 미국의 확고한 지지를 얻어 내기 위해 한국에 잔존하고 있었던 모든 핵 개발 추진 프로그램을 중단하고, 핵연료 공단을 다시 원자력 연구소와 통폐합해 한국 에너지 연구소로 발족시켰으며, 국방 과학 연구소의 미사일 개발 연구 팀도 해체했다. 미국이 가지고 있는 오해의 소지를 완전히 제거하기 위해 모든 노력을 다한 것이다.

그동안 남북한 간의 긴장 완화 정책은 실효를 거두었고, 1991년 12월 31일에는 한반도의 비핵화 공동 선언이 이루어졌으며, 북한은 미루어 오던 IAEA와의 핵 안전조치 협정을 1992년에 체결했다. 그때까지 남한 지역에 미군이 묵시적으로 보유하고 있었던 1천 기 정도의 핵무기는 이듬해 말까지 완전히 철수되었다. 이렇게 남한의 비핵화 노력은 실효를 맺어 가고 있었지만 북한은 달랐다. 12장에서는 그동안의 북한 핵무기 개발 과정을 자세히 살펴보기로 하겠다.

11 도전받고 있는NPT

1990년대의 위기를 한 차례 넘긴 국제 사회는 어려운 고비는 다 넘긴 듯 보였다. 그러나 그것은 오산이었다. 2000년대에 들어 북한 문제와 이란 문제가 연이어 터진 것이다. 특별히 북한은 세계 여러 나라의 비난을 감수하면서 NPT 탈퇴를 감행했다. 그때까지 궁극적인 세계의 평화를 위해 필요한 수단으로 여겨졌던 NPT가 도전을 받기 시작한 것이다.

A. Q. 칸에 의한 핵 확산

파키스탄의 핵무기 개발에 지대한 공로를 세운 사람은 압둘 콰이어 칸 A. Q. Khan이다. 칸은 인도와 파키스탄이 분리되기 전인 1935년 인도 보팔에서 태어났다. 회교도인 그는 회교 국가인 파키스탄이 탄생하자 자연스럽게 파키스탄 남부 카라치로 이주하여 카라치대학교를 졸업했다. 1961년부터 1972년까지 독일, 네덜란드, 벨기에에서 박사 과정까지 마친 그는, 이러한 학력을 바탕으로 암스테르담 소재의 우라늄 농축 원심 분리기에 관한 연구를 하는 한 연구소(FDO)에서 1972년부터 일하게 되었다.

수년간 FDO 연구소에서 신임을 얻은 칸은 1974년 인도가 핵 실험에 성공했다는 뉴스를 듣게 되자, 자신이 일하는 FDO에서 원심분리기 도면을 훔치기 시작했으며 그것으로 조국 파키스탄을 돕기로 작정했다. 파키스탄 정부와 비밀리에 접촉한 칸은 네덜란드 CNOR형과 독일 G-2형 원심분리기 설계 도면과 함께, 필요한 물품에 대한 자료를 수집하고 촬영했다.

1975년 크리스마스 휴가를 계기로 칸은 네덜란드에서 생활을 몰래 청산하고 귀국길에 올랐다. 그는 자신이 자료들을 토대로 우선 P-1형 원심분리기 개발에 착수했고, 결과적으로 그는 파키스탄의 핵무기 제조 프로젝트에 크게 기여했다. 그리고 1980년대 중반 성능이 더 우수한 P-2형 개발에 성공하자, 앞서 개발한 P-1형을 새로운 P-2형으로 대체했다. 칸은 그 과정에서 회수한 P-1형의 원심분리기들을 파기하는 대신 비밀리에 해외 시장에서 불법 거래하기 위해 핵 확산 네트워크를 만들어 운영하기 시작했다.

칸은 중동 지방의 자유 무역 지구와 금융 중심지로 떠오르고 있는 두바이에 SMB 그룹이라는 가족 경영의 컴퓨터 수입 업체로 가장해 거점을 마련했다. 그리고 조카인 스리랑카 국적의 부하리 타히르에게 두바이 지사의 운영을 맡겼다. 이슬람 형제국과의 거래가 먼저 쉽게 진행될 수 있었다. 특히 전쟁 중인 이라크와 이란은 그들의 국제적 위상을 달리해 줄 원자 핵무기의 개발에 눈독을 들이고 있었다. 첫 거래는

1987년에 이란과 성사됐다. 1986년 이란 대통령 카메네이의 파키스탄 방문을 계기로 양국은 1987년 원자력 협력 협정을 체결했으며, 칸은 1970년대 중반부터 알고 있었던 스위스와 독일 부품 중개상들을 통해 이란의 핵 프로그램을 도왔다.

결국 칸과 이란의 대표자 사이에 1987년 P-1형 원심분리기 2천 대와 각종 부품, 원심분리기 설계도면, 그리고 시설의 설계에 이르기까지 모든 것을 제공하는 대가로 3백만 달러의 거래가 성사되었다. 그 후에도 몇 차례의 큰 거래가 이루어졌지만, 양측은 확인하고 있지 않다. 칸은 독자적으로 원심분리기의 핵심 부품들을 서방 세계에서 구입할 수 있는 방법에 관한 정보를 제공해 줌으로써 개인적인 소득까지 챙겼다.

칸의 핵 확산 네트워크를 통해 이라크에 많은 P-1형 원심분리기와 P-2형 부품 일부가 공급되었다는 사실이 1990~1992년 걸프 전쟁 이후 유엔 안전 보장 이사회의 결의안(UNSC 699)에 따른 IAEA의 특별 사찰을 통해 뒤늦게 확인되었다. 리비아에도 최초의 원심분리기 두 대가 2000년에 전달되었으며, 총 1만 대의 원심분리기 공급 계약이 이루어졌음이 2003년 12월 리비아의 자백으로 알려졌다. 리비아에 공급되었던 모든 우라늄 원심분리기 부품들은 합의에 따라 미국으로 이송되었다. 이란과 리비아에서의 핵심 핵 기술 전수가 전 세계에 알려지자 칸은 자백하지 않고는 더 이상 버틸 수 없었다.

칸과 이라크와의 관계도 1991년 1월 쿠웨이트 해방 전쟁 이후 사담 후세인이 연합국에 항복하면서부터 시작된 유엔의 특별 사찰에서 칸이 이라크의 핵 프로그램을 지원했을 것으로 보이는 여러 가지 정황들을 근거로 밝혀졌다. 당시 이라크에서 많은 원심분리기 부품들이 발견되었다. 이라크는 유엔 특별 사찰을 통해 1992년 말까지 모든 핵 프로그램을 폐기해야 했다.

칸과 북한과의 접촉은 1990년대 말 파키스탄에서 미사일 프로그램을 돕고 있던 북한 기술자들이 칸의 연구소를 방문하면서부터 이루어진 것으로 보인다. 2006년 발간된 파키스탄 무샤라프 대통령의 자서전에 따르면, 파키스탄의 군 수송기 C-130을 이용해 20대 정도의 P-1형과 P-2형의 원심분리기와 여러 가지 부품들이 북한에 공급되었다. 미국의 정보통에 의하면 북한의 농축 프로그램은 2000년도에 시작된 것으로 알려지고 있다. 2003년 4월 3,500~4,000대의 원심분리기를 만들기에 충분한 알루미늄 합금 원통 22톤을 실은 프랑스 선박이 나포되었는데, 이는 북한이 독일 회사를 통해서 주문한 것으로 밝혀졌다. 파키스탄과 북한이 서로의 필요에 의해서 미사일 기술과 원심분리기 기술을 맞교환했을 것으로 추정된다.

A. Q. 칸의 마지막 큰 거래는 리비아를 상대로 한 것이었다. 1969년 군사 혁명으로 정권을 잡은 카다피 대통령은 1970년대에 이미 중국, 프랑스, 인도, 러시아 등에서 완성된 원자 핵폭탄을 직접 구매하려고 노력했으나 성공하지는 못했다. 그는 우라늄 원료를 확보하기 위해 니제르와 전쟁까지 벌였고 결국 1978년과 1981년에 2,263톤에 이르는 정련 우라늄을 손에 넣을 수 있었다. 1974년 인도의 핵폭발 실험 이후 이슬람 형제국인 파키스탄을 지원하기 위해 수백만 달러의 경제 원조를 제공했고, 니제르에서 확보한 정련 우라늄 500톤을 전달하기도 했다. 당시 리비아는 그 대가로 파키스탄으로부터 플루토늄 추출 기술을 습득하려 했으나 성공하지는 못했다.

리비아에서 미국으로 옮겨진 원심분리기

1990년대 초반까지 리비아는 러시아, 일본, 아르헨티나 등지에서 핵심 핵 기술을 전수받으려 시도했으나, 결과는 독일로부터 공급받은 원심분리기 한 대에 그쳤다. 1997년 리비아는 칸과 접촉해 우선 P-1형 원심분리기 완성품 20대를 주문하고 추가로 200대를 만들 수 있는 부품도 같이 주문했다. 2000년에 칸은 성능이 우수한 실험용 P-2형 원심분리기 두 대를 리비아에 보냈다. 이에 만족한 카다피는 P-2형 원심분리기 1만 대를 파키스탄에 주문했다. 그것은 우라늄 핵폭탄 3~4기를 매년 만들어 낼 수 있는 고농축 우라늄을 생산할 수 있는 설비였다.

2002년 4월까지 리비아는 아홉 대의 원심분리기를 설치해 운전 경험을 쌓았으나, 파키스탄으로부터의 원심분리기 공급이 원활하지 않았다. 이미 국제적인 압력에 의해 칸은 연금 상태에 있었고, 독일과 스위스의 부품 공급 업체들은 경찰 조사를 받기 시작했기 때문이다. 2003년 사담 후세인의 몰락을 지켜본 카다피 대통령은 더 이상의 핵무기 개발은 어렵다는 판단 아래, 그해 12월 그간의 행적을 IAEA에 통보하고 핵무기 개발 시설들을 모두 파기 처분하는 데 동의하겠다고 밝혔다.

칸의 핵 확산 네트워크는 2001년 3월부터 미국의 강력한 비난의 대상이 되었다. 파키스탄의 핵무기 개발 프로그램을 주도한 카후타 연구소 소장직에서 물러난 칸은 파키스탄 정부의 조사가 이루어지는 동안 가택 연금에 놓이게 되었다. 3년 후인 2004년 초, 이란과 리비아와의 불법 거래가 국제 사회에서 밝혀지면서 칸은 자신이 핵 확산 네트워크에 관련되었다고 시인했고, 동시에 무샤라프 파키스탄 대통령은 그가 파키스탄의 핵 개발에 크게 기여한 공로를 인정해 그를 즉시 사면한다고 발표하면서 가택 연금만을 명령했다. 그는 2009년 2월 가택 연금에서 풀려났다. 나중에 그는 1999년에 북한을 방문해 우라늄 농축 기술에 대해 자문했으며, 2000년에는 북한의 미사일 기술과 맞교환할 조건으로 파키스탄 군부에 의해 원심분리기가 북한으로 선적되는 것을 확인했다고 서방 기자들에게 말했다.

A. Q. 칸의 네트워크는 2004년 2월 칸의 자백과 더불어 만천하에 드러났다. 그는 두바이에 핵 확산의 핵심 기술인 원심분리기의 부품과 기술을 파는 사무소를 차렸고, 그것을 자신의 조카가 운영하고 있었다고 인정했다. 그리고 압박해 오는 국제적인 수출입 통제를 피하기 위해 리비아에 공급할 원심분리기를 말레이시아에서 제조할 수 있도록 SCOPE(Scomi Precision Engineering)를 설립해 운영했다고 밝혔다.

40여 명의 기술자들이 국제적 감시를 피해 부품을 주문하고 원심분리기를 생산하기 위해 고용되었다. 그는 리비아에 공급할 원심분리기의 실험 운전에 필요한 1.7톤의 북한산 육불화우라늄을 리비아에 보내기도 했다.

　이러한 국제적인 밀매 조직은 유럽에서의 부품 구입이 용이하도록 터키와 남아프리카공화국에 소규모로 설립되었으며, 일본과 한국의 몇몇 기업들도 칸의 네트워크에 이용당했다. 이렇듯 칸과 파키스탄은 NPT 정신을 전혀 준수하지 않고 주변 아랍 국가들과 북한에 핵심 핵 기술을 팔기에 바빴으며, 결과적으로 1990년대에 들어 갑자기 수평적인 핵 확산이 여러 나라에서 일어나는 결과를 초래했다.

어찌할 수 없는 이란

1979년에 일어난 이란 이슬람교 혁명은 이란의 핵무기 개발 계획의 발목을 잡았고, 상당 기간 동안 이란의 핵 개발에 제동을 걸었다. 석유 자원으로 부를 축적한 이란의 팔레비 국왕은 일찍부터 핵 개발에 관심을 가지고 있었다. 항상 이라크와 중동 지방의 패권을 다투던 이란은 이라크의 핵무기 개발에 민감했으며, 1967년 미국에서 도입한 5MWt 출력의 원자로가 운전되면서 본격적으로 이란의 원자력 시대가 시작되었다. 이란은 미국으로부터 원자로를 도입한 대가로 1968년 7월 NPT 가입에 서명했으며 1970년 3월 발효시켰다.

　1970년대 중반, 이란은 서독으로부터 1,200MWe의 출력을 가진 상용 원자력 발전소 2기를 도입하여 건설하기 시작했으며, 프랑스로부터 900MWe 출력의 원자력 발전소 2기를 추가로 도입할 계획을 가지고 있었다. 그리고 여러 나라와 원자력 협력을 맺고 상용 발전소에 공급하기에 충분한 저농축 핵연료를 해외에서 도입할 수 있도록 필요 자원을 확보했다. 아울러 많은 유학생들을 해외로 파견해 핵 개발에 필요한 훈련을 시키고 있었다. 팔레비 국왕이 해외로 망명하기 직전에는 6기의 레이저 장비를 도입했다. 이 장비는 레이저 동위원소 분리 방법에 의해 저농축 우라늄을 고농축 우라늄으로 만들 수 있는 기술로 이용될 수 있기 때문에 군사적 관점에서 매우 중요한 결정이었다.

그러나 1979년, 이란은 모로코에서 말레이시아까지 있었던 이슬람교 근본주의자들의 운동 결과 세계 최초의 이슬람교 국가가 되었다. 이슬람교 혁명을 성공시킨 종교 지도자 아야톨라 호메이니는 서방 세계의 도움으로 원자력 발전소를 짓는 것을 거부하고 그 대신 파키스탄의 도움을 받고자 했다. 하지만 이듬해 이라크와의 종교 전쟁이 발발하자 핵무기를 개발할 여유를 갖지 못하고 뒤로 미룰 수밖에 없었다. 부쉐르 원자력 발전소는 1981년 완공을 목표로 건설 중이다가 1979년 1월 팔레비 국왕의 해외 망명과 함께 4억 5천만 달러의 공사 대금 지불이 중단되자 서독은 건설을 중단하고 건설 기술자들을 철수시키고 말았다. 이때까지 부쉐르 1호기는 85퍼센트 공정, 그리고 2호기는 50퍼센트의 건설 공정에 이르고 있었다.

게다가 1980년 9월 발발한 이라크와의 전쟁으로 공사는 더 이상 진척될 수 없었으며, 전쟁 초기에 이라크 공군기의 폭격을 수차례 받아 시설들이 크게 파괴되었다. 1988년 전쟁이 끝나고 안정을 되찾아 가자, 이란은 1995년 러시아와 협력을 맺었다. 파손된 부쉐르 원자력 발전소에 대해 원자로 설계를 변경해 러시아에서 915MWe 규모의 VVER-1000 모델을 공급받기로 계약을 맺고 공사를 재개했다. 그러나 이란의 비밀 핵 개발 프로그램이 2002년 전 세계에 노출되기 시작하면서, 공사는 간헐적으로 느리게 진척되었다. 부쉐르 1호기는 2008년부터 러시아로부터 핵연료를 공급 받기 시작했으며, 2011년 9월 완공되어 전력을 생산하고 있다. 이란은 기존의 서독형 PWR 타입 원자로에 러시아형 VVER-1000 원자로를 설치하는 데 많은 어려움이 있다는 것을 깨닫고, 기존의 부쉐르 2호기의 건설을 포기했다. 대신 러시아형 VVER-1000 2기를 새로 건설하기로 2014년 계약을 맺고 2017년 3월부터 공사를 시작했다.

2002년 8월 14일, 파리에 본거지를 둔 이란의 해외 망명 단체 NCRI (National Council of Resistance of Iran)의 대변인인 자파자데Alireza Jafarzadeh는 나탄즈에 비밀 우라늄 농축 공장이, 그리고 아락에 비밀 중수 공장이 건설 중에 있다고 폭로했다. 곧이어 IAEA에 의한 진상 조사 착수 요구가 이어졌고, 이란은 결국 그것이 장기 원자력 개발 프로그램 중의 하나였다고 시인했다. 나탄즈의 우라늄 농축 시설이 국제 사회로부터 주목 받기 시작하면서, 이란 측과 서방측은 나탄즈 우라늄 농축 시설에 대해 평화적 목적인지 아니면 군사적 목적인지를 두고 서로 다른 주장을 펼쳐 왔다. 서로의 주장이 평행선을 달리는 가운데 핵 시설의 운전과 확장이 중단·재개되는 과정이 반복됐으며, 수차례 유엔 안전 보장 이사회의 제재 대상으로 지목되었다.

IAEA의 사찰 결과와 서방측의 주장을 종합해 보면, 이란은 1980년대 후반과 1990년대 초반에 파키스탄으로부터 우라늄 원심분리기를 비밀리에 대량 수입했고, 원심분리기를 설치할 우라늄 농축 시설을 그동안 나탄즈에 비밀리에 건설해 왔다. 그럼에도 IAEA에 새로운 핵 시설에 대한 신고 의무를 전혀 수행하지 않았다. 이란 정부가 이와 같은 밀매 네트워크를 통해서 핵무기 개발에 필요한 핵심 기술을 그동안 비밀리에 확보한 것은 원자력의 평화적 이용이라기보다는 군사적 목적으로 확보했다고 의심할 수밖에 없다는 것이다. 이란은 처음부터 NPT 정신에 입각한 IAEA와의 안전조치 협정에 따라 이러한 핵 시설을 IAEA에 신고해야 할 의무를 성실히 준수하지 않았으며, 원료 물질인 우라늄 원광을 해외에서 구매하면서도 IAEA에 성실하게 신고하지 않았기 때문에 핵 시설이 평화적인 목적으로 건설되고 있다고 받아들일 수 없다는 것이다.

반면 이란은 NPT 제4조에 의한 평화적 목적의 원자력 이용과 개발은 조약 당사국에 보장되어야 한다고 주장하고 있다. 그때까지 IAEA에 신고하지 않았던 것은 농축 시설이 아직 완성되지 않았기 때문이라고 변명했다. 이란의 주장은 여러 가지 정황에 비추어 서방 세계에서 받아들여지지 않았지만, 아랍 국가들과 미국에 적대적인 베네수엘라 등 제3세계의 일부 지지를 받고 있었다.

이란의 최고 종교 지도자인 아야톨라 하메네이Ayatollah Ali Khame-nei는 이란이 핵 능력을 가지게 되는 것에 대해 달콤한 과일을 얻을 자격을 갖춘 〈과학의 어머니〉라고까지 표현했다. 이란 정부는 그동안 핵 에너지는 자신들의 명백한 권리라고 주장해 왔다. 이란 대통령 마무드 아마디네자드Mahmoud Ahmadinejad는 이란이 서방 세계로부터 제재를 받는 것은 잘못이고, 수백 개의 핵무기를 보유하고 있는 이스라엘이야

말로 지구상에서 영원히 없어져야 할 국가라고까지 말했다. 그들에게 이스라엘과 서구 사회에 대항할 핵무기가 필요했을지도 모를 일이다.

이란은 파키스탄이 제공한 원심분리기와 우라늄 농축 기술을 바탕으로 나탄즈에 지하 핵 시설을 건설했다. 2006년 2월에는 나탄즈의 파일로트 시설에서 원심분리기 열 대를 이용해 우라늄 농축 실험을 하기 시작했다. 같은 해 6월에는 164대의 원심분리기를 사용해 5퍼센트의 농축을 달성할 수 있었다고 발표했다. IAEA는 이러한 사실을 유엔 안전 보장 이사회에 즉시 보고했고, 안전 보장 이사회는 7월 31일 안전 보장 이사회 결의안(UNSC 1696)을 채택해, 이란을 향해 핵무기 개발의 위험성이 있는 우라늄 농축 시설과 플루토늄 분리 재처리 시설의 운전을 즉시 중단할 것을 촉구했다. 그리고 만일 이를 이행하지 않을 경우, 제재 조치가 따를 것임을 경고했다.

이란은 안전 보장 이사회의 결정에 연연하지 않고, 10월에 두 번째로 164대의 원심분리기 캐스케이드를 만들어 운전하기 시작했다. 안전 보장 이사회는 그해 12월 23일 이란에 대해 다시 한 번 우라늄 농축 시설의 운전 중단을 촉구하면서 경제적인 제재를 결의했다(UNSC 1737). 파일로트 시설에서 실험에 성공한 이란은 2007년 2월부터 지하에 건설한 대규모 농축 시설에서 164대로 된 캐스케이드 두 개를 설치해 운전하기 시작했다. 안전 보장 이사회는 3월 24일 소집되어 결의안을 통과시켰으며, 이란에 대한 제재 조치를 강화하는 한편 경제 제재와 함께 이란에 대한 무기 금수 조치를 내렸다(UNSC 1747).

이란은 IAEA 이사회나 유엔 안전 보장 이사회에서 원자력의 평화적 이용권을 내세우며 NPT를 위반하지 않았다고 주장했다. 하지만 서방 세계는 이란의 핵 개발이 비밀리에 시작되었으며, 투명성이 전혀 보장되지 않았기 때문에 중동의 평화에 큰 위협이 되고 있음을 주장했다. 러시아와 중국은 서방 세계에 동조하기도 하고 혹은 제재에 반대하기도 하면서 중립적인 입장을 취하고 있었다. 중동의 여러 나라들은 이란의 평화적인 원자력 이용 권리를 옹호하는 입장을 취하고 있었다. 이란은 전면안전조치협정에 따른 모든 사항의 이행에 대해 IAEA에 최소한의 협조만 하며 UN 안전 보장 이사회의 제재를 견뎌 왔다. 농축 작업이 어느 정도 진행이 되자, 2007년 8월 이란은 IAEA와 〈work plan〉이라 불리는 〈Understandings of Islamic Republic of Iran and the IAEA on the Modalities of Resolution of the Outstanding Issues〉 문서에 서명했으며, 그때까지의 모든 의혹을 해소하도록 최선을 다하겠다고 합의했다.

2007년 말까지 이란은 더 많은 원심분리기 캐스케이드를 설치하는 한편 새로운 모델에 대한 실험을 시작했다. 2008년 초까지 진행된 IAEA를 통한 이란과 서방 세계와의 협상은 결렬되고 문제는 다시 안전 보장 이사회로 넘어갔다. 안전 보장 이사회에서는 이란의 행위를 비난하면서 이란의 해외 자산 압류와 이란 국민의 해외여행 제한을 결의했다(UNSC 1803). 안전 보장 이사회는 9월에도 결의안을 채택했지만, 더 이상의 제재 조치는 부과하지 못했다(UNSC 1835). 이런 와중에도 이란은 러시아로부터 부쉐르 원자력 발전소에 사용될 핵연료를 오랜 지연 끝에 2008년 2월부터 점차적으로 공급받게 되었다.

이란은 2009년 말까지 8천 대의 IR-1형 원심분리기를 만들었으며, 이 중 4천 대를 나탄즈에 설치했으며, 5퍼센트의 농축 우라늄 생산만을

이란 농축 시설을 방문하고 있는 이란 대통령 아마디네자드

IAEA로부터 허용 받고 있었다. 이란이 IAEA에 보고한 이러한 농축 시설의 용량은 연간 4천 킬로그램 SWU로 추정되고 있다. 그러나 2010년 2월에 들어 184대의 원심분리기를 따로 분리해서 테헤란에 있는 의료용 동위원소 생산에 필요한 연구용 원자로의 핵연료를 만들기 위해 20퍼센트의 농축 우라늄을 생산하겠다고 발표했다. 생산량은 한 달에 1.5킬로그램을 넘지 않는 범위 내에서 운전하게 될 것이라고 했다. 덧붙여서 이란은 핵무기급 우라늄 농축을 할 수 있는 충분한 능력이 있지만, 나탄즈의 우라늄 농축 시설은 평화적 목적으로만 사용될 것이라고 다시 한 번 천명했다. 그러나 그것을 믿고 있는 서방 진영의 외교관들은 별로 없는 듯했다.

2010년에 들어 이란의 핵문제는 새로운 국면을 맞았다. 2010년 2월, 이란 대통령은 이란은 3.5퍼센트 농축 우라늄으로부터 20퍼센트의 농축 우라늄을 생산하겠다고 발표했다. 이란은 이미 핵무기 2개를 만들 수 있는 분량인 2.5톤의 저농축 우라늄을 확보하고 있었다. 터키/브라질/이란은 5월 17일 3.5퍼센트 저농축 우라늄 1,200킬로그램을 터키로 보내고, 대신 이란은 20퍼센트 농축 우라늄 120킬로그램을 교환한다는 데 합의했다. 이러한 제안에 대해 아랍 국가들과 중국은 환영했으나, 결국 미국과 유럽 국가들은 1,200킬로그램은 이란의 비축량의 50퍼센트밖에 되지 않으며 2009년 제안한 80퍼센트 수준이 아니라는 이유로 합의를 거부했다.

2010년 7월, 이란은 테헤란 연구용 원자로에서 의료용 방사성 물질을 생산하기 위해 2011년 9월까지 필요한 20퍼센트의 우라늄 농축을 곧 시작할 것이라 발표했으며, 같은 해 8월, IAEA는 이란이 164대의 원심분리기를 이용하여 20퍼센트까지의 농축을 준비하고 있다고 발표했다. 이에 대해 미국과 유럽 측은 추가적인 경제 제재로 맞섰다. 2011년 5월, IAEA는 2008년에 제기한 핵폭발 장치 개발 의혹과 함께 이러한 연구가 군사적 시설 영역 내에서 구체적으로 이루어지고 있다고 이사회에 보고했다.

2013년 2월, IAEA는 이란의 나탄즈 시설에 모두 1만 2,699대의 IR-1 원심분리기가 설치되어 있으며, 이는 전년도 11월보다 2,255대가 증가한 수치라고 발표했다. 그리고 포르도 시설에는 모두 2,710대의 IR-1 원심분리기가 설치되어 있으며, 이 중 일부인 174대의 원심분리기에서 19.75퍼센트의 농축 우라늄을 계속해서 생산하고 있다고 발표했다. 그리고 IAEA 발표에 따르면 이란은 지금까지 280킬로그램의 20퍼센트 농축 우라늄을 생산했으며, 3.5퍼센트 저농축 우라늄 생산량은 총 8,271킬로그램에 이르게 되었다. IAEA는 매년 발간되는 IAEA Safeguards Statement를 통해 이란에서 신고한 시설과 핵 물질에 대해 평화적 목적에서 전용되지 않았으나, 이란의 전반적인 핵활동이 평화적 목적에 부합하는 투명한 것인지에 대해서는 결론을 내릴 수 없다는 입장을 되풀이했다.

이러한 이란의 지속적인 핵활동 가운데에서도 2013년 봄부터 서방측과 이란의 대화 분위기는 점점 고조되고 있었다. 사실 UN 안보리 상임이사국 5개국과 독일 이렇게 P5+1과 이란 사이의 대화는 2009년 9월부터 시작되었다. 처음에는 그렇게 기대할 만한 성과를 내지 못했으나, 2012년 4월 회의부터 회담 분위기가 달라져 조금씩 결실을 다져 가고 있었다. EU도 2013년 2월부터 대표를 보내 회담은 E3/EU+3 대 이란 형태로 바뀌었다. 미국 정부에서도 이란에 대한 경제적 제재를 증가시키면서도 한편으로는 이란과 직접적인 대화의 가능성도 배제하지 않는다는 암시를 보내기 시작했다. 더욱이 그해 6월 15일 이란의 대통령 선거에서 온건파인 하산 로하니Hassan Rouhani가 대통령에 당선되자, 이란의 강경 노선은 협상 쪽으로 기울어지기 시작했다. 미국 오바마 대통령은 새로 당선된 이란 로하니 대통령에게 친서를 보내 이란이 국제사회에 핵활동의 투명성을 보장한다면 경제 제재를 철회할 수 있다고 했다. 마침내 9월에는 1979년 이란의 이슬람 혁명 이래 처음으로 두 대통령 사이에 전화를 통한 대화가 이루어졌으며, 오바마 대통령이 협상 가능성의 길이 열렸다고 스스로 기자회견에서 밝혔다.

이러한 변화의 결과로 2013년 11월 24일, P5+1 서방측과 이란과의 협상은 마침내 제네바에서 6개월 시한부 합의 사항인 〈Joint Plan of

Action〉으로 첫 결실을 얻게 되었다. 주요 골자는 이란은 향후 5퍼센트 미만의 농축 우라늄만 생산할 수 있으며, 기존의 20퍼센트 농축 우라늄 전량은 5퍼센트 미만으로 희석downgrade시키기로 합의했다. 또 원심분리기 추가 설치 금지, 나탄즈 시설에서는 50퍼센트의 원심분리기를, 그리고 포르도 시설에서는 75퍼센트의 원심분리기의 운전 정지, 고급 원심분리기인 IR-2의 사용 금지, 플루토늄 생산용 아락 중수형 원자로의 건설 중단 등에도 합의했다. 국제 사회는 그 대가로 70억 달러 규모의 경제 금융 조치를 완화해 주기로 했다. 이러한 합의는 6개월간의 잠정적인 합의 사항이라 할지라도 이것은 양측 간의 구체적인 협상을 마련하는 데 충분한 시간을 줄 수 있다고 설명했다.

E3/EU+3 대표와 이란 대표는 2014년 1월 제네바에서 다시 만나 JPA를 2014년 1월 20일부터 이행하기로 발표했다. 양자 간의 주요 합의 사항에 대한 윤곽이 드러났으니 이제부터는 실무 전문가들이 구체적 협상을 할 차례였다. 그러나 실무협상은 쉽지 않았다. 수많은 협상 테이블을 통해 구체적인 합의가 아주 조금씩 이루어질 뿐이었다. 때로는 고위급 회담이 필요할 때도 있었고, 합의는 더디게 진행되었다. 6개월간의 협상 기간 동안, 이란에서 20퍼센트 농축은 더 이상 이루어지지 않았으며, 이란은 그동안 IAEA에서 계속 의문을 제기했던 군사 이용 가능 기폭장치detonator에 대한 정보를 2월과 5월 두 차례 제공했다. 이란은 이 정보를 제공하면서도 이것은 민간 폭발 실험이었다고 주장했다.

양측은 6개월간의 협상 시한 내에 최종 합의를 도출해 내지 못하고, 다시 6개월간 협상을 연장했다. 합의된 시한은 11월 24일이었고, 그동안 이란은 20퍼센트 농축 우라늄을 희석하는 조치를 곧 취하겠다고 약속했다. 하지만 11월에 이르러서도 양측은 합의점에 도달할 수 없었고, 다시 7개월간 협상을 연장하기로 합의했다. 2015년에 들어서 최종 합의는 가까워졌고, 장관급 회담, 차관급 회담, 실무 전문가 회담이 거의 매일 열리게 되었다. 7월 초 몇 차례의 협상 기간 연장 끝에, 7월 14일 마침내 구체적 합의인 〈포괄적 공동행동계획Joint Comprehensive Plan of Action〉이 마련되었다. 합의 결과인 JCPOA는 세계 각국 지도자들로부터 대대적인 환영을 받았고, 7월 20일 UN 안보리는 결의안(UNSC 2231)을 채택하여 이란과의 최종 합의안에 대해 추인했다.

이렇듯, 이란은 2002년부터 2015년까지 무려 13년 동안이나 협상을 벌이면서, 그들이 평화적 목적이라고 주장한 우라늄 농축 프로그램에 대해 서방측의 동의를 얻어 내는 데 성공했다. 그들은 그동안 UN 안전 보장 이사회에서 결의한 여러 차례의 경제 제재를 견디어 냈으며, 그들이 그렇게도 원했던 우라늄 농축 프로그램을 확보하게 되었다.

핵무기 테러

히틀러나 빈 라덴이 핵무기를 소유하고 있었다면 어떻게 되었을까? 히틀러가 미국보다 먼저 핵무기를 손에 넣었다면, 제2차 세계 대전의 결과가 달라졌을까? 연합군의 피해는 더 컸을 것이고 전쟁이 더욱 길게 계속될 수도 있었겠지만 결과가 크게 달라지지는 않았을 것이다. 빈 라덴 같은 인물이 핵무기를 수중에 넣을 수 있는 가능성은 없을까? 우리는 그러한 일이 일어나지 않기를 바라지만, 전혀 불가능한 일도 아니다.

전 CIA 국장 스탠스필드 터너Stansfield Turner 제독에 따르면, 1980년대에 수단의 수도인 하르툼에 〈플루토늄 블랙마켓〉이 열렸다고 한다. 세계 여러 곳의 핵연료 제조 공장이나 연구소에서 사라진 소량의 핵 물질이 거래될 수 있다는 얘기다. 고객은 주로 이스라엘, 남아공, 파키스탄, 이라크, 이란, 리비아, 그리고 팔레스타인해방기구(PLO)였다고 한다. 거래 가격은 킬로그램당 500만 달러 정도였다고 한다. 확인할 수 없지만, 여러 번의 거래가 이라크와 이스라엘을 대상으로 이루어졌다고 전해진다.

1991년에 소련 정부가 와해되면서 소련 내 여러 곳에 산재해 있던 손가방만 한 핵폭탄 100여 기가 분실되었다는 보도가 있었다. 1997년 미국 CBS 방송의 「60분」이라는 시사 프로그램에 의하면, 전 러시아 국가 안보 자문 위원이었던 알렉산더 레베드Alexander Lebed는 소련 붕괴후 100기 이상의 소형 핵폭탄이 분실되었으며, 그것은 소련이 가지고 있었던 250기의 소형 핵폭탄 중의 일부라고 말했다. 그의 말에 따르면, 러시아 당국은 100기 이상의 소형 핵폭탄의 소재에 대해 정확히 알지 못하고 있고, 그것이 도난당했거나 불법으로 다른 나라에 유출되었을 가능성도 있다고 의심하고 있다.

그러나 러시아 대통령 블라디미르 푸틴은 2001년 ABC 방송 기자와의 인터뷰에서 자신은 그러한 사실에 대해 알거나 보고 받지 못했다고 말했다. 여러 군사 전문가들은 100기는 아니지만, 상당수의 소형 핵폭탄이 소련 붕괴 후에 사라졌을 가능성이 있다고 보고 있다.

미국과 소련은 전술적인 목적으로 소형 핵무기를 개발했는데 군인이 배낭처럼 메고 다닐 수 있을 정도의 크기로 만들어졌다. 1950년대 미국이 개발한 제일 작은 핵무기는 개인이 이동시킬 수 있었던 무게 23킬로그램의 Mk-54 핵폭탄으로 M-28 반동 소총으로 발사할 수 있도록 개발되었다. 1960년대에는 시한장치가 포함된 Mk-54 SAD-M(Special Atomic Demolition Munition)을 개발했는데, 이것은 어깨에 메고 이동시킬 수 있는 배낭형이었다고 한다.

이렇게 작은 핵폭탄이 분실 사고나 도난에 의해 만약 테러리스트의 손에 들어간다면 어떻게 될까? 몇몇 영화들이 그러한 소형 핵폭탄 분실과 도난을 주제로 제작되었다. 그중 하나가 조지 클루니와 니콜 키드만이 주연한 1997년 작품 「피스메이커Peacemaker」였다. 이 영화에서 러시아에서 흘러나온 소형 핵폭탄이 보스니아 민족주의자의 손에 들어가고, 테러리스트는 자신들을 돕지 않는 유엔에 불만을 품고, 배낭 속에 핵폭탄을 넣고 유엔 본부에서 핵폭탄을 터뜨리기 위해 뉴욕 거리를 질주하는 장면을 볼 수 있다.

이러한 영화에서 보듯이 핵전쟁을 억제할 수 있다는 논리로 만들어 놓은 수많은 핵무기들 가운데 단 몇 기라도 테러리스트의 손에 들어간다면 우리는 9·11사태보다 더 처참한 광경을 목격하게 될지도 모른다. 대도시의 한복판에서 아무런 경고도 없이 핵폭탄이 터진다고 상상해 보라.

2001년 미국은 생각지도 못한 방법으로 오사마 빈 라덴이 주도한 9·11 테러를 당했다. 테러리스트들이 미국에 가한 테러가 이것이 처음은 아니지만, 그 충격은 너무나 컸다. 그것은 국경 없는 전쟁이나 마찬가지였다. 9·11 사태는 결과적으로 아프가니스탄과 이라크에서 미군이

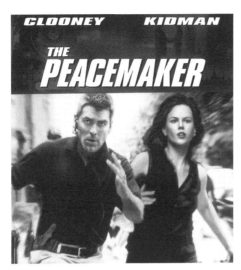

영화 「피스메이커」의 포스터, 1997.

작전을 수행하게 만들었다. 오사마 빈 라덴은 서구 사회에 극도의 반감
을 가지고 있었으며, 이슬람 문화를 서구 사회의 침략으로부터 방어해
야 한다는 의무감을 느끼고 있었다. 그는 수단과 방법을 가리지 않고 소
수 정예의 테러리스트를 양산해 서구 사회의 대도시에서 테러를 일삼
았다.

　　오사마 빈 라덴 그룹의 추종자들은 서구 사회에 대한 테러의 수단
으로 핵무기까지 사용하려 들고 있다. 그들은 서구 사회의 더 많은 사람
들을 죽일 수 있는 핵무기를 획득하는 것이 그들의 종교적 의무라고까
지 생각하고 있다. 9·11 테러가 일어나기 3년 전, 오사마 빈 라덴은 〈이
슬람의 핵폭탄〉이란 제목의 지령을 내려 알라 신의 적들을 응징하기 위
해 가능한 한 모든 힘을 갖추는 것이 자신들의 임무라고 말했다.

이슬람권에서는 어떠한 수단을 써서라도 핵폭탄을 보유하는 것이 서구 사회에 대한 그들의 결단력과 자긍심을 높여 주는 것이라고 대부분 생각하고 있다. 오사마 빈 라덴은 핵무기를 보유하기 위해 노력하는 이웃 형제 나라들을 지원했고, 자신도 소련이 와해되는 과정에서 핵무기를 구매하려고 노력하다가 150만 달러를 사기당했다는 소문도 있었다.

미국이 지금 가장 두려워하는 것은 핵무기에 의한 테러이다. 그러한 두려움은 미국의 정책으로 나타나기 시작했다. 우리는 미국의 새로운 핵 정책을 2010년 4월에 마련된 미국의 향후 5년에서 10년간의 핵 정책의 방향과 기조를 포괄적으로 다룬 〈핵 태세 점검 보고서NPR〉에서 볼 수 있다. 오바마 대통령은 보고서에서 우리가 불량 국가와 테러 조직이 러시아나 중국보다 더 큰 위협이 된 새로운 시대에 살고 있다면서 미국의 핵 정책을 크게 변화시켜야 한다고 강조했다.

오바마의 〈핵 태세 점검 보고서〉 후에 열린 44개국 정상들의 제1차 핵 안보 정상 회의Nuclear Security Summit에서도 핵 테러리즘에 대한 대처 방안과 핵 통제 밖에 있는 핵 비보유국이나 테러리스트 집단의 손에 핵 물질이 넘어가는 것을 방지하는 방안에 대한 논의가 전개되었다. 핵 안보 정상 회의는 더 이상 일회성 모임이 아니다. 제2차 회의를 서울에서 여는 등 2년에 한 번씩 열리고 있으며, 서구 사회에서 가장 중요한 문제의 하나로 대두되고 있는 핵 테러에 대한 국제 사회의 협력과 대책을 강구하는 정상들의 회의로 정착되고 있다.

현재 핵 물질에 대한 크고 작은 도난 사건들이 IAEA에 즉각적으로 보고되고 있다. IAEA는 핵 물질의 도난이나 불법 거래에 대한 데이터베이스를 만들고 그 흐름을 주시하고 있다. 1950년대부터 미국과 세계의 여러 핵 시설에서 크고 작은 핵 물질의 도난 사건이 잇달았다. 과거에 작게는 몇 그램부터 많게는 수백 톤에 이르는 수많은 핵 물질들이 호기심에서, 그리고 거액을 챙겨 보려는 목적으로 도난당하고 불법 거래된 것이다.

이러한 핵 물질은 여러 핵 시설에서 처리, 가공 및 생산되는 과정에서 자연 손실되거나 혹은 재고 검사에서 소재 불명으로 보고된 것들이다. 이러한 미계량 물질(MUF, Material Unaccounted For)은 분말, 기체, 액체 형태의 물질을 취급하는 어떠한 공정에서도 통상적으로 발생하게 되어 있으며, 정부의 통제를 위해 국가나 IAEA에 반드시 보고하도록 되어 있다.

사실 핵무기를 만들기 위해 핵폭탄을 설계하는 것은 그렇게 큰 문제가 아니다. 핵폭탄을 만들 수 있는 원료 물질만 있다면 핵폭탄의 설계는 몇 사람의 힘만으로도 가능하다. 제2차 세계 대전 이후에 웬만한 물리학 지식을 가진 사람이라면 핵폭탄의 원리를 충분히 이해하고 있기 때문이다. 그리고 완벽하지는 않지만 인터넷상에도 많은 지식들이 떠돌고 있다. 문제는 핵폭탄의 원료 물질을 어떻게 수중에 넣느냐는 것이다. 고농축 우라늄과 플루토늄이 있다면 핵폭탄 제조는 그렇게 어려운 일이 아니다. 다시 말해 광산에서 나오는 우라늄만 있다면 과학자 수십 명이 협력해 숨겨진 비밀 농축 시설을 통해 고농축 우라늄을 얻거나, 비밀 원자로에서 플루토늄을 생산해 낼 수도 있는 것이다.

IAEA에 보고되고 있는 불법 유통된 핵 물질의 양은 비록 소량이지만, 그것들이 누군가의 손에 의해 모두 합쳐진다면 핵무기를 충분히 만들 수도 있을 것이다. 현재의 원심분리기에 의한 농축 기술은 칸의 핵 확산 네트워크에서 살펴보았듯이, 소규모로도 얼마든지 확산될 수 있다는 것을 보여 주고 있다. 확산의 위험이 있는 핵 기술과 불법 거래된 핵 물질이 서로 만날 때, 거기에 인류의 평화와 공존을 위협하는 핵 테러리즘이 얼마든지 가능하다는 것을 우리는 깊이 인식할 필요가 있다. 정치 지도자들은 이러한 상황에 철저하게 대비해야 할 것이다.

12 북한의 핵무기 야망

북한 핵 개발의 시작

북한의 핵 개발 프로그램은 1950년대 중반부터 시작되었다고 할 수 있다. 한국 전쟁 초반 미국 정부는 북한에 대해, 그리고 휴전 회담이 막바지에 이르렀을 때 중국에 압력을 넣기 위해 핵무기의 사용을 검토하고 있다는 기사를 신문 지면을 통해 흘렸다. 북한과 중국은 미국의 핵무기 사용 위협에 공포를 느꼈을 것이고, 자신들도 독자적인 핵 개발의 필요성을 느꼈을 것이다.

한국 전쟁이 끝난 후, 북한은 1955년 4월 〈원자 핵물리 연구소〉 설립을 결정했으며, 1956년부터 방사 화학, 고에너지 물리 등을 연구하기 위한 30여 명의 과학자들을 소련의 두브나 핵 연구소에 연수차 파견하면서 핵물리 화학 계통의 과학자들을 육성하기 시작했다. 1959년도에는 북한과 구소련이 〈평화적 목적을 위한 원자력 분야의 협력 협정〉을 체결했으며, 유학생들을 동독과 중국에 파견해 새로운 학문을 습득하게 했다.

　이어서 북한은 지하자원이 비교적 풍부하다는 이점을 활용해 자국 내에서 우라늄 광물에 대한 탐사를 시작했다. 그리고 1960년 초에 0.8퍼센트 정도 함유된 우라늄 원광을 어렵지 않게 발견할 수 있었다. 그중에서 특히 평안북도 순천과 황해남도 평산에서 많은 양의 우라늄을 발견할 수 있었으며, 그 광산에서 채광할 수 있는 양은 믿기 어려울 정도로 많은 약 400만 톤 정도로 알려져 있다. 2015년 현재 알려진 전 세계의 우라늄 매장량은 경제성이 있는 것만 추리면 약 7600만 톤 정도라고 한다. 1년간 채광량이 6만 톤 정도인 것을 감안한다면, 북한은 전 세계 우라늄 매장량의 절반 정도를 보유한 셈이다. 세계의 유력한 우라늄과 에너지 기관에서는 북한의 우라늄 매장량을 통계에서 제외하고 있다.

　1962년 당시 북한은 평안북도의 영변에 본격적인 원자핵 연구소를 설립하고, 구소련으로부터 연구용 원자로인 2MWt급 IRT-2000 원자로를 도입할 준비를 하고 있었다. 이미 남한이 미국에서 제공한 TRI-GA-II 연구용 원자로를 1962년부터 보유하고 있었기 때문에, 소련으로부터 평화적 목적의 방사성 동위원소 생산용 원자로를 도입하게 된 것이다.

　1967년부터 운전되기 시작한 이 원자로는 1968년 소련이 이라크에 공급해 준 원자로와 동일한 모델이었다. 하지만 이 원자로는 출력이 낮기 때문에 핵무기용 플루토늄을 생산해 낼 수 있는 원자로가 아니다. 그동안 소련이 공급한 이 원자로를 여러 나라에서 출력을 증강시킨 것과 같이, 북한은 처음에는 4MWt로 다음에는 8MWt로 열 출력을 증강해 가면서 핵물리에 관한 지식을 얻고 있었다. 구소련은 이 원자로에 사용되는 핵연료를 1980년대 중반까지 공급했는데, 이 원자로는 현재 핵연료 공급 부족으로 갑상선 암 치료제인 요오드-131을 생산하기 위해 간헐적으로 운전되고 있다고 보고되고 있다.

1962년 10월 쿠바 미사일 위기 때, 소련이 미국과의 관계를 유지하기 위해 카스트로를 배반하고 쿠바에서 결국 미사일을 철수하게 되자, 북한은 구소련을 동맹국으로서 믿기 어렵다고 판단하기 시작했다. 1965년 북한 대표는 소련의 수상 알렉세이 코시긴Aleksei Kosygin에게 〈북한의 지도자는 소련 공산당과 소련 정부를 믿지 못하고 있다. 그리고 소련이 정말로 북한과 소련의 상호 우호 조약에 따라 북한을 어떠한 위협으로부터 보호해 줄지 의심스럽다〉고 밝혔다. 그 후 북한 지도자 김일성은 70만 명의 군대와 20만 명의 경찰력을 키우면서 소련에 대한 의존에서 탈피하려고 노력했다.

1970년의 제5차, 그리고 1980년의 제6차 북한 노동당 전당 대회에서 북한은 급속한 전기 생산을 위해 원자력 에너지의 개발이 필요하다고 결의했다. 이때부터 북한은 영변의 핵 개발 센터에 자체적으로 원자로를 설계·건설하는 한편, 구소련으로부터 600MWe급 VVER 상용 원자력 발전소 도입을 추진하기 시작했다. 소련은 상용 원자력 발전소 도입을 위해서 먼저 NPT에 가입할 것을 요구했다. 이에 따라 북한은 1985년 12월 NPT에 가입함과 동시에 NPT를 발효시켰다. 그러나 소련으로부터의 원자력 발전소 도입은 지연되었고, 결국 1991년 소련의 붕괴로 원자로 도입은 영구히 무산되고 말았다.

북한은 영변에 자체적으로 건설하려는 원자로로 영국 셀라필드에

	영국 콜더홀 원자로	영변 5MWe 원자로
전력 생산량	46MWe	5MWe
열 생산량	182MWt	25MWt
연료 채널 수	1696	812
노심 직경	9.45m	6.43m
노심 높이	6.4m	5.9m
핵연료 크기	102cm	59cm
채널당 핵연료 수	6	10
우라늄 총량	120톤	50톤
평균 연료 효율	1.53MWt/tU	0.5MWt/tU

영국 콜더홀 원자로와 영변 5MWe 원자로 비교

건설한 콜더홀Calder Hall 발전소(세계 최초로 상용과 군사용 목적을 겸한 50MWe 규모의 마그녹스Magnox형 발전소)를 모델로 삼았다. 콜더홀 원자력 발전소는 1953년에 건설을 시작하여 1957년에 완성되었으며, 2003년까지 47년간 성공적으로 운전된 발전소였다. 게다가 원자력 발전소 설계 자료가 비밀에서 해제되어 북한이 손쉽게 자료를 확보할 수 있었다. 북한이 이 원자로를 모델로 삼은 것은 두 가지 이유에서였다. 첫 번째 이유는 이 원자로는 농축을 필요로 하지 않은 천연 우라늄을 사용해 마그녹스 합금으로 피복한 핵연료를 사용했다. 이 때문에 핵연료를 공급하는 데 북한에 없는 농축 시설을 거치지 않아도 된다는 장점이 있었다. 두 번째 이유는 마그녹스 원자로는 상용으로 전기를 생산할 뿐만 아니라, 군사용에 적합한 플루토늄도 생산한다는 장점을 가지고 있다.

영국 콜더홀 원자로와 북한 영변 연구용 원자로

　북한 과학자들과 기술자들은 외국의 도움 없이 영국의 콜더홀 발전소를 10분의 1 크기로 축소 설계했다. 당시 북한의 기술로는 콜더홀 발전소를 원래 크기대로 건설하는 데 상당한 어려움이 예상됐다. 우선 기술적인 문제점이 많았기 때문에 먼저 축소해 건설한 뒤 운전하면서 기술적 어려움을 극복하고 거기에서 습득한 기술을 바탕으로 장차 더 큰 원자로를 건설할 계획이었다. 북한은 IAEA에 그것이 5MWe급 전력 생산용 원자로라고 보고했지만, 사실 이 원자로는 전력 생산용이라기보다는 핵무기용 플루토늄 생산에 적합한 열 출력 약 25MWt 상당의 〈가스 냉각 흑연 감속 원자로〉라는 사실을 전문가들은 모두 알고 있었다.

　북한은 플루토늄을 생산하는 데 더 큰 목적을 두었기 때문에, 이 원자로의 사용후 핵연료에서 나오는 플루토늄을 재처리하기 위한 시설을 영변 핵 개발 센터 단지 안에 동시에 건설하기 시작했다. 북한이 건설한 이 원자로에서 나오는 열과 전기는 핵 개발 센터 단지와 주변의 주거 지역에만 공급되었다. 전력을 멀리 송전하는 송전탑 등은 주변에 존재하지 않았다. 이것은 이 원자로가 전기를 주목적으로 생산하는 상용 목적보다 플루토늄을 생산하는 군사적 목적으로 건설되었다는 것을 뒷받침하는 또 하나의 증거이기도 하다.

영변 원자로가 완성된 시점에 대해서는 북한과 서방측의 주장이 완전히 다르다. 북한은 IAEA에 공개하기 2년 전인 1989년 완성했다고 주장하고 있으나, 미국과 서방은 인공위성 사진에 근거해 그것이 1987년에 완성되어 운전을 시작했다고 주장하고 있다. 운전 시점에 따라 북한이 보유한 플루토늄의 양이 달라지기 때문에 이 문제가 매우 중요하다. 북한은 영변 원자로의 건설과 운전에서 얻은 경험을 바탕으로, 같은 단지 내에 1985년부터 콜더홀 발전소와 같은 크기의 50MWe 규모의 발전소를, 그리고 태천에 규모가 훨씬 큰 200MWe 규모의 발전소를 건설하기 시작했다. 1992년에 처음으로 IAEA에 공개되었을 때, 영변의 50MWe 발전소는 이미 50퍼센트 정도의 외부 건설 공사가 진행되고 있었다. 하지만 북한 당국자는 IAEA에 1995년 완공 예정이라고 말했고, 태천의 발전소 역시 약 10퍼센트 정도의 건설 공정밖에 진행되지 않았지만 1996년 완공 예정이라고 보고했다.

만약 북한이 러시아에서 원자력 발전소를 도입할 계획 없이, 처음부터 자체적으로 플루토늄 생산용 원자로만을 설계하고 건설하는 방법을 추구하면서 NPT에 가입하지 않았다면 어떻게 되었을까? 북한이 NPT에 가입하지 않았다면, 북한은 인도와 파키스탄과 똑같은 국제적 지위에 있었을 것이다. 모든 핵 시설에 대한 IAEA의 사찰도 없었을 것이고, 국제 사회의 제재도 크게 받지 않았을 것이다. 북한이 구소련으로부터 상용 원자력 발전소를 도입하기 위해 1985년 12월 갑자기 NPT에 가입하기로 결정한 사건은 남한과 국제 사회에 매우 다행한 일이었고, 반면 북한 정권에게는 아주 치명적인 결정이었다고 할 수 있다.

NPT 가입과 IAEA 사찰

북한은 핵무기 개발 계획을 이미 가지고 있으면서도 국제법을 가볍게 보고, 소련으로부터 원자력 발전소를 도입하기 위해 그동안 미루어 왔던 NPT에 가입했다. 그러나 소련의 변화와 붕괴로 소련으로부터 원자로를 공급받지 못하면서 북한의 계획은 틀어졌다. 심지어 일단 가입한 NPT에 많은 제약이 따른다는 것을 뒤늦게 깨달았다. 북한은 NPT 제3조에 의해 필수적으로 곧 체결해야 하는 IAEA와의 핵 안전조치 협정을 무려 7년간이나 끌었다. IAEA의 핵 사찰을 계속 거부해 오다가, 결국 1992년 1월에 가서야 핵 안전조치 협정을 체결하기에 이르렀다.

핵 안전조치 협정의 체결과 동시에 북한은 자국 내의 모든 핵 시설을 IAEA에 보고해야 하는 의무를 지게 되었다. 이에 따라 당시 운전 중이었던 영변의 5MWe급 연구용 원자로와 건설 중이던 두 기의 대형 원자로, 그리고 기타 핵 시설 등 16개의 시설을 IAEA에 신고하면서, 국제 사회에 북한 핵 시설의 실체를 처음으로 공개하기에 이르렀다.

신고한 핵 시설 가운데는 운전 중인 두 기의 원자로와 건설 중인 두 기의 원자로 외에, 영변에 있는 방사 화학 실험실, 핵연료 가공 공장, 핵연료 저장 시설, 핵물리 연구를 위한 임계 시설 등과 황해북도 평산과 박천에 있는 우라늄 정련 공장 등이 포함되어 있었다. 이 중에 특별히

	시설	위치	비고
1	IRT-2000 연구용원자로 및 임계 시설	평북 영변 핵물리연구소	가동
2	교육용 미임계 시설	평양 김일성대학	가동
3	핵연료봉 제조 및 가공 시설	평북 영변	가동
4	5MWe 흑연 원자로	평북 영변 핵물리연구소	가동
5	50MWe 흑연 원자로	평북 영변	건설 중
6	200MWe 흑연 원자로	평북 태천	건설 중
7	방사화학실험실	평북 영변	임시 가동 중
8	평산 우라늄 광산	황해도 평산	가동
9	순천 우라늄 광산	평남 순천	가동
10	평산 우라늄 정련 시설	황해도 평산	가동
11	박천 우라늄 정련 시설	평북 박천	가동 중지 ('92)
12	635MWe VVER 상용 원자로 1호기	함북 신포	계획 중
13	635MWe VVER 상용 원자로 2호기	함북 신포	계획 중
14	635MWe VVER 상용 원자로 3호기	함북 신포	계획 중
15	동위원소 가공 시설	평북 영변	가동
16	폐기물 시설	평북 영변	가동

1992년 IAEA에 신고한 북한의 핵 시설

IAEA 초기 사찰의 눈길을 끌었던 시설은 영변에 있는 방사 화학 실험실이었다. 이 시설은 외부 크기가 6층 높이에 길이 180미터, 폭 20미터의 대규모 건물이었다. IAEA 전문가들은 이 건물이 상당히 규모가 큰 플루토늄을 분리 생산하기 위한 핵연료 재처리 시설이라는 것을 한눈에 알 수 있었다.

이 정도의 크기라면 연간 50킬로그램에서 100킬로그램 정도의 플루토늄을 사용후 핵연료에서 추출할 수 있다. 이 재처리 시설은 일반 공정 80퍼센트, 시설 공정 40퍼센트 정도로 건설이 진행되고 있었으며, 2004년 1월 처음으로 북한 방문이 허락된 당시 미국 로스앨러모스 연구소 소장 지그프리드 헥커Siegfried Hecker 박사에게 북한은 이 시설의 사용후 핵연료 처리 용량이 연간 우라늄 110톤 규모라고 밝혔다. 헥커 박사는 재처리 핵 시설에서 생산한 핵무기급 플루토늄을 확인했다. 북한이 보여 준 이 시설이 영변 핵 개발 센터 단지 내에 존재하고 있었기 때문에 서방측은 북한이 핵무기 개발 체제를 완전히 갖추고 있다고 보았다. 영변 핵 개발 센터 단지 안에는 약 3천 명 규모의 과학자들과 기술자들이 일하고 있다고 후일 북한 당국은 밝힌 바 있다.

1992년 9월, IAEA의 최초 사찰 팀이 북한에 도착했다. IAEA에 처음으로 제출한 보고서에는 북한이 약 90그램의 플루토늄을 보유하고 있으며, 이는 1989년 5MWe 원자로 안에서 파손된 핵연료봉 일부를 원자로에서 꺼내 1990년 방사 화학 실험실에서 재처리해 분리한 플루토늄이라고 했다. IAEA는 사찰 규정에 따라 북한이 보유하고 있던 플루토늄과 다른 플루토늄 함유 용액 등에서 샘플을 채취해 IAEA의 안전조치국에 속한 실험실에서 분석했다. 샘플 분석 결과는 의외로 플루토늄 동위원소 구성비가 여러 가지로 나타났고, 또한 플루토늄의 생산 연도를 알 수 있는 아메리슘-243의 구성비도 다양하게 나타났다. 결과적으로 IAEA는 북한이 1989년에 한 번만 핵연료를 원자로에서 인출한 것이 아니라, 1990년과 1991년에도 원자로에서 핵연료를 인출한 사실을 확인했으며, 한스 블릭스 IAEA 사무총장은 북한이 추출한 플루토늄의 총량은 킬로그램 단위로 추정된다고 IAEA 이사회에 사찰 결과를 보고했다.

첫 번째 한반도 핵위기

IAEA의 핵 사찰 결과가 사실과 다르다고 강력하게 반발하던 북한은 끝내 NPT를 탈퇴하겠다고 국제 사회에 선포했다. 1992년 1월 20일 한반도의 비핵화 공동 선언 이후 남북한 사이에 많은 정치적 회담이 오갔고 한반도를 둘러싼 긴장이 크게 완화되었음에도 불구하고, 북한과 IAEA 사이에는 플루토늄 추출과 관련된 사찰 결과에 대해 IAEA 이사회를 통해 많은 논쟁이 지속되었다. 이듬해인 1993년 2월에 열린 IAEA 이사회를 통해서 한스 블릭스 사무총장은 안전조치 협정에 명시된 특별 사찰을 북한 내에서 실시해야 한다고 주장했고, 반발한 북한은 결국 3월 12일 NPT에서 탈퇴하겠다고 선언했다. 4월 1일에 열린 IAEA 특별 이사회에서 북한이 안전조치 협정을 위반했으며, 이를 유엔 안전 보장 이사회에 보고하기로 결정했다.

유엔 안전 보장 이사회에서는 5월 11일 대북 결의안 UNSC 825호를 통과시켜 북한이 국제 사회의 평화와 안전을 위해 NPT 조약을 준수할 것을 촉구했다. 한편 미국은 클린턴 대통령의 지시로 북한과 접촉하며 비공식 양자 회담을 통해 북한을 설득하기 시작했다. 거의 3개월간의 접촉 끝에 마지막으로 북미 고위급 회담을 6월 2일부터 11일 사이에 뉴욕에서 열었고, NPT 탈퇴 효력 정지를 합의하기에 이르렀다. 북한은 미국의 설득으로 NPT 제10조 1항에 규정된 3개월의 탈퇴 시효를 하루 앞두고 NPT 탈퇴를 취소했다.

북한은 다시 IAEA의 사찰을 허용하기는 했지만, 사찰 활동은 제한된 범위와 방법에서 벗어나지 못했다. IAEA 사무총장은 12월 이사회에 이러한 제한된 사찰로는 북한의 핵활동이 평화적 목적으로 이루어지고 있는지 확신할 수 없다고 보고하기에 이르렀다. IAEA와의 협상 결과, 북한은 다음 해인 1994년 3월 1일부터 15일까지 2주 동안 IAEA의 사찰을 받아들이기로 했다. IAEA의 사찰에서 가장 핵심적인 요소는 5MWe 원자로의 과거 원자로 운전 가동 기록에 대한 철저한 조사였지만 이를 북한 당국은 받아들이지 않았고, 오히려 이 사찰을 통해 북한에 대한 의혹은 더욱 커져만 갔다. 3월 21일 IAEA 이사회에서는 북한의 비협조적인 태도에 대해 다시 유엔 안전 보장 이사회에 보고하기로 결정했다.

이런 상황에서 북한은 5MWe 원자로의 운전 가동에 대한 자료를 더 이상 밝혀 내지 못하게 하려고 그해 5월 4일부터 핵연료 교환기를 두 대나 설치해 원자로에 장전되어 있던 8천 개의 핵연료봉을 IAEA 사찰관의 입회 없이 약 1개월이라는 빠른 기간 내에 서둘러 인출해 순서 없이 뒤섞어 버렸다.

북한이 얼마나 많은 플루토늄을 보유하고 있는지는 당시 운전 중이던 영변의 5MWe급 원자로의 운전 일지에 달려 있었기 때문에 IAEA측의 입장은 강경했다. 핵연료를 원자로에 얼마나 많이 장입했고 얼마나 오랜 기간 운전했으며, 또 얼마나 자주 핵연료를 교체했는지에 따라 플루토늄의 생산량이 달라진다. 영변에서 운전 중이던 규모의 원자로에 핵연료를 채우고 1년 정도 운전하면 단순 계산만으로도 핵무기 1~2기에 상당하는 플루토늄을 생산해 낼 수 있다는 예측이 가능하다. 북한이 이 원자로를 국제 사회에 공개하기 전에 2~3년간 비밀리에 가동했다면, 생산된 플루토늄은 25~36킬로그램에 이를 것이라고 가정할 수 있다. 실제 영국에서 발행되는 군사 전문지인 『제인스 인텔리전스 리뷰 *Janes Intelligence Review*』에 실렸던 기사에 의하면(특별 보고서 9호), 버뮤데즈Joseph Bermudez Jr. 박사는 〈북한은 5MWe급 원자로에서 플루토늄 10~15킬로그램을 추출했으며, 1994년 인출한 8천 개의 핵연료봉에서 다시 18~25킬로그램의 플루토늄 추출이 가능할 것이다〉라고 말했고 이러한 주장에 많은 사람들이 동조하고 있다.

IAEA에 대한 비협조적인 북한의 태도로 인해, 1994년 6월 IAEA 이사회는 북한이 안전조치 협정을 계속 위반하고 있기 때문에 IAEA에서 제공하는 모든 기술 원조를 중단할 것을 결의했고, 이에 대응해 북한은 IAEA 회원국에서 탈퇴한다는 강수를 두었다. 1974년 북한이 IAEA의 문을 두드린 이후 20년 만에 IAEA 문을 스스로 박차고 나간 셈이다.

1994년 6월, 한반도의 핵 위기가 최고조에 이르자 미국 국방부는 영변 핵 시설 폭격에 관한 긴급 대책을 마련하라는 당시 윌리엄 페리 William James Perry 국방 장관의 지시에 따라 비밀리에 북한에 대한 군사 작전 준비에 돌입했다. 한편 지미 카터 전 미국 대통령은 클린턴 대통령의 특사로 북한을 방문해 김일성 주석을 만나 특별 회담을 가졌고, 김일성 주석이 〈핵 동결〉 의사를 표명해 해결의 실마리를 찾을 수 있었다.

1993년부터 북핵 위기를 풀기 위한 미국과 북한의 고위급 회담이 두 차례 있었고, 카터 전 대통령의 방북 이후 양국의 세 번째 회담이 1994년 7월 8일 제네바에서 열리기로 되어 있었으나, 그날 김일성 주석의 갑작스런 죽음으로 회담은 무기 연기되었다.

제네바 합의

그해 8월부터 제네바에서 열린 세 번째 회담부터 구체적인 합의가 이루어지기 시작했고, 10월 21일에 북한과 미국의 대표는 〈Agreed Framework〉(일명 제네바 합의)라는 합의서를 발표하기에 이르렀다.

북한과 미국과의 합의에 따라, 북한은 5MWe 원자로를 궁극적으로 폐기하는 것을 포함한 모든 핵 개발 프로그램을 동결하기로 합의했고, 미국은 북한에 2기의 1,000MWe급 원자력 발전소를 건설해 주고, 그동안에 필요한 에너지 수요를 위해 중유를 매달 일정량 지원해 주기로 합의했다. 이에 따라 북한의 원자력 발전소 건설 지원을 위해 〈한반도 경수로 사업단(KEDO, Korean Peninsula Energy Development Organization)〉이라는 다국적 조직이 만들어지게 되었다. 전체적으로 볼 때 북한은 핵 개발 프로그램을 즉시 동결하고 그 대가로 미화 46억 달러 이상에 해당하는 경제 원조를 받게 된 것이다.

IAEA는 북한의 핵 개발 프로그램의 동결에 증인으로 참여하게 되었고, 또한 매년 두 차례씩 안전조치 협정의 성실한 준수를 위해 북한과 17차례의 실무 회담을 열었지만 큰 성과를 거두지는 못했다. 2001년 11월에 열렸던 마지막 실무 회담에서 당시까지 〈북한 초기 보고서를 상세하고 완벽하게 검증하지 못했다〉는 결론만 내놓게 되었다.

북한 신포에 건설하고 있었던 2기의 1,000MWe급 원자력 발전소는, 합의에 따르면 첫 번째 발전소를 2003년에 완공해 북한 측에 넘겨주기로 되어 있었으나 공사는 시작부터 자금 문제로 지연되었다. 또한 항만 시설의 부족 등 여러 가지 기술적인 이유로 늦어졌고, 2002년 8월에 가서야 굴착 공사가 마무리되어 기초 콘크리트 공사를 시작할 수 있었다.

2001년 9월 11일, 미국은 수천 명의 생명을 앗아간 엄청난 국제 테러의 비극을 당하고 말았다. 미국 부시 대통령은 이듬해 의회 연설에서 이라크와 이란, 북한을 지목해 〈악의 축axis of evil〉이라는 강경한 표현을 써서 북한을 국제 사회에서 다시금 응징하기 시작했다. 2002년 10월 미 국무성 차관보 켈리Kelly는 북한 내에 핵무기를 만들기 위한 비밀 우라늄 농축 시설이 확실히 존재한다고 밝혔으며, 북한에 대해 이에 대한 명백한 해명을 요구하기에 이르렀다. 또 하나의 핵무기 개발을 위한 시설이 존재한다는 것은 NPT와 안전조치 협정뿐만 아니라, 한반도 비핵화 선언에도 위배되기 때문에 한국과 일본 정부도 이에 대한 명백한 해명을 요구한다고 성명을 발표했다.

IAEA에서도 새로운 핵무기 개발 농축 프로그램에 대해 즉시 해명해 줄 것을 북한에 요구했으며, 같은 해 11월 IAEA 이사회를 통해 북한이 재차 안전조치 협정을 위반하고 있다고 보고했다. 곤궁에 빠진 북한은 12월 2일 외무 장관 백남선을 통해 IAEA 사무총장에게 편지를 보내면서 IAEA의 일방적이고 공평하지 못한 조치에 대해 실망한다고 밝혔다. 12월 12일에는 북한 원자력 부장 리재선이 〈미국이 중유 공급을 일방적으로 중단했기 때문에 북한도 12월 13일자로 핵 개발 동결을 해제한다〉며, 〈1994년 미국과의 합의 이전 상태로 돌아가겠다〉고 선언했다.

12월 22일부터 북한은 IAEA 사찰 장비를 해체하기 시작했으며, 12월 27일에는 북한 내에서 활동 중이던 IAEA 사찰관들을 추방했다. 2003년 1월 6일, IAEA는 즉시 특별 이사회를 개최해 북한의 이러한 조치를 비난하고 북한에 대해 NPT와 안전조치 협정을 준수할 것을 다시 한 번 결의했다.

북한의 NPT 탈퇴와 두 번째 한반도 핵위기

2003년 1월 11일, IAEA 이사회의 결의에 대한 북한의 반응은 다시 한 번 세상을 놀라게 만들었다. 북한은 〈우리 국가의 주권과 민족의 긍지를 심각하게 침해하는〉 NPT에서 공식적으로 탈퇴한다고 국제 사회에 선포했다. 이에 IAEA는 곧 이사회를 열고 결의안을 채택해 매우 심각한 사태에 이르게 만든 북한의 행동을 규탄하고 유엔 안전 보장 이사회에 이 사건을 회부했다. 2003년 4월 9일 유엔 안전 보장 이사회는 북한의 이러한 사태에 대해 우려를 표명하면서 북한 문제를 제재를 통해서 해결하기보다는 미국과, 중국, 러시아, 일본, 그리고 남북한이 외교적 협상을 통해 해결하도록 권고했다. 이에 소위 제1차 6자 회담이 8월 27일부터 29일까지 베이징에서 열렸으나 아무런 합의점을 찾지 못하고 의장 성명서만 내고 막을 내렸다.

6자 회담은 지금까지 여섯 번 열렸다. 몇 차례 구체적인 합의에 접근한 적도 있지만 실질적으로 얻은 것은 아무것도 없다고 할 수 있다. 특별히 2005년 9월에 마친 네 번째 6자 회담에서 북한의 핵 폐기에 대해 합의점에 도달하는 것 같았지만, 2006년 7월 북한이 미사일을 일본 너머 태평양으로 실험 발사하자 유엔 안전 보장 이사회는 다시 북한을 규탄하고 즉각적으로 6자 회담에 복귀할 것을 UNSC 결의안 1695호로 결의했다. 그해 10월 9일, 북한은 마침내 한 걸음 더 나아가 함경북도 길주 풍계리 근처에서 첫 번째 핵 실험을 감행하기에 이르렀다. 북한은 불과 핵 실험 20분 전에 중국에 4킬로톤 규모의 핵 실험을 실시한다고 통보했다고 한다. 그러나 인접 지진계의 기록에 따르면 핵폭발 실험은 부분적인 성공에 그쳐 실제 규모는 0.5킬로톤에 불과했던 것으로 판명되었다.

유엔 안전 보장 이사회는 북한의 핵 실험을 규탄하고 UNSC 결의안 1718호를 통해 북한에 경제 제재 조치를 취하기로 결의했다. 결의안의 내용은 북한은 조건 없이 6자 회담에 즉시 복귀할 것과, 유엔 회원국들의 전차, 헬리콥터, 군함 등 북한에 대한 전면적인 군수품의 수출입을 금지하고, 또 북한 내에 사치품을 수출하는 것도 금지했다. 그리고 북한을 드나드는 선박들에 대해 대량 살상 무기가 선적되어 있는지를 조사할 수 있는 권한을 부여했다. 북한 대표는 이러한 UNSC 결의안에 대해 〈소용없는 유엔 안전 보장 이사회 결의안을 채택하기보다는 오히려 북한의 핵 실험에 대해 축하해야 할 것〉이라고 악평했다.

국제 사회의 압박은 다시금 거세졌으며, 북한은 이러한 압박을 견디지 못하고 최소한 국제 사회에 협조하고 있다는 표시로 그해 12월 6자 회담에 복귀했다. 그리고 영변의 원자로와 재처리 시설을 첫 단계로 폐쇄하기로 합의했다. 일단 핵심 핵 시설에 대해 폐쇄 조치를 취하고, 다음 단계로 핵심 핵 시설의 폐기와 최종적으로 북한에서 핵무기를 개발할 수 있는 모든 플루토늄을 제거하는 것이 서방측의 다음 협상 수순이었다. 북한은 6자 회담의 결과로 다음 해인 2007년 2월 IAEA 사무총장의 북한 방문을 제의했다.

2007년 2월, 북한은 2005년 9월 합의 정신으로 돌아가겠다고 약속했다. 재처리 시설을 포함한 모든 핵무기 프로그램 관련 시설의 폐기를 전제로 핵 시설 가동을 중지하고 IAEA를 통한 검증 활동을 개시할 수 있도록 합의했다. 2007년 6월 이뤄진 6자 회담에서는 〈핵 불능화 및 핵 프로그램 신고〉 합의가 이루어졌다. 북한은 핵 시설의 폐기에 앞서 우선 5개 시설에 대한 불능화에 최종적으로 합의하고, 당시까지의 북한 내 모든 핵 프로그램에 대해 정확하고 완전한 신고를 2007년 말까지 하기로 2007년 10월 3일 최종 합의했다.

합의 결과는 2008년 5월에 이루어졌다. 북한은 1만 8,000페이지에 달하는 핵 프로그램 관련 신고 문건을 6자 회담 대표들에게 건넸다. 이 보고 문건에 의하면 북한은 1986년부터 영변에서 3차례의 재처리 캠페인을 수행했으며, 2008년 당시 북한의 플루토늄 재고량은 37킬로그램이라고 밝혔다. 1992년 이래 북한이 가지고 있는 플루토늄의 양에 대한 수수께끼가 마침내 풀린 것이다. 북한은 이어서 6월 영변 연구용 원자로의 냉각탑을 폭파하는 쇼를 벌였다. 미국은 이에 상응하는 조치로 북한을 테러 지원국에서 해제했다.

2007년 3월 IAEA 사무총장이 북한을 방문해 IAEA의 검증 활동을 재개하기로 합의했으며, 6월에는 고위급 사찰 팀이 방문해 구체적인 논의를 시작했다. 6자 회담에 의한 IAEA의 사찰과 검증 활동은 2007년 7월 14일부터 재개되었다. IAEA 사찰관들은 2003년부터 2007년까지 북한의 핵 시설에 접근하지 못하다가, 이때부터 2009년 4월 중순까지 대략 2년간 영변의 핵연료 가공 공장, 5MWe 원자로, 방사 화학 실험실, 건설 중인 영변의 50MWe 원자로와 태천의 200MWe 원자로의 건설 중

영변 연구용 원자로 냉각탑 폭파, 2008

지 상태를 제한적으로 감시, 검증할 수 있었다.

하지만 이러한 북한의 협조는 2년 남짓 유지되었을 뿐이다. 그동안 북한이 일관되게 부인한 핵무기 개발 농축 프로그램에 대한 사실이 파키스탄 정부와 A. Q. 칸의 자백으로 확인되기 시작하자, 궁지에 물린 북한은 2008년 9월 영변의 재처리 시설에 설치한 IAEA의 봉인 및 감시 장치를 제거할 것을 요구했고, 재처리 시설 내의 IAEA 사찰관의 출입을 금지시켰다. 6개월 후 북한은 다시 IAEA와의 협력을 중단한다고 발표했으며, IAEA의 모든 사찰 장비를 제거하고, 2009년 4월 16일 IAEA 사찰관들이 북한을 즉시 떠날 것을 요구했다.

북한은 2009년 5월 25일 제2차 지하 핵 실험을 감행했다. 러시아 과학자들은 핵 실험 결과를 2006년 10월의 첫 번째 실험보다 규모가 10배 이상 큰 20킬로톤이라고 발표했지만, 독일의 함부르크 대학교의 칼리노프스키Kalinovsky 교수는 지진계의 데이터를 이용해 약 4킬로톤 규모라고 보고했다. 유엔 안전 보장 이사회는 6월 12일 회의를 소집해 UNSC 결의안 1874호를 채택했고, 3년 전 북한의 첫 번째 핵 실험에 대해 내렸던 주요 군사 장비와 사치품에 대한 수출입 제재 조치에 덧붙여 대북 무기 금수 조치, 금융 제재와 화물 검색 등 경제적·상업적 제재 조치를 추가했다.

유엔 안전 보장 이사회 대북 결의안이 나온 지 15시간 만에, 북한은 외무성 성명을 통해 〈우라늄 농축 작업 착수, 새로 추출한 플루토늄의 전량 무기화, 대북 봉쇄 시 군사 대응〉이라는 3개 조치를 선언했다. 북한의 발표 중 특히 주목해야 할 것은 우라늄 농축에 관한 것이다. 그동안 우라늄 농축에 대해 절대적으로 부인하던 그들이 성명에서 〈우라늄 농축 기술 개발이 성과적으로 진행돼 실험 단계에 들어섰다〉고 스스로 밝힌 것이다. 이로써 그동안 일관되게 부인해 왔던 우라늄 농축 프로그램에 대해, 북한이 오래전부터 개발 프로그램을 진행해 왔다는 사실을 본인들의 입을 통해 인정한 셈이 되었다.

북한의 우라늄 농축 프로그램

북한이 농축 프로그램에 대해 스스로 인정하기 전인 2004년 2월, A. Q. 칸에 의한 핵 확산 네트워크가 칸의 자백으로 만천하에 드러나면서 북한이 이미 파키스탄을 통해 핵 기술과 핵심 부품을 확보했을 것이라는 점은 충분히 짐작할 수 있었다. 2005년 9월, 파키스탄의 무샤라프 대통령은 외신 기자와의 회견에서 북한이 칸의 밀매 조직을 통해 우라늄 농축 기술인 원심분리기 열두 대와 관련 부품, 설계도를 확보했을 것이라고 밝혔다. 무샤라프 대통령의 발언은 2차 핵무기 개발 프로그램에 비밀리에 착수했다는 미 정보 당국의 2002년 주장을 뒷받침하는 것이라고 『뉴욕 타임스』는 지적했다. 칸 자신도 2008년 7월 AP 통신과의 인터뷰에서 지난 2000년 파키스탄에서 파키스탄 정보 요원들의 감독 아래 우라늄 농축 장비인 원심분리기가 북한 항공기에 선적되었다고 말했다.

2010년 11월, 미국 스탠퍼드 대학교 부설 국제 안보 협력 센터 소장 지그프리드 헥커 박사가 북한을 다녀가기 몇주 전, 북한은 핵연료봉 8000개의 재처리를 완료하여 전량 무기화할 수 있도록 만들었다고 선언했다. 헥커 박사는 2010년 11월 12일 영변 핵 개발 센터를 방문해 2009년 4월부터 건설하기 시작해 2012년 완공 예정인 100MWt급 실험용 경수로형 원자로와, 기존의 핵연료 가공 시설 내에 새로 설치한 우라늄 농축 시설을 시찰했다고 밝혔다.

이제 막 건설을 시작한 실험용 경수로는 기초 콘크리트 공사가 한창이었고, 전기 생산량은 25~30MWe 정도일 것이라고 추정했다. 이 용량은 한국의 첫 번째 상용 원자력 발전소인 고리 1호기 용량의 20분의 1밖에 되지 않는다. 북한은 이 실험용 원자로를 통해 기술을 습득하고 장차 더 큰 경수로를 건설할 계획을 가지고 있다고 말했다고 한다. 하지만 이 실험용 경수로의 건설은 우라늄 농축 기술의 존재를 합리화하기 위한 수단일 것으로 보인다. 이러한 경수로형 원자로에는 5퍼센트 이하의 저농축 우라늄 연료가 필요한데, 이미 설치한 연간 8,000킬로그램 SWU 규모의 우라늄 농축 시설을 통해서 공급할 예정이라고 밝혔다고 한다.

그는 또한 원심분리기 1천 대 이상이 현대식 건물 안에 정교하게 설치되어 있는 것을 보았고, 북한 당국자는 그 시설 안에 〈원심분리기 2천 대가 설치되어 가동 중〉이라고 밝혔다고 전했다.

북한이 설치한 원심분리기는 직경이 약 20센티미터, 길이가 약 1.8미터인 네덜란드 알메로 농축 시설을 모델로 한 것 같다고 헥커 박사는 보고서에서 밝혔다. 원심분리기를 만든 재질은 알루미늄 합금이며, 그 밖의 핵심 부품인 베어링이나 링 마그넷에 대해서는 언급을 회피했다고 한다. 북한 과학자는 이 시설에서 〈연간 2톤 정도의 3.5퍼센트 농축 우라늄을 생산〉할 것이라고 말했다고 한다.

하지만 이 시설에서 실험용 원자로에 필요한 저농축 우라늄을 생산하는 대신 〈핵무기용 고농축 우라늄을 생산할 경우 연간 약 40킬로그램을 생산〉해 낼 수 있다. 이는 우라늄 원자 핵폭탄을 2기 정도를 만들 수 있는 양이다. 헥커 박사가 본 북한의 농축 시설은 초현대식이었고, 이란이 지난 20년 동안 이루었던 나탄즈의 농축 설비보다 우수한 것 같다고 밝혔다. 북한 과학자는 이 시설이 현재 운전 중이라고 밝혔지만, 헥커 박사는 실제로 운전되고 있는지 확인할 수는 없었다고 보고했다.

북한의 주장을 그대로 받아들인다면 우라늄 원심분리 농축 시설의 원료 물질로써 투입되는 기체 상태의 UF6(육불화우라늄) 생산 시설이 북한의 어딘가에 존재해야 한다는 이야기가 된다. 북한은 그때까지 UF6 생산 시설에 대해 언급하지 않고 있었다. 이러한 농축 시설과 변환 시설의 건설은 다른 나라의 도움 없이는 거의 불가능하다. 유엔 안전 보

북한의 농축 시설과 비슷할 것으로 보이는 이란 농축 시설

장 이사회에 의한 경제 제재 조치가 내려진 상황에서, 이러한 제재 조치를 준수하지 않고 북한과 거래를 할 수 있는 나라는 중국과 파키스탄밖에는 없다. 2003년 12월 리비아의 비밀 농축 프로그램이 전격적으로 IAEA에 보고되었을 때, IAEA 사찰관들은 2000년과 2001년 두 차례에 걸쳐 1.7톤의 UF6를 북한에서 공급받았다는 사실을 밝혀냈다.

헥커 박사는 기존의 플루토늄 생산용 5MWe 원자로는 아직 폐쇄 상태로 있었으며, 이 시설을 다시 운전하려면 약 6개월 정도의 시간이 필요하다고 판단했다. 헥커 박사는 당시 북한이 보유하고 있는 플루토늄의 재고량은 24~42킬로그램 정도라고 판단했다. 이 정도의 재고량은 플루토늄 원자 핵폭탄을 4~8개 정도 만들 수 있는 양이다.

2002년 9월 미국이 북한의 우라늄 농축 시설의 불법 도입에 대해 추궁하려고 하자, 북한은 2003년 1월 11일 NPT를 탈퇴하겠다고 선언했고, 한반도에 두 번째 핵 위기가 닥쳤다. 당시 우라늄 농축 시설의 존재 주장이 미국의 완전한 날조라고 주장하던 북한이 얼마나 철저하게 국제 사회를 속이려고 했는지를 여실히 보여 주고 있다. 북한의 기만은 결국 영변 원자로에서 나온 플루토늄을 이용한 핵 실험으로 이어졌고, 이제는 핵무기 보유국으로 군축 회담을 하겠다고 나서고 있다. 미국의 날조라고 주장하던 북한은 2009년 제2차 핵 실험 이후에도 기회가 있을 때마다 우라늄 농축 가능성을 이야기했고, 마침내 헥커 박사에게 농축 시설을 보여 주기에 이르렀다.

김정은 시대

2011년 12월 17일 북한은 갑자기 김정일의 죽음을 맞게 되었다. 아직 체제 안정을 이루지 못한 후계자 김정은은 시간 벌기 작전으로 2012년 2월 북미 간 비밀 회담을 갖고, 〈우라늄 프로그램 중단 및 대북 식량 지원〉이라는 2·29합의를 도출했다. 그러나 이 합의는 몇 달 가지 못했다. 북한은 4월 김정은이 노동당 제1비서로 추대되자, 이틀 후 장거리 로켓 은하 3호를 실험 발사했다. 물론 2·29합의는 두 달도 가지 못하고 파기되어 버렸다.

북한은 이어서 같은 해 12월 은하 3호 장거리 미사일 2호기를 발사했지만 실패로 끝나고 말았다. 유엔 안전 보장 이사회는 이듬해 1월 북한이 장거리 미사일 발사를 강행한 데 대한 보복으로 북에 대한 제재를 확대 강화하는 내용의 결의안을 만장일치로 채택했다(UNSC 2087).

북한 체제의 안정을 이루었다고 생각한 김정은은 이에 아랑곳하지 않고 제3차 핵 실험을 2013년 2월 12일 감행했다. 또한 그는 3월 31일 노동당 중앙위원회 전원회의에서 경제 핵무력 병진 노선을 채택하고 발표했다. 이어 4월에는 영변 원자로 재가동을 발표하는 등 강경 노선으로 급선회했다.

유엔 안전 보장 이사회는 3월 7일 결의안 2094호를 채택하여, 금수 조치, 금융 제재, 화물 검색, 의심 선박 항공기 검색 및 차단, 개인과 단체 제재, 북한 외교관의 위법 행위 감시 강화 등 북한에 대한 제재를 대폭 강화했다.

북한은 충분한 핵 물질을 확보하고 있는 양, 제3차 핵 실험 후 1년이 채 지나기도 전인 2016년 1월 6일 4차 핵 실험을 감행했고, 더 이상 참지 못한 한국 정부는 2016 2월 12일 개성공단의 가동을 전면 중지한다는 결정을 내렸다. 유엔 안전 보장 이사회도 역시 3월 2일 결의안 2270호를 채택하여, 전면적인 무기 금수 조치와 단체와 개인에 대한 추가적인 제재 대상을 지정했고, 북한 통과 화물에 대한 전수 조사를 의무화했으며, 북한산 석탄, 철, 철광석 수입 금지, 금융 제재 대폭 강화 등 역대 최강 수준의 제재안을 통과시켰다.

북한 김정은은 핵무기 개발에는 어느 정도 자신을 얻은 듯, 이번에는 미사일 발사 쇼를 보여 주기 시작했다. 2016년 한 해만 해도 미사일과 방사포를 30여 발 이상 발사했으며, 8월에는 잠수함에서 발사하는 SLBM까지 성공적으로 발사하는 듯 보였다. 그리고 2016년 9월 9일에는 제5차 핵 실험을 감행했다. 계속되는 핵 실험의 영향인지는 모르나, 최근 들어 가장 강력한 규모 5.8의 지진이 경주 인근에서 3일 후에 발생했다. 제5차 핵 실험과 경주 지진의 연관성을 아직 과학적으로 규명한 학자는 없지만, 한반도에 최근 들어 지진이 잦아진 것만은 틀림없는 것 같다.

결국 1년 후인 2017년 9월 3일에 있었던 북한의 제6차 핵 실험은 대규모 지진을 유발한다는 것을 결정적으로 보여 주었다. 핵 실험 후 8분 30초 후에 풍계리 핵 실험 장에서 또 한 차례의 인공 지진이 감지되었다. 처음에는 북한이 연이은 핵 실험을 하지 않았나 하는 의구심을 갖기도 했지만, 대규모 핵 실험으로 인해 생겨난 거대한 지하 공동(空洞)이 함몰되면서 일어난 인공 지진으로 판명되었다.

한국 기상청과 국방부의 북한의 핵 실험 결과에 대한 발표는 북한 핵 실험 규모에 대해 항상 과소평가하거나 축소 지향적인 발표를 해왔다. 기상청은 제6차 핵 실험의 규모가 5.7로 폭발력은 약 50~60킬로톤으로 발표했지만, 일본 기상청과 독일의 연방지진국은 규모 6.1로 폭발력은 150~200킬로톤까지 보고 있다.

홍콩의 한 일간지는 중국 과학자의 말을 인용하여 〈웬리안싱 박사 연구팀이 조사한 결과 북한이 6차 핵 실험 당시 100킬로톤 규모의 수소 폭탄 실험을 실시한 뒤 가로, 세로, 높이 200미터 크기의 거대한 공동이 생겼다〉면서, 〈6차 핵 실험 당시의 충격파로 만탑산 정상부터 약 0.5킬로미터 길이의 지역에서 암벽이 무너지고 지반이 찢기면서 구멍까지 생긴 모습이 인공위성을 통해서도 볼 수 있을 정도로 나타났다〉고 설명했다. 웬리안싱 박사의 중국 허베이 과학기술대 연구팀은 북한 풍계리 핵 실험장이 위치한 만탑산이 2016년 9월 5차 핵 실험 뒤부터 붕괴 조짐을 보이기 시작했고, 2017년 9월 6차 핵 실험을 실시한 뒤에는 인공적으로 만

북한의 ICBM과 핵탄두

든 갱도가 아니라 지하 지반이 꺼지면서 생긴 구멍이 나타났다고 지적했다. 또한 류진킹 박사의 중국 길림성 지진국 연구팀은 〈6차 핵 실험 이후 생긴 구멍을 통해 방사능 물질이 유출될 가능성이 있다〉고 지적했다.

유엔 안전 보장 이사회는 북한의 핵 실험에 대응하여 결의안 2321호와 2375호를 각각 채택하여, 결의안 2321호에서는 북한 석탄 수출 상한선 설정, 중요 광산 자원 수출 금지, 과학 기술 협력 금지 등을 포함하고 있고, 결의안 2375호에서는 원유 연 400만 배럴 동결, 정유 제품 공급 55퍼센트 감축, 섬유 제품 수출 금지, 금지 품목 적재 의심 선박 공해상 검색, 북한과 합작 사업 금지 등을 포함하여 초강도의 경제 제재를 가하기로 했다.

2015년 말 한국을 방문한 ISIS(Institute for Science and International Security) 소장 올브라이트Albright 박사는 북한의 핵 물질 및 핵

무기 보유량은 완전한 베일 속에 감추어져 있지만, 파키스탄으로부터 공급받은 농축 시설 능력과 보유 플루토늄 양을 고려할 때 2014년 말 현재 약 12개의 핵무기를 보유할 수 있으며, 농축 시설의 완전 가동 혹은 증설을 감안한다면 2020년에는 핵무기 보유 능력을 최소 50개에서 최대 150개 사이로 추정할 수 있다고 밝혔다.

북핵 무엇이 문제인가?

1994년 제1차 한반도 핵 위기가 NPT와 IAEA를 상대하는 전초전이었다면, 2003년 제2차 한반도 핵 위기는 남한과 미국을 속이고 핵무기를 만들어 낸 북한의 핵무기 개발 프로그램의 야망이었다고 할 수 있다. 핵무기 개발은 극비의 프로그램으로 진행되지만, 일단 만든 후에는 온 천하에 드러내 놓는 것이 특징이다. 핵무기를 보유하고 있다는 사실을 감추고 있는 것은 핵무기를 비밀리에 만들어 낸 아무런 효과를 나타내지 못한다. 2003년 북한은 핵 개발이 미국에 대응하기 위한 자위용일 뿐 남한의 동족을 겨냥한 것이 아니라고 했다. 그러나 2010년의 천안함 침몰과 연평도 폭격 이후, 다시 한 번 일촉즉발의 위기에 놓였던 남북 관계에서 북한은 남한과의 핵전쟁도 불사하겠다고 위협했다.

　북한은 국제 사회에 빚을 지고 있고, 국제 사회는 그 빚을 갚으라고 요구하고 있다. 그 빚은 다름 아닌 NPT이다. 북한이 1985년 NPT에 가입하지 않았다면, 국제 사회는 북한을 인도나 파키스탄처럼 NPT라는 잣대로 규제할 수 없었을 것이다. 북한이 이미 NPT를 탈퇴해 NPT와는 상관없는 듯 보이지만, NPT 체제 아래 있을 때 북한이 NPT를 준수하고 있지 않았다는 것을 국제 사회는 따지고 있는 것이다. 이미 저질러진 범죄 행위와 같다고 규정하고 있는 것이다. 앞으로 북한을 둘러싼 국제 정세의 진전은 전적으로 북한의 행동에 달려 있다. 국제 사회에 적극적으로 협조해 이미 개발한 핵무기를 포기한다면 그 보상으로 북한은 많은 경제 지원을 보장받을 수 있겠으나, 만약 이를 거부한다면 북한은 국제 사회에서 계속 문제아로 취급받게 될 것이다.

1993~1994년도의 한반도 첫 번째 핵 위기 때 북한은 이라크와 같은 벼랑 끝 전술을 펼쳐 국제 관계의 개선과 경제 지원이라는 대가를 얻어 냈다. 하지만 두 번째 핵 위기부터는 미국을 위시한 서방 세계가 그들의 전술에 넘어가지 않으려 하고 있다. 미국은 6자 회담을 통해 북한의 핵 폐기가 완전하고complete, 검증 가능하고verifiable, 돌이킬 수 없는irreversible 방법으로 이루어져야 한다고 주장하고 있다. 그동안 여섯 번에 걸친 6자 회담의 결과에서 얻은 것은 아무것도 없으며, 아무도 앞날을 예측하지 못하고 있으며 또한 6자 회담이 다시 열릴지도 의문이다.

핵무기를 포기하지 않으려는 북한과 완전한 포기를 주장하고 있는 남한과 미국 사이에 어떤 극적인 일이 일어나지 않고는 쉽사리 합의점에 도달할 것 같지 않다. 핵 확산을 우려하는 측면에서 미국에 동조하는 중국도 북한과의 관계와 영향력을 잃지 않기 위해 여러 모로 북한을 설득하고 있지만 동시에 북한과의 상호 관계를 저하시키지 않으려고 하고 있다. 북한의 핵을 완전히 포기시키려는 남한과 미국의 노력은 중국의 정치적 계산과 북한의 정치적 도박에 끌려다니고 있다.

오히려 핵무기 보유를 공식 선언한 북한은 국제 사회에서 〈핵 클럽〉의 대우를 받고 싶어 한다. 그러나 인도와 파키스탄조차 이 〈핵 클럽〉에 끼워 주지 않는 다섯 개 핵 보유국이 북한을 핵 보유국으로 인정해 줄 리는 만무하다. 〈전략적 파괴력과 전쟁 억제력〉을 갖춘 국가의 위상에 올라 주변 국가에 엄청난 위협을 주기 때문에, 북한이 노리는 국제적인 대우는 대단히 큰 것이다. 이에 대해 미국이 가장 우려하는 것은 북한에 자극을 받은 한국과 일본, 대만 등이 핵 무장을 시도하면서 동북아가 〈핵무기 경쟁〉이라는 파괴적인 상황으로 치닫게 되는 상황이다. 그렇기 때문에 미국은 어떠한 대가를 치르더라도 북한의 핵 무장을 막으려 하고 있는 것이다.

많은 사람들이 인도와 파키스탄과 이스라엘은 핵무기를 가지고 있어도 국제 사회가 이를 크게 문제 삼지 않는데, 왜 북한은 핵을 가져서는 안 되는지 반문한다. 그 이유는 바로 NPT이다. 국제 사회는 신의를 바탕으로 모든 일들이 협의되어야만 분쟁이 벌어지지 않고 평화가 유지된다. 자국의 국익을 위해 NPT에 가입하는 것이 불리하다고 판단한 인도와 파키스탄과 이스라엘은 처음부터 NPT에 관심이 없었다. 이 세 나라를 제외한 지구상의 거의 모든 나라들은 모두 NPT 정신을 준수하겠다고 국제 사회에 약속했다.

앞에 언급한 세 나라는 국제 사회의 많은 압박을 받으면서도 NPT에 가입하지 않았기 때문에, NPT라는 법이 자신들에게는 적용되지 않는다고 언제나 떳떳이 말하고 있는 것이다. 법 앞에 만인이 평등하듯, 국제법 앞에 만국은 평등하다. NPT가 처음부터 불평등한 조약이므로 가입하지 않았다고 주장하는 그들은 국제 사회에서 떳떳한 것이다. 하지만 그들은 핵무기 보유가 자국에는 유익할지 모르지만 주변 국가에는 큰 위협의 대상이 되고 있다는 것을 애써 무시하고 있다. 그로 인해 핵전쟁이 발발할지도 모른다는 불안이 항상 그 나라와 주변 국가들에 도사리고 있다.

북한은 1974년 IAEA 회원국으로 가입했다가 1994년 회원국에서 탈퇴했고, 1985년 NPT를 발효했다가 2003년 NPT를 탈퇴한 유일한 국가이다. 인도나 파키스탄, 이스라엘과는 확연히 다르다.

필자는 30년간 IAEA에서 일하면서 두 명의 북한 출신 사찰관과 종종 이야기를 나누며 가깝게 지낸 적이 있다. 그들과 대화를 나눌 때마다 적대심보다는 오히려 따뜻한 동포애를 느꼈다. 같은 언어로 대화를 나눌 수 있는 한 피가 흐르는 배달의 겨레라는 것이 우리들 사이에 얼마나 크게 작용하고 있었는지 모른다. 이러한 개인적인 관계들이 역사의 뒷면을 장식하고 있다 할지라도, 그것이 역사의 흐름을 좌우하지는 못한다는 것을 우리는 잘 알고 있다. 역사는 정치적 산물이다. 정치적 결정에 의해 사회가 움직이고 있다는 것을 우리는 과거의 역사를 통해 배워 왔다. 사소한 감정이 번져 분쟁이 일어나고, 그러한 분쟁을 조장해 이득을 얻으려는 세력들로 인해 수많은 전쟁이 발발했다는 것을 역사는 말하고 있다. 인간의 존엄성이 존중되는 곳에 평화가 깃들었고, 인간의 존엄성이 무시되는 곳에 전쟁은 항상 있어 왔다.

국제 사회에서 각 나라가 정치, 경제, 사회 등 여러 분야에서 추구하는 것들이 모두 똑같을 수 없다는 것은 주지의 사실이다. 그러므로 국제 사회는 각국 사이의 신뢰를 바탕으로 합의에 의해 평화와 번영을 만들어 간다. 정치적 측면에서나 경제적 측면에서 모두 한 국가의 신뢰성은 그 나라의 미래를 내다보는 데 대단히 중요하다. 문명사회의 거래에서 신뢰도는 일관성consistency과 투명성transparency과 예측성predictability으로 판단된다고 한다. 북한은 그동안 국제 사회에 이들 중 아무것도 보여 주지 못했다. 그들과 대화를 나누거나 회담을 할 때 일관성은 철저히 무시되었고, 그들이 무엇을 생각하고 있는지 전혀 알 수 없을 만큼 투명성은 시계 제로에 가까웠다. 더군다나 2010년의 천안함 폭격이나 연평도 포격 사건을 보면 북한이 앞으로 어떠한 일을 저지를지 아무도 예측할 수 없다.

북한의 비핵화

2018년 평창 동계 올림픽은 남북한 관계에 큰 선물을 안겨 주었다. 동계 올림픽을 몇 달 남기지 않고 남북한 단일팀을 제의한 문재인 정부는 결과적으로 남북 정상회담이라는 대어를 낚았다. 불과 몇 달 전만 해도 북한이 지속적인 도발의 태도를 바꾸지 않는다면 북한의 핵 시설에 대한 폭격을 감행하겠다는 미국 정부의 엄포로 인해, 한반도는 전쟁의 위험을 느끼고 있었다.

2018년 3월 5일 판문점에서 열린 준비 회의에서 역대 세 번째 남북 정상회담을 2018년 4월 27일 판문점 공동 경비 구역 남측 구역에 있는 평화의 집에서 갖기로 합의하면서, 또 다른 큰 선물도 북측으로부터 가지고 돌아왔다. 남한 대표들은 곧 미국으로 달려가서 트럼프 대통령을 만나고, 북한 김정은의 북미 정상회담 초청장을 전했다. 트럼프 대통령은 이를 즉시 수락하고 한 달 안에 정상회담이 개최되기를 희망한다고 공식적으로 발표했다.

북미 정상회담에 앞서 북한이 함경북도 풍계리 핵 실험장을 공개적으로 폐쇄 조치하며, 핵사찰 전문가와 언론에 공개하겠다는 조치에 대해서, 미국 트럼프 대통령은 〈향후 한반도 비핵화 약속의 이행을 위해서 매우 현명하고 신뢰할 수 있는 선제적인 대응〉이라며 이를 높이 평가했다. 싱가포르에서 2018년 6월 12일에 열리기로 확정된 북미 정상회담에서, 〈한반도 비핵화와 평화협정에 실질적인 상호 도움이 될 협상 결과를 도출해 낼 것을 믿는다〉고 북미 정상회담 결과에 대해 조심스럽고 낙관적인 예측을 발표했다.

만약 북미 정상회담이 성공적으로 열린다면, 정상 간 대화라는 점에서 비핵화를 합의할 경우 신뢰 수준이 그만큼 높을 수밖에 없다. 역사의 한 획을 그을 회담이 될 것이다. 북한이 핵을 포기하는 대신 체제 안정 보장과 경제 부흥의 계기를 마련할 수 있고, 미국과의 우호적인 외교 관계를 수립하게 될 것이고, 더 나아가 한반도의 평화협정이 체결될 수도 있을 것이다.

남북 정상회담에 앞서 있었던 4월 20일 북한 노동당 중앙위원회 제7기 3차 전원회의에서 〈4월 21일부터 핵 시험과 대륙간탄도로켓(ICBM) 시험발사를 중지하며, 핵 시험 중지를 투명성 있게 담보하기 위하여 공화국 북부 핵 시험장을 폐기할 것〉이라는 결의를 만장일치로 채택했다.

그러나 한 달이 채 지나기도 전인 5월 15일, 김계관 북한 외무성 제1부상은 미국이 만약 일방적 핵 포기를 강요한다면 북미 정상회담을 재

검토할 수 있다는 입장을 돌연 밝혔다. 김계관 부상은 담화에서 〈우리를 구석으로 몰고 가 일방적인 핵 포기만을 강요하려 든다면 우리는 그러한 대화에 더는 흥미를 가지지 않을 것〉이라며 〈다가오는 북미 수뇌회담에 응하겠는가를 재고려할 수밖에 없을 것〉이라고 말했다. 그는 〈트럼프 행정부가 북미 관계 개선을 위한 진정성을 가지고 북미 수뇌회담에 나오는 경우, 우리의 응당한 호응을 받게 될 것〉이라고 덧붙였다. 이어 〈과연 미국이 진정으로 건전한 대화와 협상을 통하여 북미 관계 개선을 바라고 있는가에 대하여 의심하게 된다〉고도 했다.

김계관 부상은 〈세계는 우리나라가 처참한 말로를 걸은 리비아나 이라크가 아니라는 데 대하여 너무도 잘 알고 있다〉며, 〈미국이 우리가 핵을 포기하면 경제적 보상과 혜택을 주겠다고 떠들고 있는데, 우리는 언제 한 번 미국에 기대를 걸고 경제 건설을 해본 적이 없으며 앞으로도 그런 거래를 절대로 하지 않을 것〉이라고 했다. 〈만일 트럼프 대통령이 전임자들의 전철을 답습한다면 이전 대통령들이 이룩하지 못한 최상의 성과물을 내려던 초심과는 정반대로 역대 대통령들보다 더 무참하게 실패한 대통령으로 남게 될 것〉이라고 했다.

북한이 비핵화하겠다는 의지를 공표한 가운데, 북한 핵 검증과 사찰이 어떻게 이뤄질지에 대한 관심이 높다. 『뉴욕 타임스』는 북한 핵 검증과 사찰에 비하면 〈이란은 쉬운 케이스〉였으며, 북한 비핵화 검증 작업은 핵 폐기 역사에서 가장 광범위한 사찰 활동이 될 것이라고 했다. 어떠한 검증 작업이라도 검증에 앞서 필요한 것이 검증 자료이다. 그런데 북한 비핵화에 대한 검증에서 우리가 가지고 있는 것은 정치적인 성명뿐이지, 구체적인 정보와 자료를 가지고 있지 않다. 10년 전인 2008년에 6자 회담을 통해 18,000페이지에 달하는 북한 핵 프로그램 문건을 이미 전달 받은 바 있는 미국은 이제 얼마나 더 많은 검증을 위한 정보와 자료를 받아낼지 모르겠다. IAEA가 물론 개입되겠지만, 북한의 핵 시설 및 핵 물질 검증 및 사찰 작업은 앞서 IAEA가 경험하지 못했던 전혀 차원이 다른 게임이 될 것이다. IAEA와 북한이 단절된 지 10년이 다 되어 가고 있다. 이미 많은 핵무기를 비밀리에 개발했고 또 NPT에 가입했다가 탈퇴한 경험을 가지고 있는 나라와 거래를 한다는 게 굉장히 어려운 일임에 틀림없다.

북한의 완전한 비핵화까지는 앞으로 5~10년 이상이 걸릴지 모른다. 정치적으로는 몇 개월 안에 해결되었다고 말할지 모르지만, 완전한 비핵화까지는 오랜 시일이 걸릴 것이다. 북한에서 더 이상 핵 프로그램을 실행하고 있지 않다는 확증과 믿음을 주는 과정이 훨씬 더 중요하다.

현재 비핵화의 모델로 여러 방법들이 제시되고 있다. 가까운 과거 역사를 살펴보면, 핵무기를 포기한 나라들, 핵개발을 포기한 나라들, 그리고 핵개발을 중단한 나라들이 있다. 첫 번째 핵무기를 포기한 나라로는 남아프리카공화국을 들 수 있다. 90년대 초 백인 정부의 유지가 어렵게 되자 당시 남아프리카공화국 정부는 새롭게 탄생할 흑인 정부에 핵무기를 넘겨주지 말도록 국제적 압박을 받았고, IAEA를 초청하여 비핵화 작업을 거쳤다. 비슷한 예로 소련 해체 뒤 자연적으로 핵무기를 물려받은 우크라이나, 카자흐스탄, 벨라루스가 있다. 이들 국가는 미국과 러시아의 압력으로 핵탄두는 러시아에 반환하고 고농축 우라늄은 미국에 판매해 저농축 우라늄으로 전환시켰다.

그리고 두 번째, 핵개발을 포기한 나라는 이라크와 리비아를 들 수 있다. 역시 90년 대 초 이라크는 제1차 걸프 전쟁 이후 IAEA의 사찰 팀에 의해 핵 시설이 완전 해체되었다. 또한 리비아는 이라크 후세인의 몰락 후 A. Q. 칸의 국제적 핵 확산 루트가 노출되자 IAEA를 초청하여 비밀 핵 프로그램을 시인하고 모든 핵 장비를 미국에 반출했다.

세 번째, 핵개발을 중단한 나라는 15년간의 긴 국제적 압박을 견디며 밀고 당기는 협상 끝에 핵개발을 중단한 이란이다. 이란은 유엔 안전보장 이사회의 숱한 경고에도 불구하고 이에 맞서 힘겨운 협상을 이어 갔고, 결국 미국과 서방측으로부터 2015년 군사적 목적이라는 의혹을 제거한 평화적 우라늄 농축 프로그램만은 확보하게 되었다.

북한의 현재 상황은 이들 모든 나라를 합친 것과 비슷하다고 할 수 있다. 무엇보다 북한의 핵 시설은 남아프리카공화국이나 리비아, 이라크와 비교가 안 될 정도로 방대하다. 재처리 시설, 농축 시설, 원자로, 관련 실험실, 폐기물 저장소 등이 숱하게 있어 매우 까다로운 비핵화가 될 것이다. 핵무기는 미국이 돈을 주고 사갈 수도 있지만, 비핵화 작업은 그것으로 끝나지 않는다. 중요한 것은 기존 핵심 핵 시설을 가동하지 못하도록 파기하고 지속적으로 감시하는 것이다. 게다가 북한의 에너지 문제 해결을 위한 원자력 발전을 허용한다면, 완전한 시설 폐기 형태로 단기간에 완료된 리비아식 모델이나 이라크식 모델이 될 수 없다. IAEA의 지속적인 사찰이 당연히 필요할 것이다.

또한 핵기술은 지적 자원이며 무형적인 것이다. 때문에 이 부분까지 완전히 제거하기란 어려울 것이다. 북한의 핵 관련 과학자·기술자들을 해외로 내보내자고 하는 제안도 있지만 우선 당사자들의 인권 문제가 있고 핵 지식의 해외 유출 우려도 있다. 그들이 모두 미국이나 중국으로 간다면 그나마 다행이나 강제로 집행하기는 어려울 것이다. IAEA 중심으로 비핵화 검증이 이루어질 것으로 보이는 다국적 비핵화 활동에 한국은 부분적으로 참여하게 될지도 모른다. 미국과 북한이 핵심 기술인 재처리, 농축, 핵무기 제조 기술이 남쪽으로 넘어갈 가능성을 우려할 수도 있으니, 기타 시설에만 국한하여 참여하게 될 것이다. 아마 핵심 시설에는 참관인 형태로 사찰을 지켜볼 수는 있겠지만 직접 참여는 어려울 것이다.

북한 비핵화의 첫 단계는 북한이 NPT에 먼저 복귀하는 것이다. 북미 정상회담에서 비핵화 합의가 도출된다면 우선 북한은 NPT 체제로 돌아와야 한다. 그것이 국제관계 정상화의 출발점이다. 그러면 IAEA에서 모든 핵 관련 정보를 제공하도록 요구할 것이고 그것을 하나도 빠짐없이 제공해야 한다. 당연히 방대한 자료일 것이고 전문가들이 그것을 분석해 사찰 계획을 세운 뒤 제공한 정보가 사실인지 아닌지 직접 사찰을 통해 확인해야 한다. 그 과정에서 사찰 팀이 북한이 밝히지 않은 의심 시설까지 접근할 수 있도록 보장해야 한다. 그래서 몇 달이나 1년 정도로는 불가능하다. IAEA의 사찰 능력을 감안한다면 5~10년 정도 시간이 걸릴 수도 있다. 그렇게 하기 위해 앞으로의 북미 정상회담에서 김정은이 〈완전한 비핵화〉와 〈모든 시설·정보 공개〉를 직접 약속하는 것이 중요하다고 할 수 있다.

우리는 과거의 역사에서 배워야 한다. 북미 정상회담을 앞두고 북한 비핵화에 대한 기대감이 매우 높지만, 돌이켜보면 북한이 비핵화 약속을 했던 게 한두 번이 아니다. 1992년 남북이 비핵화공동선언을 했고,

1994년 북미 제네바 합의가 나왔고, 2005년 이후에도 9·19 공동성명 등 6자 회담의 결과물이 있었다. 사반세기 넘는 북한 비핵화 노력은 아직까지 성공하지 못하고 있다. 제네바 합의로 잘 풀리는 듯했던 북핵 문제는 9·11 사태 이후 새로운 핵확산 정보를 확인한 미국이 북한을 압박하자 합의가 파기됐다. 2005년 9·19 공동성명이 나온 뒤에도 장거리 미사일 발사에 따른 유엔 안전 보장 이사회가 제재를 결정하자, 준비가 되었다는 듯 2006년 10월 북한은 제1차 핵 실험을 했다. 유엔 안전 보장 이사회 등이 압박에 나서자 몇 달 뒤 다시 핵개발을 않겠다는 듯 돌아와 IAEA 사찰을 2년 정도 받았지만 2009년 4월 사찰관들을 모두 추방하고 5월에 2차 핵 실험을 했다. 당연히 북한을 믿을 수 있느냐는 의문이 생긴다. 투명성과 일관성, 향후 행동에 대한 예측성은 거래의 기본 조건이다. 북한은 지금까지 그런 조건을 충족하지 못했다.

그래도 기대해 보는 것은 이번 북미 정상회담이 정상급이라는 것이다. 정상급보다 더 높은 급은 없다. 과거의 역사를 보면 정상급의 약속이 파기되면 전쟁밖에 없었다. 체제 안정을 보장받을 것이냐 아니면 핵을 포기하지 않고 미국과 대결할 것이냐 하는 갈림길에 서 있는 것이 북한이다.

국제 핵질서는 비정하다. 핵무기를 가진 자와 갖지 못한 자가 있을 뿐이다. 조폭들의 세계와 비슷하다고나 할까? 주변의 중국, 북한, 러시아, 미국은 모두 핵을 가지고 있다. 핵을 갖지 못한 한국은 미국의 핵우산 아래 있을 수밖에 없다. 미소가 그랬듯이 미국과 북한은 이제 〈한 병 속에 든 두 마리의 전갈〉이 되어 버렸다. 서로를 죽일 능력이 있지만 상대를 죽이면 자신의 목숨도 내놓아야 하는 상황이 되어 버린 것이다. 큰 전갈이 기회를 포착하여 작은 전갈을 죽일 수 있을지 아니면 서로 살기 위해 협상의 테이블로 나갈지 핵무기를 갖지 못한 우리는 지켜보고 있을 뿐이다.

13 핵무기 없는 세상

러셀-아인슈타인 선언

원자 핵폭탄의 사용 결과는 너무나 참혹했다. 말로 표현할 수 없는 참담한 결과를 목격한 과학자들은 과학자의 사회적 역할과 책임을 놓고 큰고뇌에 빠졌다. 처음으로 원자 핵무기의 개발에 가장 열심이었던 실라르드는 원자 핵폭탄이 세상에 미칠 영향을 미리 내다보고 독일이 항복하자 이제는 더 이상 이러한 가공할 핵무기를 만들 필요가 없다고 동료 과학자들과 같이 트루먼 대통령에게 원자 핵폭탄의 개발을 당장 중지해 줄 것을 건의하기도 했다. 트리니티 핵 실험을 지켜본 그는 자신을 포함해 맨해튼 프로젝트의 원자 핵무기 개발에 참여한 과학자들을 가리켜 〈대량 살상자들〉이라 칭했다.

　유럽에서의 반응은 더욱 나빴다. 영국의 『가디언』지는 〈인류가 마침내 스스로를 철저하게 파괴할 수단을 발견했다〉고 신랄한 논조로 비판했으며, 프랑스의 지성 알베르 카뮈는 〈기술 문명의 야만성이 최고조에 달했다. 인류에게 마지막 기회가 주어졌는지도 모른다〉고 경고했다.

특히 핵무기 제조를 루스벨트 대통령에게 권고했던 아인슈타인은 고뇌 끝에 이제는 더 이상 이러한 비극이 존재해서는 안 된다고 생각하고 원자 핵무기 사용 반대 운동을 펼치기 시작했다. 1947년 8월 그는 우선 유엔 조직을 개편해 원자 핵무기를 유엔의 관할 아래 두어야 한다고 유엔에 권고 메시지를 보냈다. 그러나 그 메시지는 허공에서 맴돌고 말았다.

1954년 미국과 소련의 수소 핵폭탄 개발 이후 두 나라는 더 위력적이고 더 많은 핵무기를 만들기 위해 막대한 군비 경쟁에 몰입하고 있었다. 미국은 이미 2천 기 정도의 핵무기를 보유하고 있었고, 소련은 미국의 그런 핵무기에 두려움을 느낀 나머지 핵무기 생산에 박차를 가하기 시작해 150기 정도를 보유하게 되었다. 특히 1950년대 초의 로젠버그 간첩 사건 이후 증가해 가는 미국 내의 매카시즘으로 미국과 소련은 서로를 전혀 신뢰하지 못하고 있었다. 이때 영국 수상 처칠은 〈이러한 핵무기 경쟁을 계속 한다면 결과적으로 전 세계는 폐허가 될 것이다〉라고 경고했지만 두 나라 간의 핵무기 경쟁은 그칠 줄 몰랐다. 같은 해 노년의 아인슈타인은 친구인 라이너스 폴링Linus Carl Pauling에게 보낸 편지에서 〈일생 중 내가 한 일 가운데 가장 큰 실수는 루스벨트 대통령에게 원자 핵폭탄을 만들도록 권유한 편지에 서명한 일일세… 독일군이 그것을 만든다면 큰 위험이 닥친다는 당위성은 있지만…〉 하고 고백한 적이 있다. 아인슈타인은 생의 마지막을 세상에서 핵무기를 없애는 데 바쳤다. 1952년 갑자기 죽은 초대 대통령 바이츠만의 후임으로 2대 대통령이 되어 줄 것을 이스라엘 의회로부터 요청 받은 아인슈타인은 자신은 대통령으로서 적임자가 아니며 정치에 대해 잘 모르는 사람이라고 정중히 거절하면서도, 핵무기에 의한 인류의 멸망을 내다보면서 세계 평화를 위해 담대하게 행동할 줄 아는 선의를 가진 사람이었다.

수소 핵폭탄 개발 경쟁이 미소 간에 극심하게 시작되자 아인슈타인은 1955년 철학자이자 평화 운동가인 버트런드 러셀과 손을 잡고 핵무기로 인한 인류 멸망에 대한 위험성을 다시 한 번 재인식하면서, 핵무기의 심각성을 세상에 널리 알릴 필요가 있다는 데에 의견을 같이했다. 아울러 자신들의 견해에 동참하는, 대부분 노벨상을 수상한 경력이 있는 저명한 원자 물리화학 과학자들로부터 결의를 얻어 내려고 노력했다. 하지만 그는 반핵 운동의 결실을 보지 못하고 1955년 4월 18일 갑작스런 죽음을 맞이하고 말았다. 금세기의 가장 위대한 과학자로 추앙을 받고 있었던 그는, 자신을 위한 장례식을 거행하지 말 것과, 무덤을 만들지 말 것, 연구에 필요하다면 자신의 신체 일부를 떼어 주어도 좋다는 유언을 남겼다. 그는 유가족과 가까운 친구들이 지켜보는 가운데 화장터에서 한줌의 재가 되어 아인슈타인이라는 이름 외에는 세상에 아무 흔적도 남기지 않고 세상을 떠났다.

아인슈타인의 죽음 후, 1955년 7월 9일 런던에서 발표된 〈러셀-아인슈타인 선언〉(부록 III 참조)에서 아인슈타인과 러셀은 인류에게 미칠 핵무기의 직접적인 효과보다 간접적인 효과가 더 심각하다는 것을 인식시키면서, 앞으로는 전쟁에서 이러한 가공할 핵무기가 절대로 사용되어서는 안 된다는 점과, 국가 간의 분쟁 해결을 위해 모든 평화적인 수단을 강구해야 할 것을 촉구하면서 무엇보다 인류를 기억해야 한다고 선언했다. 한편 독일에서도 이와 거의 같은 시기에 오토 한과 막스 보른Max Born 등 18명의 노벨상 수상자들이 주축이 되어 〈러셀-아인슈타인 선언〉과 유사한 〈마이나우 선언Mainau declaration〉을 7월 15일 작성해 린다우에서 있었던 노벨상 수상자 모임에 제출했고 1년 안에 노벨상 수상자 52명의 동의 서명을 받았다.

〈러셀-아인슈타인 선언〉은 2년 뒤인 1957년 맨해튼 프로젝트에 참여한 폴란드 출신 물리학자 조지프 로트블랫Joseph Rotblat의 주창으로, 핵무기와 세계 안전에 관한 문제들을 논의하기 위해 세계 각국의 과학자들이 참여하는 특별한 국제 회의인 〈과학과 세계 안전에 관한 퍼그워시 국제 회의〉로 발전했다. 이 회의는 캐나다 동부에 위치한 작은 도시 퍼그워시Pugwash에서 개최되었으며, 첫 회의에서 세계 10개국에서 22명의 저명한 과학자들이 참석해 〈러셀-아인슈타인 선언〉에 기초를 둔 과학과 세계 안전에 관한 평화 회의를 매년 개최하도록 결정했다. 과학자들의 평화 회의로 잘 알려진 이 모임은 〈퍼그워시 대회〉라는 이름으로 지금도 매년 같은 장소에서 열리고 있다.

이 회의는 핵무기 감축 노력에 지대한 영향을 끼쳤다. 특히 1963년의 부분 핵 실험 금지 조약의 체결과 미소 간의 군축 회의에 많은 영향력을 행사했다. 이러한 세계 평화를 위한 퍼그워시 국제 회의의 노력은 노벨 평화상 위원회의 인정을 받아, 히로시마 원자 핵폭탄 투하 50주년 기념, 그리고 〈러셀-아인슈타인 선언〉 40주년을 기념해 1995년에 노벨 평화상을 수상했다. 공동 수상자였던 퍼그워시 국제 회의 창시자인 로트블랫은 러셀-아인슈타인 선언의 정신을 받들어 〈무엇보다 우리 인류를 기억하자〉라는 주제로 노벨 평화상 수락 연설을 했다.

CND와 END

저명한 과학자들이 퍼그워시 국제 회의를 통해 시작한 핵무기 없는 세계 평화를 위한 논의는 일반 대중에게도 파고 들어가기 시작했다. 1957년 11월 2일, 좌파 성향의 영국 주간 시사 잡지인 『뉴 스테이츠먼』에 〈영국과 핵무기〉라는 기사가 실린 것을 계기로, 영국의 수소 핵폭탄 실험에 대한 집단적인 반대 시위가 조직되기 시작했다. 『뉴 스테이츠먼』과 존 콜린스John Collins 목사, 버트런드 러셀 등이 주축이 되어 평화적 시위를 통해 핵무기 폐지를 주장하자는 목적을 세상에 널리 알리기 위한 캠페인 CND(Campaign for Nuclear Disarmament)가 조직됐다.

이 캠페인의 첫 번째 집회가 5천여 명의 시민이 참가한 가운데 1958년 2월 17일 웨스트민스터 광장에서 열었다. 이때 제럴드 홀텀Gerald Holtom이 CND 심볼을 만들었다. 영어 알파벳 C, N, D와 〈NO〉를 상징하는, 〈사람이 깃발을 내리고 있는 모습〉을 바탕으로 디자인한 것이다. 후일 CND 심볼은 세계적인 반핵 평화 운동의 상징으로 발전했다. 첫 번째 대규모 운동은 그해 4월 부활절 주말에 조직되어, 런던에서 영국 핵무기 연구원(AWRE)이 자리 잡고 있는 런던의 북쪽에 위치한 작은 도시 올더마스턴Aldermaston까지 80킬로미터를 평화적으로 행진하는 시위를 벌였다.

이 운동은 즉시 수많은 사람들의 호응을 얻었다. 그중에는 유명한 예술가, 영화 배우, 대중 음악가도 포함되어 있었다. 평화 시위는 매년 증가해 1959년에는 6만 명, 1961년과 1962년에는 15만 명이 참여하게 되었다. 그리고 보다 효율적인 운영을 위해 올더마스턴에서 런던으로

CND 심볼

평화 행진의 방향을 바꾸기도 했다.

CND 운동은 1958년에서 1963년 사이와, 1980년과 1989년 사이에 일반 대중의 커다란 호응을 얻었으며, 프랑스, 독일, 미국, 캐나다, 스페인, 스위스, 호주, 뉴질랜드, 필리핀 등으로 번져 갔고 국제적인 조직으로 성장했다. 서방 세계에서만 일방적으로 핵무기를 폐지하면 소련의 위협이 더 커질 것이라고 우려하는 반대 운동도 있었다. 그러한 반대 운동의 대표적인 한 예가 우파가 조직한 CPS(Coalition for Peace through Security) 운동이었다.

CND 운동은 궁극적으로 핵무기 반입이나 제조를 금지하는 지역적 조약을 만드는 데 큰 영향을 주었다. 대표적인 첫 열매가 남미와 카리브 연안 모든 국가들이 1967년에 체결한 트라텔롤코 조약Treaty of Tlatelolco이었다. 이어서 1985년에는 남태평양 도서 국가들 간에 체결된 라로통가 조약Treaty of Rarotonga이, 1995년에 동남아시아 국가들 간에 방콕 조약Treaty of Bangkok이, 1996년에 아프리카 대륙의 모든 나라들 사이에 펠린다바 조약Treaty of Pelindaba이 체결되었다. 최근에는 2006년 9월에 중앙아시아 국가들인 카자흐스탄, 키르기스스탄, 타지키스탄, 투르크메니스탄, 우즈베키스탄 사이에 세미팔라틴스크 조약Treaty of Semipalatinsk이 체결되었다. 이러한 핵무기 반입 금지 조약을 체결한 나라는 115개국에 이르며, 이들 국가의 면적은 지구 육지 면적의 56퍼센트에 해당한다.

유럽에서도 이러한 핵무기 반입 금지 운동이 1982년에서 1991년 사이에 있었다. 핵 무장한 나토군과 바르샤바군의 대립으로 또다시 세계 대전이 유럽에서 일어난다면, 핵무기에 의해 유럽은 완전 멸망할 수밖에 없다고 END(European Nuclear Disarmament)가 주장했다. 이 운동은 소련의 중거리 미사일 증강 배치에 대항해, 1979년 12월 크루즈 미사일과 퍼싱-II 미사일을 영국, 서독, 네덜란드, 벨기에, 이탈리아 등지에 배치하기로 결정한 나토의 대응 결정에서 비롯되었다.

그들은 〈지금 우리들은 인류 역사의 위험한 시기에 직면하고 있다. 유럽에서 제3차 세계 대전이 일어날 가능성이 점차적으로 증가하고 있다. 동유럽과 서유럽의 지정학적 대립은 새로운 세대가 핵무기에 의해 멸망할지도 모른다는 중대한 문제로 부각되고 있다〉고 주장했다. 그들은 양쪽 모두 호전적인 태도를 즉각 포기하고, 1945년 이래 존재해 온 동서 간의 장벽을 허물어야 한다고 주장했다. 폴란드에서 포르투갈까지 모든 유럽 국가들이 핵무기 반입 금지 구역으로 설정될 수 있도록 만드는 것이 그들의 궁극적인 목적이었다.

END 운동은 1990년에 들어 갑작스럽게 철의 장막이 와해되면서 동유럽이 소련으로부터 독립하고 결과적으로 바르샤바 조약이 유명무

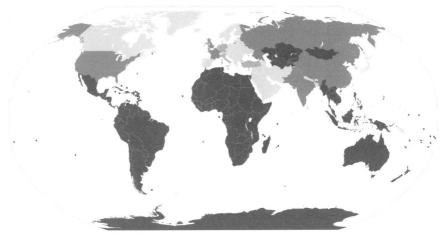

핵무기 보유 국가(옅은 색)와 핵무기 반입 금지 조약 가입 국가(짙은 색)

실하게 되자 1991년에 자연적으로 소멸되기 시작했다.

CND와 END는 핵무기 반입과 제조를 금지하는 지역적인 조약을 체결하도록 했을 뿐만 아니라, 개별 국가 또는 개별 도시에서 핵무기의 반입을 금지하는 법들이 통과될 수 있도록 영향을 주었다. 국제 원자력 기구가 있는 오스트리아는 1978년 핵무기 반입 금지 국가임을 선언했으며, 일본도 1967년에 본토에는 핵무기 반입을 금지한다고 선언했다. 북구의 핀란드와 스웨덴도 같은 조치를 취했다. 이들 나라는 원자력 발전은 가능하지만, 원자 핵무기의 반입은 절대 금지한다는 정책을 펴나갔다.

1980년대 초에는 도시나 커뮤니티별로 핵무기 반입을 금지하는 지방 자치 단체들이 늘어나기 시작했다. 영국에서는 2백 개 이상의 지방 자치 단체들이, 미국에서는 메릴랜드 주의 작은 도시 가렛 파크에서 시작해 캘리포니아 주의 버클리 등 수많은 도시들이 핵무기 반입 금지에 동조했다.

핵무기 없는 세상을 향해

많은 사람들이 핵무기의 존재에 대해 그렇게 회의적인 이유에는 여러 가지가 있으나 그중에 가장 중요한 이슈는 핵무기가 가지고 있는 도덕적 문제 때문이다. 대형 재래식 폭탄 하나가 터지면 수십 명에서 수백 명이 살상되지만, 핵무기 하나가 터지면 그 피해는 수만 명에서 수십만 명에 이르게 된다. 수많은 희생자 가운데는 어린아이들이 있는가 하면, 몸을 가누기도 힘든 노약자들, 힘 없는 여성들도 있기 때문에 핵무기를 사용한다는 것에 대해 심각한 도덕적인 문제가 뒤따르는 것이다.

또한 방사능 피해로 인한 간접적인 피해가 직접적인 피해 이상으로 극심하게 나타나는 것도 큰 이유다. 방사능 피해는 즉각적이 아니라 서서히 나타나며 그 피해는 수년 혹은 수십 년간 지속될 수 있고 자연 환경에 큰 변화를 가져올 수 있다.

만약 수만 기에 달하는 핵무기를 전부 사용하는 핵전쟁이 일어날 경우, 인류 멸절은 충분히 가능한 이야기가 된다. 인류를 기억해야 하고, 인간의 존엄성을 생각한다면 핵무기를 사용하는 전쟁은 절대 일어나서는 안 된다. 만약 핵무기 개발에 들인 예산이 제3세계의 빈곤과 질병 퇴치에 사용되었다면, 오늘날 세상은 매일 빈곤과 질병으로 죽어 가는 수만 명의 아동들이 없는 훨씬 풍요로운 사회가 되었을 것이다.

핵무기를 개발한 나라들은 핵무기의 핵전쟁 억제 효과를 주장하고 있지만, 우리는 적군의 정보를 잘못 판단해 일어날 수 있는 핵전쟁을 얼마든지 상상해 볼 수 있고, 기계의 오작동으로 핵무기가 발사될 가능성도 얼마든지 상상할 수 있다. 우리는 이미 그러한 가능성을 영화「그날 이후」를 통해 보았다. 의도적이 아닌 전쟁으로 의한 피해는 너무나 참혹하다. 분명히, 핵무기는 존재하는 것보다 존재하지 않는 것이 인류에게 이로운 것이다.

국제적인 분쟁을 평화적으로 해결한 사례는 무수히 많다. 조금씩 양보하면서 상대방에게 생각할 수 있는 시간을 준다면, 국제적 분쟁이 결국 전쟁으로 해결되는 일은 생기지 않을 수 있다. 서로가 전쟁의 참혹성을 잘 알고 있기 때문이다. 이데올로기에 의한 동서 간의 대립은 많이 약화되었지만, 부유한 나라와 빈곤한 나라를 대표하는 남북 간의 대립과 기독교와 이슬람교 사이의 종교 간의 대립은 점점 더 심각해지고 있다. 그리고 한반도의 남한과 북한, 인도와 파키스탄, 이스라엘과 아랍 국가들 사이의 대립과 갈등은 여전히 해결의 실마리를 찾고 있지 못하고 있다.

전략 핵무기 감축 조약(START)이 출발한 이래 지구상에 있는 핵무기 수는 절반 이상으로 줄었지만, 아직도 필요성이 없는 수많은 핵무기가 존재하고 있다. 2010년 미국과 러시아가 START의 후속 협정으로 수년 내에 양국의 실전 배치 핵무기 수를 1,550기로 제한하자고 합의했다. FAS(Federation of American Scientists)에 의하면, 2018년 현재 러시아는 1,600기를 미국은 1,750기를 실전에 배치하고 있다. 영국과 프랑스와 중국은 200~300기를, 인도와 파키스탄과 이스라엘은 80~

140기를 보유하고 있다. 1986년 7만 300기에 달하던 핵무기 수는 2018년 초에 1만 4,200기로 줄었다.

오바마 대통령은 2009년 4월 프라하에서 행한 대중 연설에서 〈핵무기 없는 세상〉에 대한 그의 비전을 내비쳤다. 그의 비전은 2009년 말로 끝난 START를 대신해 러시아와 합의한 New-START에서 추가적인 핵무기 감축을 합의함으로써 한발 더 나아갔음을 보여 주었다. 그는 핵무기의 추가적인 감축보다 핵 테러를 국제 안보에 대한 가장 심각한 위협으로 보고 〈핵 안보 정상 회의〉 개최를 구상했다. 그리고 2010년 4월 워싱턴에서 47개국 정상들과, 유엔과 IAEA 등 국제기구 수장들이 참석한 가운데 핵 안보와 관련된 국제 협력을 공고히 하기 위해 핵 안보 정상 회의가 열렸다. 이 회의를 통해 핵 테러 위협을 예방하고, 핵 테러 발생 시 대응 조치 등이 논의되었으며, 테러 집단이 핵무기와 핵 물질을 탈취하거나 불법 거래를 할 수 없도록 예방하는 데 필요한 국내 조치에 대한 의견 교환이 있었다.

이미 만들어진 핵무기가 이제 국가의 통제를 넘어 개인의 손으로 넘어가려고 하고 있다. 어린아이들과 여자들까지도 자살 테러에 이용하고 있는 테러리스트들이 핵무기를 손에 넣는다면 그것이 언제 어디에서 터질지 아무도 모른다. 뉴욕의 한복판에서 터질 수도 있고, 빈의 한복판에서 터질 수도 있다. 핵무기와 핵 물질이 테러리스트의 손에 들어가는 것을 절대 용납해서는 안 될 것이다.

핵 안보 정상 회의에서 이명박 대통령은 〈그랜드 바겐〉을 통한 북핵 문제의 조속한 해결과 6자 회담을 통한 참가국 간의 공조, 그리고 대북 제재 결의에 대한 성실한 이행을 촉구했다. 북한의 비핵화는 한반도

지구 마지막 날의 시계

평화는 물론, 핵 안보의 관점에서도 우리가 국제 사회와 함께 실현해야 할 중요한 과제이다. 이 대통령은 현재 국제 사회는 〈핵무기 없는 세상〉이라는 궁극적인 목표를 향해 노력하고 있지만, 지금 우리 한국에서 중요한 것은 〈핵무기 없는 한반도〉를 조속히 이루는 일이라고 강조했다.

미국의 주도로 처음 열리게 된 핵 안보 정상 회의를 2년 후 한국이 맨 먼저 이어받게 된 것은 미국을 비롯한 국제 사회가 북핵 문제가 얼마나 심각한 것이고, 또 북핵 문제를 풀어야 할 당사자는 바로 남북한임을 인식시키고 있는 것이며, 북한도 더 이상 남한을 제치고 국제 사회에서 핵 게임을 벌일 수 없게 되었음을 의미한다.

1947년 미국 시카고 대학교의 〈원자 과학자 회보Bulletin of Atomic Scientists〉에서는 지구 마지막 날의 시계doomsday clock를 만들었다. 당시 그들은 현재 상태가 지구 마지막 날을 가리키는 자정에서 7분 전이라고 결정했다. 1949년 소련에서 핵무기가 개발되어 핵 실험에 성공하자, 지구 마지막 날의 시계는 3분 전을 가리키게 되었다. 1953년 영국이 핵 실

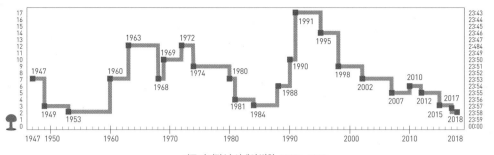

지구 마지막 날 시계의 변화, 1947~2018

험에 성공하고 또 미국과 소련에서 수소 핵폭탄을 개발하자, 그 시계는 2분 전을 가리키게 되었다. 1960년대에 들어 냉전이 완화될 기미를 보이고 반핵 운동이 활발해지자 지구 마지막 날의 시계는 7분 전으로 되돌아갔다.

1963년 처음으로 핵무기 감축을 위한 시도가 이루어지자 시계는 5분이 더 늦추어져 12분 전을 가리키게 되었다. 그러나 그것은 잠시일 뿐, 프랑스와 중국이 핵 실험에 성공하고 핵무기 클럽에 가입하자 다시 7분 전이 되었다. NPT와 START에 의한 핵무기 비확산과 핵무기 감축이 논의되기 시작하자 지구 종말은 다시 5분이 늦춰졌다. 베를린 장벽이 무너지고 미국과 소련의 핵무기 감축이 극적으로 타결되자, 1991년의 지구 마지막 날의 시계는 역사상 최대한 뒤로 돌아간 상태인 17분 전을 가리키게 되었다.

그러나 수년 후 시계는 곧 앞으로 가기 시작했다. 1998년 인도와 파키스탄이 그동안 미루어 오던 핵 실험을 감행했기 때문이다. 시계는 어느덧 9분 전을 가리켰다. 2001년 미국에서 9·11 테러 사태가 발생하자 미국은 강경 노선으로 선회했다. 2002년의 시계는 7분 전이 되었고, 2006년 북한의 핵 실험이 성공했다는 뉴스가 전해지자 2007년의 시계는 5분 전이 되었다. 지난 수년 동안 인류의 노력과는 정반대로 시계는 거꾸로 가고 있다. 유엔에서는 지구 온난화와 기후 변화에 심각한 우려를 나타내고 있으며, 미국의 매파 정부 등장과 김정은의 핵과 미사일 게임은 핵전쟁의 위험성을 한층 높여 가고 있다. 2018년 현재 지구 마지막 날 시계는 자정에서 2분 전을 가리키고 있다.

우리는 지구 마지막 날의 시계를 계속해서 뒤로 돌리는 노력을 멈추어서는 안 된다. 핵무기 없는 세상을 이루어 보자는 것이 미국 대통령 오바마의 꿈이다. 수많은 사람들이 그와 같은 꿈을 꾸고 있었으나, 정치적 영향력이 가장 많은 미국 대통령이 그러한 비전을 가지고 있다는 것은 우리에게 더 큰 희망을 주고 있다. 왜냐하면 그 꿈의 실현 가능성이 더 높기 때문이다.

2017년 노벨평화상은 핵무기 없는 세상을 지향하는 NGO 연합체인 핵무기폐기국제운동(ICAN)에 돌아갔다. 노벨 위원회는 〈핵무기 사용이 인류에 초래할 재앙적 결과들에 대한 관심을 끌어 모으고, 조약에 근거한 핵무기 금지를 달성하기 위한 획기적인 노력을 기울인 공로로 상을 수여한다〉고 밝혔다. 스위스 제네바에 본부를 둔 ICAN은 2017년 7월 핵무기 전면 폐기와 개발 금지를 목표로 하는 〈유엔 핵무기금지조약〉이 채택되는 데 결정적인 역할을 한 것으로 알려졌다. 핵무기금지조약은 핵무기 개발·실험·생산·제조·비축·위협 등 모든 핵무기 관련 활동을 포괄적으로 금지하며 기존 핵무기의 완전 폐기를 요구하는 내용도 담겼다. 협약이 채택될 당시 193개 유엔 회원국 가운데 122개국이 서명해 비핵화를 향한 큰 걸음을 내디뎠다는 평가를 받았지만, 공식 핵보유국인 미국 영국, 프랑스, 중국, 러시아와 사실상 핵보유국인 인도, 파키스탄과 6차례 핵 실험을 감행한 북한은 참여하지 않아 반쪽짜리 조약에 그칠 공산이 커졌다. 그래도 군축과 핵 비확산의 산을 넘어, 유엔에서 핵무기를 즉시 폐지하자는 결의를 한 것은 궁극적으로 인류의 보편적인 목표인 핵무기 없는 세상이 우리에게 서서히 다가오고 있다는 희망을 주고 있다.

부록

부록 I. 핵연료 주기와 핵무기 제조 경로

핵연료 주기와 핵무기 제조 경로를 명확히 구분한다는 것은 어려운 일이다. 핵연료 주기는 광산에서 우라늄 원광을 채취하는 과정에서 시작하여 이를 변환시키고 가공하여 원자로에서 사용할 수 있는 핵연료를 만들고, 원자로에서 핵연료를 사용한 후 남겨진 사용후 핵연료를 재사용할 수 있도록 가공하고 폐기물을 분리하는 전 과정을 말한다. 사용후 핵연료에서 재처리하여 얻은 우라늄과 플루토늄을 재사용하기 위해 앞 단계의 전환 공정으로 다시 보내기 때문에 이 과정을 핵연료 주기라고 부른다. 다음 그림에서 보는 것과 같이 핵연료 주기와 핵무기 제조 경로는 대단히 유사하다. 핵연료 주기에 핵무기 제조 경로의 핵심 기술인 농축 과정과 재처리 과정이 모두 들어 있기 때문이다.

핵연료 주기와 핵무기 제조 경로 비교

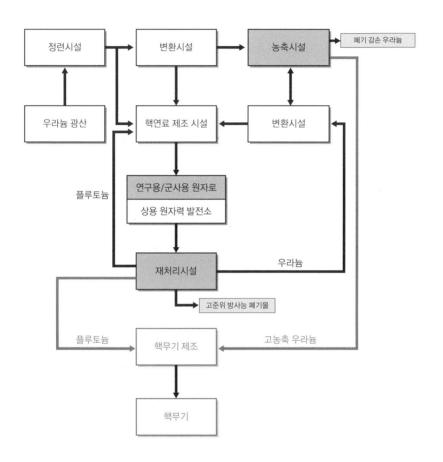

부록 II. 핵무기 비확산 조약(NPT) 전문

핵무기의 비확산에 관한 조약 TREATY ON THE NON-PROLIFERATION OF NUCLEAR WEAPONS

1968년 6월 13일 유엔 총회에서 채택.

1970년 3월 5일 발효.

1975년 3월 19일 대한민국 국회에서 비준 동의.

1975년 4월 23일 비준.

1975년 4월 23일 대한민국에 대하여 발효(조약 제533호).

본 조약을 체결하는 국가들(이하 〈조약 당사국〉이라 칭한다)은, 핵 전쟁이 모든 인류에게 엄습하게 되는 참해와 그러한 전쟁의 위험을 피하기 위하여 모든 노력을 경주하고 제 국민의 안전을 보장하기 위한 조치를 취하여야 할 필연적 필요성을 고려하고,

핵무기의 확산으로 핵전쟁의 위험이 심각하게 증대할 것임을 확신

하며, 핵무기의 광범위한 분산 방지에 관한 협정의 체결을 요구하는 국제 연합 총회의 제 결의에 의거하며, 평화적 원자력 활동에 대한 국제 원자력 기구의 안전조치 적용을 용이하게 하는 데 협조할 것임을 약속하며,

어떠한 전략적 장소에서의 기재 및 기타 기술의 사용에 의한 선원 물질 및 특수 분열성 물질의 이동에 대한 효과적 안전조치 적용 원칙을, 국제 원자력 기구의 안전조치 제도의 테두리 내에서, 적용하는 것을 촉진하기 위한 연구 개발 및 기타의 노력에 대한 지지를 표명하며,

핵폭발 장치의 개발로부터 핵무기 보유국이 인출하는 기술상의 부산물을 포함하여 핵 기술의 평화적 응용의 이익은, 평화적 목적을 위하여 핵무기 보유국이거나 또는 핵무기 비보유국이거나를 불문하고, 본 조약의 모든 당사국에 제공되어야 한다는 원칙을 확인하며,

상기 원칙을 촉진함에 있어서 본 조약의 모든 당사국은 평화적 목적을 위한 원자력의 응용을 더욱 개발하기 위한 과학 정보의 가능한 한 최대한의 교환에 참여할 권리를 가지며, 또한 단독으로 또는 다른 국가와 협조하여 동 응용의 개발에 가일층 기여할 수 있음을 확신하며,

가능한 한 조속한 일자에 핵무기 경쟁의 중지를 성취하고 또한 핵 군비 축소의 방향으로 효과적인 조치를 취하고자 하는 당사국의 의사를 선언하며,

이러한 목적을 달성함에 있어서 모든 국가의 협조를 촉구하며, 대기권, 외기권 및 수중에서의 핵무기 실험을 금지하는 1963년 조약 당사국들이, 핵무기의 모든 실험 폭발을 영원히 중단하도록 노력하고 또한 이러한 목적으로 교섭을 계속하고자 동 조약의 전문에서 표명한 결의

를 상기하며,

엄격하고 효과적인 국제 감시하의 일반적 및 완전한 군축에 관한 조약에 따라 핵무기의 제조 중지, 모든 현존 핵무기의 비축 해소 및 국내 병기고로부터의 핵무기와 핵무기 운반 수단의 제거를 용이하게 하기 위하여 국제적 긴장 완화와 국가 간의 신뢰 증진을 촉진하기를 희망하며,

국제 연합 헌장에 따라 제 국가는, 그들의 국제 관계에 있어서 어느 국가의 영토 보전과 정치적 독립에 대하여 또는 국제 연합의 목적과 일치하지 아니하는 여하한 방법으로 무력의 위협 또는 무력 사용을 삼가야 하며 또한 국제 평화와 안전의 확립 및 유지는 세계의 인적 및 경제적 자원의 군비 목적에의 전용을 최소화함으로써 촉진될 수 있다는 것을 상기하여, 다음과 같이 합의했다.

제1조

핵무기 보유 조약 당사국은 여하한 핵무기 또는 기타의 핵폭발 장치 또는 그러한 무기 또는 폭발 장치에 대한 관리를 직접적으로 또는 간접적으로 어떠한 수령자에 대하여도 양도하지 않을 것을 약속하며, 또한 핵무기 비보유국이 핵무기 또는 기타의 핵폭발 장치를 제조하거나 획득하며 또는 그러한 무기 또는 핵폭발 장치를 관리하는 것을 여하한 방법으로도 원조, 장려 또는 권유하지 않을 것을 약속한다.

제2조

핵무기 비보유 조약 당사국은 여하한 핵무기 또는 기타의 핵폭발

장치 또는 그러한 무기 또는 폭발 장치의 관리를 직접적으로 또는 간접적으로 어떠한 양도자로부터도 양도받지 않을 것과, 핵무기 또는 기타의 핵폭발 장치를 제조하거나 또는 다른 방법으로 획득하지 않을 것과, 또한 핵무기 또는 기타의 핵폭발 장치를 제조함에 있어서 어떠한 원조를 구하거나 또는 받지 않을 것을 약속한다.

제3조

1. 핵무기 비보유 조약 당사국은 원자력을, 평화적 이용으로부터 핵무기 또는 기타의 핵폭발 장치로 전용하는 것을 방지하기 위하여 본 조약에 따라 부담하는 의무 이행의 검증을 위한 전속적 목적으로 국제 원자력 기구 규정 및 동 기구의 안전조치 제도에 따라 국제 원자력 기구와 교섭하여 체결할 협정에 열거된 안전조치를 수락하기로 약속한다. 본 조에 의하여 요구되는 안전조치의 절차는 선원 물질 또는 특수 분열성 물질이 주요 원자력 시설 내에서 생산, 처리 또는 사용되고 있는가 또는 그러한 시설 외에서 그렇게 되고 있는가를 불문하고, 동 물질에 관하여 적용되어야 한다. 본 조에 의하여 요구되는 안전조치는 전기 당사국 영역 내에서나 그 관할권하에서나 또는 기타의 장소에서 동 국가의 통제하에 행하여지는 모든 평화적 원자력 활동에 있어서의 모든 선원 물질 또는 특수 분열성 물질에 적용되어야 한다.

2. 본 조약 당사국은, 선원 물질 또는 특수 분열성 물질이 본 조에 의하여 요구되고 있는 안전조치에 따르지 아니하는 한, (가)선원 물질 또는 특수 분열성 물질 또는 (나)특수 분열성 물질의 처리, 사용 또는 생산을 위하여 특별히 설계되거나 또는 준비되는 장비 또는 물질을 평화

적 목적을 위해서 여하한 핵무기 비보유국에 제공하지 아니하기로 약속한다.

3. 본 조에 의하여 요구되는 안전조치는, 본 조약 제4조에 부응하는 방법으로, 또한 본 조의 규정과 본 조약 전문에 규정된 안전조치 적용 원칙에 따른 평화적 목적을 위한 핵 물질의 처리, 사용 또는 생산을 위한 핵 물질과 장비의 국제적 교환을 포함하여 평화적 원자력 활동 분야에 있어서의 조약 당사국의 경제적 또는 기술적 개발 또는 국제 협력에 대한 방해를 회피하는 방법으로 시행되어야 한다.

4. 핵무기 보유 조약 당사국은 국제 원자력 기구 규정에 따라 본 조의 요건을 충족하기 위하여 개별적으로 또는 다른 국가와 공동으로 국제 원자력 기구와 협정을 체결한다. 동 협정의 교섭은 본 조약의 최초 발효일로부터 180일 이내에 개시되어야 한다. 전기의 180일 후에 비준서 또는 가입서를 기탁하는 국가에 대해서는 동 협정의 교섭이 동 기탁일자 이전에 개시되어야 한다. 동 협정은 교섭 개시일로부터 18개월 이내에 발효하여야 한다.

제4조

1. 본 조약의 어떠한 규정도 차별 없이 또한 본 조약 제1조 및 제2조에 의거한 평화적 목적을 위한 원자력의 연구, 생산 및 사용을 개발시킬 수 있는 모든 조약 당사국의 불가양의 권리에 영향을 주는 것으로 해석되어서는 아니 된다.

2. 모든 조약 당사국은 원자력의 평화적 이용을 위한 장비, 물질 및 과학 기술적 정보의 가능한 한 최대한의 교환을 용이하게 하기로 약속

하고, 또한 동 교환에 참여할 수 있는 권리를 가진다. 상기의 위치에 처해 있는 조약 당사국은, 개발 도상 지역의 필요성을 적절히 고려하여, 특히 핵무기 비보유 조약 당사국의 영역 내에서, 평화적 목적을 위한 원자력 응용을 더욱 개발하는 데 단독으로 또는 다른 국가 및 국제기구와 공동으로 기여하도록 협력한다.

제5조

본 조약 당사국은 본 조약에 의거하여 적절한 국제 감시하에 또한 적절한 국제적 절차를 통하여 핵폭발의 평화적 응용으로부터 발생하는 잠재적 이익이 무차별의 기초 위에 핵무기 비보유 조약 당사국에 제공되어야 하며, 또한 사용된 폭발 장치에 대하여 핵무기 비보유 조약 당사국이 부담하는 비용은 가능한 한 저렴할 것과 연구 및 개발을 위한 어떠한 비용도 제외할 것을 보장하기 위한 적절한 조치를 취하기로 약속한다. 핵무기 비보유 조약 당사국은 핵무기 비보유국을 적절히 대표하는 적당한 국제 기관을 통하여 특별한 국제 협정에 따라 그러한 이익을 획득할 수 있어야 한다. 이 문제에 관한 교섭은 본 조약이 발효한 후 가능한 한 조속히 개시되어야 한다. 핵무기 비보유 조약 당사국이 원하는 경우에는 양자 협정에 따라 그러한 이익을 획득할 수 있다.

제6조

조약 당사국은 조속한 일자 내에 핵무기 경쟁 중지 및 핵 군비 축소를 위한 효과적 조치에 관한 교섭과 엄격하고 효과적인 국제적 통제하의 일반적 및 완전한 군축에 관한 조약 체결을 위한 교섭을 성실히 추구하기로 약속한다.

제7조

본 조약의 어떠한 규정도 국가의 집단이 각자의 영역 내에서 핵무기의 전면적 부재를 보장하기 위하여 지역적 조약을 체결할 수 있는 권리에 영향을 주지 아니한다.

제8조

1. 조약 당사국은 어느 국가나 본 조약에 대한 개정안을 제의할 수 있다. 제의된 개정 문안은 기탁국 정부에 제출되며 기탁국 정부는 이를 모든 조약 당사국에 배부한다. 동 개정안에 대하여 조약 당사국의 3분의 1 또는 그 이상의 요청이 있을 경우에, 기탁국 정부는 동 개정안을 심의하기 위하여 모든 조약 당사국을 초청하는 회의를 소집하여야 한다.

2. 본 조약에 대한 개정안은, 모든 핵무기 보유 조약 당사국과 동 개정안이 배부된 당시의 국제 원자력 기구 이사국인 조약 당사국 전체의 찬성을 포함한 모든 조약 당사국의 과반수의 찬성 투표로써 승인되어야 한다. 동 개정안은, 개정안에 대한 비준서를 기탁하는 당사국에 대하여, 모든 핵무기 보유 조약 당사국과 동 개정안이 배부된 당시의 국제 원자력 기구 이사국인 조약 당사국 전체의 비준서를 포함한 모든 조약 당사국 과반수의 비준서가 기탁된 일자에 효력을 발생한다. 그 이후에는 동 개정안에 대한 비준서를 기탁하는 일자에 동 당사국에 대하여 효력을 발생한다.

3. 본 조약의 발효일로부터 5년이 경과한 후에, 조약 당사국 회의

가 본 조약 전문의 목적과 조약 규정이 실현되고 있음을 보증할 목적으로 본 조약의 실시를 검토하기 위하여 제네바에서 개최된다. 그 이후에는 5년마다 조약 당사국 과반수가 동일한 취지로 기탁국 정부에 제의함으로써 본 조약의 실시를 검토하기 위해 동일한 목적의 추후 회의를 소집할 수 있다.

제9조

1. 본 조약은 서명을 위하여 모든 국가에 개방된다. 본 조 3항에 의거하여 본 조약의 발효 전에 본 조약에 서명하지 아니한 국가는 언제든지 본 조약에 가입할 수 있다.

2. 본 조약은 서명국에 의하여 비준되어야 한다. 비준서 및 가입서는 기탁국 정부로 지정된 미합중국, 영국 및 소련 정부에 기탁된다.

3. 본 조약은 본 조약의 기탁국 정부로 지정된 국가 및 본 조약의 다른 40개 서명국에 의한 비준과 동 제국에 의한 비준서 기탁 일자에 발효한다. 본 조약상 핵무기 보유국이라 함은 1967년 1월 1일 이전에 핵무기 또는 기타의 핵폭발 장치를 제조하고 폭발한 국가를 말한다.

4. 본 조약의 발효 후에 비준서 또는 가입서를 기탁하는 국가에 대해서는 동 국가의 비준서 또는 가입서 기탁 일자에 발효한다.

5. 기탁국 정부는 본 조약에 대한 서명 일자, 비준서 또는 가입서 기탁 일자, 본 조약의 발효 일자 및 회의 소집 요청 또는 기타의 통고 접수 일자를 모든 서명국 및 가입국에 즉시 통보하여야 한다.

6. 본 조약은 국제 연합 헌장 제102조에 따라 기탁국 정부에 의하여 등록된다.

제10조

1. 각 당사국은, 당사국의 주권을 행사함에 있어서, 본 조약상의 문제에 관련되는 비상 사태가 자국의 지상 이익을 위태롭게 하고 있음을 결정하는 경우에는 본 조약으로부터 탈퇴할 수 있는 권리를 가진다. 각 당사국은 동 탈퇴 통고를 3개월 전에 모든 조약 당사국과 국제 연합 안전 보장 이사회에 행한다. 동 통고에는 동 국가의 지상 이익을 위태롭게 하고 있는 것으로 그 국가가 간주하는 비상 사태에 관한 설명이 포함되어야 한다.

2. 본 조약의 발효일로부터 25년이 경과한 후에 본 조약이 무기한으로 효력을 지속할 것인가 또는 추후의 일정 기간 동안 연장될 것인가를 결정하기 위하여 회의를 소집한다. 동 결정은 조약 당사국 과반수의 찬성에 의한다.

제11조

동등이 정본인 영어, 노어, 불어, 서반아어 및 중국어로 된 본 조약은 기탁국 정부의 문서 보관소에 기탁된다. 본 조약의 인증 등본은 기탁국 정부에 의하여 서명국과 가입국 정부에 전달된다.

이상의 증거로서, 정당히 권한을 위임받은 하기 서명자는 본 조약에 서명했다.

1968년 7월 1일 워싱턴, 런던 및 모스크바에서 본 협정문 3부를 작성했다.

부록 III. 러셀-아인슈타인 선언 전문

인류가 목격한 이 비극적인 상황에 대해, 과학자들이 모여서 대량 살상 무기의 개발 때문에 일어난 엄청난 위험을 인식하고, 다음과 같은 취지에서 결의하여야 한다고 우리는 논의했다.

우리는 지금 어떠한 국가나 대륙이나 종파의 일원으로서가 아니라, 계속해서 존재할 수 있을지 의심스러운 인간이라는 종의 일원으로서 말하고자 한다. 이 세계는 갈등으로 가득 차 있다. 그중에서도 공산주의와 반공산주의 사이의 거대한 투쟁이라는 갈등이 다른 작은 것들을 압도하고 있다.

정치적 의식이 있는 사람들은 이러한 문제들 중 한 가지 이상에 대해 뚜렷한 자신의 견해를 가지고 있다. 그러나 우리는 일단 가능한 한 그러한 견해를 뒤로하고 자신들을 뛰어난 역사를 가졌으며 그중 아무도 멸종을 바라지 않는 생물 종의 일원으로서만 생각하길 바란다.

우리는 특정 집단을 다른 집단보다 우위에 두는 말은 철저히 배격하도록 할 것이다. 모든 인간이 동등하게 중대한 위기에 빠져 있으며,

위기 상황을 이해할 때에만 모두가 그것을 피할 수 있는 희망이 생긴다.

우리는 새로운 방식으로 생각하는 법을 배워야 한다. 자신이 지지하는 어떤 집단에게 군사적 승리를 쟁취할 수 있도록 어떠한 방법이라도 사용하도록 허용하여서는 안 된다. 모든 집단에게 재앙을 초래할 것이 틀림없는 군사적 경쟁에 대해 어떠한 방법으로 대처해야 할지를 물어야 한다.

일반 대중은 물론 권좌에 앉아 있는 많은 사람들조차도 원자 핵폭탄을 사용한 전쟁이 가져올 결과를 깨닫지 못하고 있다. 대중은 여전히 한 도시의 파괴 정도만을 생각하고 있다. 새로운 핵폭탄은 예전의 핵폭탄에 비해 훨씬 강력하고, 그래서 원자 핵폭탄 하나가 히로시마를 파괴시킬 수 있었다면, 수소 핵폭탄 하나는 런던, 뉴욕, 모스크바와 같은 중요한 대도시를 파괴시킬 수 있을 것이다.

분명히 수소 핵폭탄을 사용한 전쟁은 대도시들을 파괴시킬 것이다. 하지만 이것은 우리가 겪게 될 사소한 재앙들 중 하나에 불과하다. 만약 런던, 뉴욕, 모스크바의 모든 사람들이 몰살된다 해도, 세계는 수 세기 안에 그 타격으로부터 회복될 것이다. 그러나 비키니 섬에서의 핵폭탄 실험 이후 우리가 분명히 알게 된 점은 핵폭탄의 파괴 효과가 추정했던 것보다 훨씬 더 방대한 지역으로 서서히 퍼져 나갈 수 있다는 것이다.

권위 있는 연구 기관의 발표에 의하면, 이제는 히로시마를 파괴시켰던 원자 핵폭탄의 2천5백 배의 위력을 가진 핵폭탄을 생산할 수 있다고 한다. 그러한 핵폭탄이 지면 가까이나 물속에서 폭발할 경우, 방사능을 띤 입자들은 대기권 위쪽으로 올라가게 된다. 그 입자들은 치명적인 먼지나 비의 형태를 띠고 서서히 내려와 지구 표면까지 이른다. 바로 이런 먼지가 일본의 어부들과 그들이 잡은 물고기들을 병에 걸리게 하고 있는 것이다.

이 죽음의 방사능 입자들이 얼마나 멀리까지 퍼져 나갈 수 있는지는 아무도 모른다. 하지만 이 분야 최고 권위자들은 이구동성으로 수소 핵폭탄을 사용한 전쟁이 인류를 멸망시킬 수 있다고 말한다. 많은 수소 핵폭탄이 사용될 경우 대규모의 몰살이 우려된다. 곧바로 죽는 사람은 오히려 소수에 지나지 않고, 대다수의 사람들이 질병과 내적 붕괴로 고통을 받으며 서서히 죽어가게 될 것이다.

저명한 과학자들과 군사 전략 전문가들은 수차례 경고를 해왔다. 그들 중 아무도 최악의 결과를 확실히 말할 수는 없을 것이다. 그들의 말은 이러한 결과가 가능하다는 것이며, 그리고 정말로 그렇게 되지 않는다고는 아무도 확신할 수 없는 것이다. 이 문제에 대한 전문가들의 의견이 정치관이나 선입견에 따라 어느 정도라도 달라진 경우는 아직 없었다. 지금까지 우리가 조사한 결과에 따르면, 그들의 의견은 개별 전문가의 지식 정도에 따라 달라질 뿐이다. 우리는 가장 많이 알고 있는 사람이 가장 비관적 견해를 가졌음을 발견했다.

이제, 여기서 우리는 준엄하고 끔찍하지만 우리들이 피할 수 없는 문제를 제시하고자 한다. 인류를 멸망시킬 것인가, 아니면 전쟁을 포기할 것인가? 전쟁을 없앤다는 것은 너무나도 어려운 일이기에 이 대안에 대해 직면하려고 하지 않을 것이다.

전쟁의 폐지는 국가의 통치에 있어 불필요한 제약을 야기할 것이다. 그러나 상황을 이해하는 데 무엇보다도 방해되는 점은 아마 〈인류〉라는 단어의 애매 모호한 뉘앙스일 것이다. 사람들은 이 위험이 희미하게만 이해할 수 있는 인류에 대한 것이 아니라, 그들 자신과 아이들과 손자들에 대한 것임을 좀처럼 구체적으로 떠올리지 못한다. 사람들은 그들 개개인과 사랑하는 이들이 지독하게 고통스러울 위기에 직면하고 있음을 잘 납득하지 못하고 있다. 그래서 그들은 현대적 무기의 사용이 금지된다는 것이 보장된다면 전쟁을 계속해도 괜찮을 것이라고 긍정적으로 생각한다.

이런 희망은 환상일 뿐이다. 수소 핵폭탄 금지에 대해 평화 시에 이루어진 그 어떤 동의도 전시에는 구속력을 갖지 못하게 될 것이며, 양편은 전쟁이 터지자마자 수소 핵폭탄의 생산을 개시할 것이다. 왜냐면 한쪽이 수소 핵폭탄을 만들고 다른 쪽은 만들지 않는다면 폭탄을 가진 쪽이 분명히 승리할 것이기 때문이다.

일반적 무기 감축의 일환으로 핵무기 폐기를 협의하는 것이 절대적 해결책은 되지 못하겠지만, 몇 가지 중요한 목적에는 도움이 될 것이다. 첫째, 동유럽과 서유럽 사이의 어떤 협의도 서로 간의 긴장을 완화시킨다는 면에서는 좋을 것이다. 둘째, 수소 핵폭탄의 포기는 서로가 상대방이 약속을 지키리라고 믿는다면, 현재 양쪽을 정신적 불안 사태에 빠뜨리고 있는 (진주만 공격과 같은) 기습의 두려움을 줄일 수 있을 것이다. 따라서 우리는 그 같은 협의를 첫 번째 단계로서라도 환영해야 한다.

우리 중 대부분은 중립적이지 않다. 하지만 인간으로서 우리는 동서 간의 문제를 공산주의나 반공산주의로, 아시아나 유럽이나 아메리카, 백인이나 흑인, 그 모두가 만족할 수 있는 방식으로 해결하려 한다면, 그것은 전쟁으로써 해결할 수 없다는 점을 기억해야만 한다. 우리는 이러한 사실을 동유럽과 서유럽 양쪽 모두가 이해하길 바란다.

우리가 생각만 바로 한다면, 우리 앞에는 행복과 지식과 지혜의 부단한 진보가 있을 것이다. 아니면, 우리는 서로 간의 분쟁을 잊지 못하여 결국 죽음을 선택할 것인가? 우리는 인간으로서 인간에게 말하는 것이다. 무엇보다 우리 인류를 기억하고, 다른 것은 잊어버리길 바란다. 그렇게 한다면 새로운 낙원으로 가는 길이 열리게 되겠지만, 그렇게 하지 못한다면 전 세계는 죽음 앞에 놓이게 될 것이다.

결의

우리는 이 모임에 전 세계의 과학자들과 일반 대중을 초대한다. 여러분이 이 모임을 통해 다음 결의에 참여하길 바란다.

앞으로 일어날 세계 대전에서는 분명 핵무기를 사용하게 될 것이며, 그러한 무기가 인류의 존속을 위협한다는 사실에 대하여, 세계의 모든 정부들이 그들의 궁극적 목적이 세계 대전으로 나아가지 않을 것임을 구체화하고 공식적으로 발표해 주기를 우리는 촉구한다. 그리고 이에 따른 당연한 귀결로 세계의 모든 정부들이 서로 간의 모든 분쟁거리를 해결하기 위한 모든 평화적 수단을 모색할 것을 우리는 강구한다.

막스 보른Max Born, 에든버러 대학교 교수, 노벨 물리학상 수상자
퍼시 브리지먼Percy W. Bridgeman, 하버드 대학교 교수, 노벨 물리학상 수상자

알버트 아인슈타인Albert Einstein, 노벨 물리학상 수상자

레오폴트 인펠트Leopold Infeld, 바르샤바 대학교 이론 물리학 교수

프레데릭 졸리오퀴리Frederic Joilot-Curie, 프랑스 대학교 교수, 노벨 화학상 수상자

허만 밀러Herman Müller, 인디애나 대학교 교수, 노벨 생리학-의학상 수상자

라이너스 폴링Linus Pauling, 캘리포니아 기술 연구소 교수, 노벨 화학상 수상자

세실 파월Cecil F. Powell, 브리스톨 대학교 교수, 노벨 물리학상 수상자

조지프 로트블랫Joseph Rotblat, 런던 대학교 부속 병원 물리학 교수, 후에 노벨 평화상 수상

버트란드 러셀Bertrand Russell, 수학자/철학자/문학가, 노벨 문학상 수상자

유카와 히데키Yukawa Hideki, 교토 대학교, 노벨 물리학상 수상자

1955년 7월 9일, 런던에서 서명

이 글은 지난 35년간 원자력 분야에서 일하면서 얻었던 내 경험을 바탕으로 쓴 것이다. 원자력 분야에서도 거의 대부분을 NPT와 관련된 핵 비확산 분야에서, 그러니까 내 생애에서 가장 활동적이었던 시간을 세계 평화를 위해 일했다고 해도 과언이 아니다. 이러한 내 삶 속에, 세상에 나가 항상 화평케 하는 자가 되라고 말씀하신 예수님이 뒤에 계셨음을 먼저 고백하고 싶다. 내가 평화를 위해 노력하는 직장에서 일하게 만드셨고, 나에게 세상을 살아갈 가치와 의미를 부여해 주신 분이다.

제일 먼저 감사하고 싶은 사람들은 이 책을 끝까지 읽어 준 독자들이다. 글을 쓰는 사람에게 독자가 없다는 것은 읽을거리를 제공해도 전혀 소용이 없다는 이야기와 마찬가지이다. 재미나는 이야기도 아니고, 기술적 용어가 많이 나오는 딱딱하고 지루한 이야기를 끝까지 관심을 가지고 읽는다는 것은 여간 인내가 필요한 일이 아니라고 본다. 많은 사람들이 내 이야기에 공감을 해주었으면 좋겠다.

나이가 들면서 희미해져 가던 내 기억을 되살려 준 인터넷 위키피디어 사전에 고마움을 느낀다. 위키피디어는 한 사람이 만든 것이 아니다. 세계 각국의 보통 사람들이 조금씩 기여한 지식들이 이제는 정말 놀라울 정도로 지식의 보고를 이루고 있다. 생각지도 못한 여러 가지 정보를 담고 있으며, 또 관련 지식들을 서로 쉽게 연결해 주는 방식은 지금 인터넷 시대에 살아가는 사람들이 아니라면 어느 누구도 상상치 못했을 것이다. 분명 위키피디어를 통해 세상에 커다란 지식의 발전이 이루어질 것이라 생각한다.

아울러 국제 원자력 기구에서 일하면서 수많은 외국 사람들을 만나고, 여러 분야에서 대화를 나누었던 것이 이 책을 쓰는 데 큰 도움이 되었다.

제1부 핵무기 탄생을 쓰면서 가장 많이 인용한 책은 아이작 아시모프의 『작은 우주 원자의 세계』[1]이다. 아시모프는 우리 세대에서 가장 위대한 과학 이야기꾼이었다고 생각한다. 위키피디어는 더 이상 언급할 필요가 없을 것 같고, 제레미 번스타인의 『핵무기』[2]는 이와 비슷한 책을 써도 좋겠다는 구상을 하게 만든 책이다. 그리고 데이비드 보더니스의 『E = MC²』[3]과 리처드 드위트의 『과학의 역사와 철학』[4] 등이 4장까지의 과학적 배경을 다루는 데 중요한 참고 문헌이 되었다. 맨해튼 프로젝트

1   Isaac Asimov, *ATOM, Journey Across the Subatomic Cosmos*, Plume, 1991.
2   Jeremy Bernstein, *Nuclear Weapon*, Cambridge University Press, 2008.
3   David Bodanis, *E=mc²*, Walker & Company, 2000.
4   Richard Dewitt, *Worldviews; An Introduction to the History and Philosophy of Science*, Blackwell Publishing, 2004.

에 관해 글을 쓸 때는 미국 DOE가 발간한 고스링의 『맨해튼 프로젝트』[5]
가 중요한 자료가 되었으며, 존스턴의 핵무기 수집 자료[6]와 칼 세이건과
파울 에를리히가 지은 『추위와 어둠』[7]은 핵폭발의 결과로 오는 핵겨울
의 참상을 쓰는 데 도움이 되었다. 1980년대 초 지구상에 핵무기가 6만
기 이상 존재하고 있었을 때 대규모 핵전쟁의 결과로 나타나는 핵겨울
에 대한 예고는 핵폭발의 참상을 다른 각도에서 바라볼 수 있는 중요한
자료였다. 다이아몬드 비즈니스 세계를 추적해 책을 낸 바 있는 미국 기
자 톰 졸러는 최근에 우라늄을 추적한 책을 펴냈다. 그는 기자답게 최초
의 원자 핵폭탄 기사들을 조사해 핵무기의 무서운 위력을 잘 전달해 주
었다.[8]

제2부 핵무기 경쟁과 감축, 그리고 국제 정치에서는 나라별로 참고
할 만한 서적들이 필요했다. 그러나 국가 최고 기밀인 자국의 핵무기 개
발을 드러내 놓고 발표한 나라는 한 곳도 없다. 대개 적국의 핵무기 상
황을 이해하려는 차원에서 쓰인 책들뿐이다. 전반적인 핵무기에 관해
서는 역시 번스타인의 『핵무기』와 마이클 퀸란의 『핵무기에 대한 사고
(思考)』,[9] 그리고 제임스 도일의 『핵 안전조치, 보안, 비확산』[10]이 주요
참고 서적으로 사용되었다. 전후 미국의 핵 개발에 관한 상세한 자료는

5   F. G. Gosling, *The Manhattan Project*, USDOE(DOE/HR0096), 1994.
6   Johnston's Archive Nuclear Weapons, www.johnstonarchive.net/nuclear/
7   Paul Ehrlich, Carl Sagan, *The Cold & The Dark*, Norton, 1984.
8   Tom Zoeller, *Uranium: War, Energy, and the Rock That Shaped the World*, Viking, 2009.
9   Michael Quinlan, *Thinking About Nuclear Weapons*, Oxford University Press, 2009.
10   James Doyle, *Nuclear Safeguards, Security, and Nonproliferation*, Elservier, 2008.

많지 않았다. 그래서 열거하기에도 미흡한 여러 서적에서 간접적으로 조금씩 나오는 자료들을 모을 수밖에 없었다. 소련에 관한 자료는 데이비드 홀러웨이의 『스탈린과 핵폭탄』[11]이 많은 참고가 되었다.

영국과 프랑스, 중국의 경우는 노리스와 버로즈 등이 쓴 자료집[12]이 많은 참고가 되었다. 이스라엘의 경우는 바나비가 쓴 『보이지 않는 핵폭탄』[13]이 재미있는 이야기를 많이 제공해 주었다. 인도의 경우는 인터넷에서 찾아냈다. Nuclear Weapon Archive가 제공한 것이다.[14] 파키스탄의 경우는 최근의 핵 확산 문제와 관련이 있어 여러 책들에서 조금씩 다루고 있다. 특히 번스타인과 프랑크 바나비의 책에서 참조했으며, 여러 인터넷 사이트에서도 많은 정보를 얻었다.

최근에 문제가 되고 있는 북한과 이란 문제도 전문 인터넷 사이트에서 많이 참조했다. 이란의 경우는 위스콘신 프로젝트[15] 등에서, 북한의 경우는 GrobalSecurity.org[16]에서 다양한 자료를 얻을 수 있었다. 또한 지그프리드 헥커의 「북한 핵 시설 방문 보고서」[17]와 제임스 코트니의

11　David Holloway, *Stalin and The Bomb*, Yale University Press, 1994.
12　R. S. Norris, A. S. Burrows and R. W. Fieldhouse, "British, French, and China Nuclear Weapons", *Nuclear Weapon Databook*, Natural Resources Defence Council, Inc., Harper & Row Publisher, 1994.
13　Frank Barnaby, *The Invisible Bomb*, I. B. Tauris & Co. Ltd, 1990.
14　Nuclear Weapon Archive, "India's Nuclear Weapon Program", www.nuclear weaponarchive.org
15　Wisconsin Project on Nuclear Arms Control, "Iran Nuclear Milestones", www.iran-watch.org/wmd/wmd-nukemilestones.htm
16　NK Weapons Mass Destruction, www.globalsecurity.org/wmd/world/dprk/nuke.htm
17　Siegfried Hecker, "Visit to the Yongbyun Nuclear Scientific Research Center in North Korea", Los Alamos National Laboratory, Jan. 21, 2004.

「북한의 핵 프로그램, 2005」[18]를 참고했다. 헥커 박사는 최근 2010년 11월 동료 두 명과 함께 북한의 영변 핵 센터를 방문했다. 그의 제4차 방북 보고서는 북한 내에 다량의 원심분리기가 이미 설치되어 있다고 말하고 있다.[19]

전반적인 핵무기용 핵 물질의 생산 자료에 관해서는 데이비드 올브라이트의 『세계 플루토늄과 고농축 우라늄 재고』[20]를 참고했다. 남한의 원자력 개발 역사와 핵무기 개발 관련 자료는 박익수의 『한국 원자력 창업사(1955~1980)』[21]와, 교육 과학 기술부와 한국 원자력 연구소에서 공동으로 펴낸 영문판 *50 Years of Nuclear Energy, 50 Years of Prosperity*[22]와 GrobalSecurity.org[23] 등을 참조했다.

인터넷을 뒤지면 핵무기에 관한 흥미로운 여러 사이트를 만날 수 있다. 그중 하나가 데이비드 올브라이트가 주관하고 있는 ISIS(Institute for Science and International Security)인데 전반적으로 최근의 핵 비확산 이슈에 관한 뉴스를 볼 수 있는 흥미로운 사이트이다.[24] 또한 FAS(Federation of American Scientists)도 핵 비확산에 대한 많은 정

18   James Courtney, "North Korea's Nuclear Program, 2005", Bulletin of the Atomic Scientists, May/June 2005.

19   Siegfried Hecker, "A return Trip to North Korea's Yongbyun Nuclear Complex", Center for International Security and Cooperation, Stanford University, Nov. 20, 2010.

20   David Albright, F. Berkhout and W. Walker, *World Inventory of Plutonium and Highly Enriched Uranium, 1992*, SIPRI, Oxford University Press, 1993.

21   박익수, 『한국 원자력 창업사 1955~1980』, 도서출판 경림, 1992.

22   MEST and KAERI, *50 Years of Nuclear Energy, 50 Years of Prosperity*, MEST and KAERI, May 2009.

23   South Korea Special Weapons, www.globalsecurity.org/wmd/world/rok/index.html

24   Institute for Science and International Security Report(www.isis-online.org).

보와 함께 현재 핵무기 보유량에 대한 정보를 제공해 준다. FAS는 1945년 미국 핵무기 개발 프로그램인 맨해튼 프로젝트에 참여했던 과학자들이 주축이 되어 핵무기로 인한 피해에 대해 일반 대중과 정치 지도자들에게 경각심을 불러일으키기 위해 설립되었던 기관이다.

미국 시카고 대학교의 〈원자 과학자 회보〉는 1947년 지구 마지막 날의 시계를 만든 곳이다. 회보 속에 등장하는 〈뉴클리어 노트북Nuclear Notebook〉은 핵무기를 보유한 각국의 현황을 핵무기 정보와 함께 알려 주고 있다.

참고 서적으로 사용하지는 않았지만, 최근에 나온 흥미로운 책이 한 권 있다. 포르투갈어로 쓰여 있어 자세히 읽어 보지는 못했지만, 내용을 대충 살펴 본 바로는 핵무기의 제조에 관한 상세한 물리 이론이 포함되어 있었다. 브라질 물리학자 달톤 바로소가 2009년에 발간한 『핵폭발에 관한 물리』라는 책이다.

NPT에 관한 자료도 인터넷에 많이 나와 있다. NPT의 배경에 관해서는 IAEA가 1976년에 발간한 소책자 『간략한 NPT 역사』를 참고했다. IAEA에 관해서는 내가 30년간 근무한 곳이기에 집필하는 데 참고 자료가 거의 필요 없었다.

마지막으로 감사하고 싶은 사람들이 있다. 이 책을 쓰는 데 나에게 용기와 격려를 아끼지 않은 많은 사람들이다. 그중에서도 나에게 시간을 허락해 준 아내와, 이 책이 나올 수 있도록 배려해 준 열린책들의 홍지웅 사장님과 이 책의 편집과 출판에 동참해 준 여러분들에게 감사의 마음을 전하고 싶다. 마지막으로 내가 원자력 분야에 입문했을 때부터

나를 제자처럼 대해 주었고, 이 책에 대해서도 많은 조언을 주고 추천사를 써준 박긍식 전 과학 기술처 장관님께 감사드린다.

ABACC Brazil–Argentine Agency for Accounting and Control of Nuclear Material, 아르헨티나–브라질 핵 물질 공동 감시 기구

ABM Anti–Ballistic Missile, 방어용 탄도 요격 미사일

AEC Atomic Energy Commission, 미국 원자력 위원회

AERE Atomic Energy Research Establishment, 영국 원자력 연구원

AP Additional Protocol, 추가 의정서

AWRE Atomic Weapon Research Establishment, 영국 핵무기 연구원

CAEP Chinese Academy of Engineering Physics, 중국 공학 물리 아카데미

CEA Commissariat à l'Énergie Atomique, 프랑스 원자력 위원회

CIS Commonwealth of Independent States, 구소련 독립 국가 연합

CND Campaign for Nuclear Disarmament, 핵무기 비무장 캠페인

CP-1 Chicago File 1, 세계 최초의 원자로

CTBT Comprehensive Nuclear Test Ban Treaty, 포괄 핵 실험 금지 조약

CTBTO Comprehensive Nuclear Test Ban Treaty Organization, 포괄 핵 실험 금지 조약 기구

END European Nuclear Disarmament, 유럽 핵무기 비무장 운동

EURATOM The European Atomic Energy Community, 유럽 원자력 공동체

FIAN Physics Institute of the Academy of Science, 소련 과학 아카데미 물리학 연구소

GLEEP Graphite Low Energy Experimental Pile, 저에너지 실험 흑연 파일(원자로)

HANARO(하나로) High flux Advanced Neutron Application Reactor, 하나로 원자로

IAEA International Atomic Energy Agency, 국제 원자력 기구

ICBM Intercontinental Ballistic Missile, 대륙간 탄도 미사일

INF Intermediate-Range Nuclear Forces, 중거리 요격 핵무기 제한 협상

IRBM Intermediate-Range Ballistic Missile, 중거리 탄도 미사일

INPRO International Project on Innovative Nuclear Reactors and Fuel Cycles, 혁신 핵
주기 국제 프로젝트

ITER International Thermonuclear Experimental Reactor, 국제 열핵융합로 실험로

KGB Komitet Gosudarstvennoy Bezopasnosti, 소련 국가 안보 위원회

KEDO Korean Peninsula Energy Development Organization, 한반도 에너지 개발 기구

MAUD Military Application of Uranium Detonation, 영국 마우드 위원회

MeV Mega electron Volt, 메가 일렉트론 볼트

MIRV Multiple Independently Targetable Reentry Vehicle, 다핵탄두 미사일 요격체

MUF Material Unaccounted For, 미계량 물질

MWe Megawatt, electricity, 메가와트(전력 생산 기준)

MWt Megawatt, thermal, 메가와트(열 생산 기준)

NATO North Atlantic Treaty Organization, 북대서양 조약 기구

NCRI National Council of Resistance of Iran, 이란 해외 망명 저항 위원회

NPR Nuclear Posture Review, 핵 태세 점검 보고서

NPT Nuclear Non-Proliferation Treaty, 핵무기 비확산 조약

NSG Nuclear Supplier Group, 핵 기술 수출국 그룹

PAEC Pakistan Atomic Energy Commission, 파키스탄 원자력 위원회

PTBT Partial Test Ban Treaty, 부분 핵 실험 금지 조약

SALT Strategic Arms Limitation Talks, 전략 핵무기 제한 협약

SDI Strategic Defence Initiative, 전략 방위 계획

SER Safeguards Evaluation Report, 안전조치 평가 보고서

SIR Safeguards Implementation Report, 안전조치 수행 보고서

SLBM Submarine-Launched Ballistic Missile, 잠수함 발사 탄도 미사일

SORT Strategic Offensive Reductions Treaty, 공격용 전략 핵무기 감축 조약

START Strategic Arms Reduction Treaty, 전략 핵무기 감축 조약

SWU Separation Work Unit, 우라늄 농축 분리 단위

TFTF Thermal Flux Test Facility, 열 유동 시험 시설(원자로)

UNAEC United Nations Atomic Energy Commission, 유엔 원자력 위원회

UNIDO United Nations Industrial Development Organization, 유엔 공업 개발 기구

UNSC United Nations Security Council, 유엔 안전 보장 이사회

UNSCOM United Nations Special Commission, 유엔 특별 사찰 위원회

VIC Vienna International Center, 빈 인터내셔널 센터

VVER Vodo-Vodyanoi Energetichesky Reator(Water-Water Energetic Reactor), 러시아 설계 경수형 원자로

ZEEP Zero Energy Experimental Pile, 제로 에너지 실험 파일(원자로)

ZOÉ Zéro de puissance, Oxyde d'rannium, Eau lourde, 프랑스 최초의 원자로

지은이 **안준호** 고려대학교와 한국과학원을 졸업했으며, 과학기술처를 거쳐 1980년부터 2010년까지 30년간 국제 원자력 기구(IAEA, 오스트리아 빈 소재)에서 선임핵 사찰관, 기술 자문 위원 등으로 근무했다. 2010년 정년퇴직 후 서울대학교 원자핵공학과 등에서 강의했으며, 현재 한국 원자력 통제 기술원에서 강의와 자문을 하고 있다. 지은 책으로『10일간의 성지 순례』가 있으며, 옮긴 책으로는『안녕하세요 성령님』(베니 힌),『작은 우주 아톰의 세계』(아이작 아시모프) 등이 있다.

핵무기와 국제 정치

발행일   2011년 5월 20일 초판 1쇄
       2018년 9월 15일 개정증보판 1쇄

지은이   안준호
발행인   홍지웅 · 홍예빈
발행처   주식회사 열린책들

경기도 파주시 문발로 253 파주출판도시
전화 031-955-4000 팩스 031-955-4004
www.openbooks.co.kr

Copyright (C) 안준호, 2011, *Printed in Korea.*
ISBN 978-89-329-1929-4 93340

이 도서의 국립중앙도서관 출판예정도서목록(CIP)은 서지정보유통지원시스템 홈페이지(http://seoji.nl.go.kr)와 국가자료공동목록시스템(http://www.nl.go.kr/kolisnet)에서 이용하실 수 있습니다.(CIP제어번호 : CIP2018028572)